W0372889

Werkbuch 7/8

Religion entdecken – verstehen – gestalten

7./8. Schuljahr

Herausgegeben
von Gerd-Rüdiger Koretzki / Rudolf Tammeus

Erarbeitet von:

Ulrike von Fritschen
Cornelia Lorentz
Evelin Schwartz
Michael Stille

Vandenhoeck & Ruprecht

Die Deutsche Bibliothek – CIP-Einheitsaufnahme

Religion entdecken – verstehen – gestalten / hrsg. von Gerd-Rüdiger Koretzki/Rudolf Tammeus. –
Göttingen : Vandenhoeck und Ruprecht
7./8. / erarb. von: Ulrike von Fritschen ...
Werkbuch ... – 2001
ISBN 3-525-61478-0

© 2001, Vandenhoeck & Ruprecht in Göttingen.
http://www.vandenhoeck-ruprecht.de
Printed in Germany. – Das Werk einschließlich aller seiner Teile ist urheberrechtlich geschützt.
Jede Verwertung außerhalb der engen Grenzen des Urheberrechtsgesetzes ist ohne Zustimmung des
Verlages unzulässig und strafbar. Das gilt insbesondere für Vervielfältigungen, Übersetzungen,
Mikroverfilmungen und die Einspeicherung und Verarbeitung in elektronischen Systemen.
Satz: Text & Form, Pohle
Druck und Bindearbeiten: Hubert & Co., Göttingen

Inhalt

Folgende Abkürzungen bzw. Symbole werden häufig verwendet:

SB	Schülerband
WB	Werkbuch
Sch.	der/die Schüler/in die Schüler/innen
L.	der/die Lehrer/in die Lehrer/innen
ZM	Zusatzmaterialie
□	Tafelbild

Vorwort der Herausgeber

Rund „1000 Stunden Religion“ erleben Schülerinnen und Schüler während einer 12- oder 13-jährigen Schulzeit. Zur Jahrtausendwende wurden sie gleich in mehreren repräsentativen Untersuchungen (Bucher, Kliemann/Rupp, Schuster u.a.) rückblickend nach ihren Erfahrungen gefragt. Das Ergebnis ist einerseits erfreulich: Überwiegend bewerten die Jugendlichen den Religionsunterricht positiv, besonders zu Beginn ihrer Schulzeit in der Grundschule und gegen Ende in der gymnasialen Oberstufe. Andererseits weichen die Rückmeldungen zum Religionsunterricht in der Sekundarstufe I deutlich davon ab: Etwa ab Klasse 7 erinnern die jungen Menschen ihren Religionsunterricht – wenn überhaupt – vorwiegend negativ, zumindest aber als problematisch. Gründe für diese Bewertung sind weniger die behandelten Themen als vielmehr die Unterrichtsmethoden und die Lehrpersonen. Ein neues Lehrbuch für die 7. und 8. Klassen muss diese Ergebnisse sehr ernst nehmen.

Im vorliegenden Lehrwerk Religion entdecken – verstehen – gestalten ist der Titel Programm:

Religion entdecken: Eine „Religion zu haben“ ist für Heranwachsende heute keine Selbstverständlichkeit mehr. Im Religionsunterricht geht es deshalb darum, die vielfältigen „neuen“ Formen von Religion in Phänomenen und Problemen der eigenen Lebens- und Alltagswelt Jugendlicher, aber auch die häufig fremd gewordene christliche Religion und ihre Tradition neu oder wieder zu entdecken. Im Kontext ökumenischen und interreligiösen Lernens kommen dabei auch nichtchristliche Religionen durchgehend aus der Binnensicht selbst zu Wort.

Religion verstehen: Das sorgfältig ausgewählte und erprobte Materialangebot schafft Lernsituationen, die auf eine wachsende Kompetenz im Verständnis religiöser Sprach-, Symbol- und Ausdrucksformen hinzielen und solides religiöses Wissen vermitteln. Neben der Erschließung der biblischen Tradition wird auch eine Reflexion der Alltagsreligiosität und ein erstes Verstehen der Nachbarschaftsreligionen angebahnt. Dies ermöglicht das positionelle Gespräch über den religiösen Wahrheitsanspruch.

Religion gestalten: Religion wird erfahrbar im gestaltenden Umgang mit ihren Traditionen, Liedern, Symbolen und Ritualen. Erst recht verlangt der weitgehende Wegfall einer familiären und/oder kirchlichen religiösen Sozialisation einen Religionsunterricht, der neben der intellektuell-kognitiven Reflexion von Religion auch die rituell-gestalthafte Dimension berücksichtigt und den Schülerinnen und Schülern ermöglicht, religiöse Sprach- und Ausdrucksformen erprobend zu „gestalten“.

Die positiven Reaktionen auf den im vergangenen Jahr erschienenen Schülerband für die

Klassen 5 und 6 und das dazu gehörige Werkbuch haben uns ermutigt, auch für die Klassen 7 und 8 auf der Grundlage der dort näher erläuterten Konzeption fortzufahren.

Auf die ausführliche Darstellung unserer Konzeption durch PETER BIEHL im Werkbuch 5/6 (S. 10-21) sei hier nachdrücklich verwiesen.

Gerade die Praktiker haben uns in unserer Überzeugung bestätigt, dass der komplexen Situation des Religionsunterrichts heutzutage ein einzelnes religionspädagogisches Konzept nicht mehr gerecht werden kann; diese erfordert vielmehr eine *Verschränkung* verschiedener religionspädagogischer Konzeptionen und didaktischer Strukturen. Schülerband 7/8 weist deshalb wie Schülerband 5/6 das von BIEHL geforderte und konzeptionell begründete *Zusammenspiel zwischen traditionserschließenden, problemorientierten* und *symboldidaktischen Strukturen* auf:

Didaktische Strukturen	Dimensionen religiöser Bildung	Grundaufgaben religiöser Bildung
- die **traditionserschließende/ hermeneutische** Struktur	- die **theologische Dimension** (Theologie)	- Entwicklung einer Sprachlehre des christlichen Glaubens - Beförderung einer elementaren theologischen Urteilsbildung - Symbolverstehen
- die **problemorientierte** Struktur	- die **sozial-ethische** Dimension (Gesellschaft)	- Handlungskompetenz und und sozial-ethische Urteilsfähigkeit angesichts der „Schlüsselprobleme“ unserer Zeit
- die **symboldidaktische** Struktur	- die **(inter-)personale** Dimension (Schüler/innen)	- Hilfe zur Identitätsbildung auf dem Wege eines selbsttätigen, verstehenden, deutenden und handelnden Umgangs mit den religiösen Symbolen - Verständigung mit Anderen mithilfe von Symbolen
	- Dimension **interreligiösen Lernens** (Religionen)	- Austrag des Streites um die Wahrheit in einem ökumenisch und interreligiös angelegten Dialog

Religion entdecken – verstehen – gestalten 7/8 berücksichtigt die von den geltenden Lehrplänen vorgegebenen Themen ebenso wie die Lebenswelt heutiger Jugendlicher. Der Band enthält 12 Kapitel, die aus wiederkehrenden Bausteinen bestehen: Eine Einstiegsseite präsentiert das Thema mit einem eröffnenden Material, das bereits einen zentralen Aspekt des Kapitels vorstellt. Die Anordnung der Kapitel geschieht so, dass jeweils Doppelseiten einen wichtigen Aspekt thematisieren. Dieser wird durch Orientierende Überschriften verdeutlicht. Für die Erarbeitung der einzelnen Themen stellt jeder Band ein breit gefächertes Spektrum sorgfältig ausgewählter, unverbrauchter Materialien bereit: Texte, Bilder und Lieder ermöglichen in ihrer Kombination unterschiedliche methodische Zugangs- und Erschließungsweisen.

Herausgeber und Autorenteam haben sich bei der Auswahl und Präsentation der Materialien von den oben angesprochenen konzeptionellen Überlegungen leiten lassen. In besonderer Weise waren dabei die folgenden Grundsätze wirksam:

- *Offenheit ohne Beliebigkeit:* Die Materialien sollen mit ihrem jeweiligen unterschiedlichen Aussage- und Bedeutungspotenzial wie auch in ihrer spannungsreichen, Multiperspektivität eröffnenden, Anordnung und Verknüpfung zur Auseinandersetzung anregen und positionelle Beliebigkeit verhindern.
- Nur solche Materialien finden Aufnahme, die in unterrichtlichen Situationen und in verschiedenen (altersgleichen) Lerngruppen *praktisch erprobt* sind.
- Alle Materialien werden *in ihrem „Eigenwert“*, d.h. ohne Beschränkung ihres Aussage- und Bedeutungspotenzials, dargeboten.
- Das Lehrwerk soll die Unterrichtenden in ihrer fachlichen und didaktischen Kompetenz *unterstützen,* sie aber *nicht gängeln*. Der Spielraum für eigenverantwortliche Entscheidungen soll durch das Lehrwerk erweitert, nicht eingeengt werden.
- Die Materialien des Lehrbuchs sollen die *Schülerinnen und Schüler motivieren* und sie zu einer eigenständigen Auseinandersetzung anregen sowie solides fachliches Lernen und Arbeiten ermöglichen.

Diesen Grundsätzen entsprechend

- werden Bilder möglichst großformatig und, zur Wahrung ihres ästhetischen Eigenwertes, ohne „verräterische“ Angaben, wie etwa des Titels, wiedergegeben.
- werden religiöse Texte, die der christlichen Religion ebenso wie der Nachbarschaftsreligionen, prinzipiell aus der „Innensicht“ dargeboten.
- finden sich die Arbeitsvorschläge nicht direkt bei den Materialien selbst, sondern sind *bewusst* ans Ende des Lehrbuchs gestellt, damit eine Einengung der Perspektiven durch steuernde Vorgaben vermieden und die eigene Auseinandersetzung mit den Materialien offengehalten wird. Ungeachtet ihrer Platzierung sind die Arbeitsvorschläge integraler Bestandteil der Kapitel und sehr genau auf die Materialien bezogen, zu deren Erschließung sie detaillierte und konkrete Hilfen bieten. Da sie den „Extrakt“ der unterrichtspraktischen Erfahrung ebenso wie der didaktischen Überlegungen darstellen, wird niemand auf diese Hilfen und Impulse verzichten wollen und können.
- wird den Unterrichtenden die Möglichkeit offengehalten, Materialien kapitelübergreifend und in anderen thematischen Zusammenhängen zu verwenden. Querverweise fordern hierzu ausdrücklich auf; das Verzeichnis wichtiger Namen und Begriffe unterstützt diese Arbeitsweise.
- bietet die Ideenecke in jedem Kapitel Anregungen zur Weiterarbeit. Hier finden sich insbesondere Impulse für handlungs- und projektorientiertes Lernen sowie Hinweise auf außerschulische Lernorte in Stadt, Region und Worldwideweb.
- sorgt der Abschnitt Zum Festhalten, mit dem jedes Kapitel schließt, für eine Vergewisserung und Festigung des Gelernten. Mit seiner Zusammenstellung zentraler Inhalte, Begriffe, Fragestellungen oder Sachinformationen will dieser Abschnitt zudem deutlich machen, dass auch im Religionsunterricht aufbauendes Lernen, konturierte Lerninhalte, vorweisbare, festhaltenswerte Ergebnisse und Fragestellungen sowie eine eigene Fachterminologie ihren festen Platz haben.

Mit den beschriebenen Kapitel-Bausteinen stellt auch der Schülerband 7/8 gewissermaßen ein „selbsterklärendes System" dar, d.h. er ist grundsätzlich ohne zusätzliche Hilfen und Erläuterungen aus sich heraus verständlich und verwendbar.

Wertvolle Hilfen und Anregungen für die Unterrichtspraxis bietet darüber hinaus das zeitgleich erscheinende Werkbuch 7/8:

Es wird eröffnet mit Friedrich Schweitzers (Tübingen) Originalbeitrag „Jugend – Kirche – Religion: Sozialisationstheoretische und religionspädagogische Perspektiven zum Religionsunterricht mit 13 bis 15-Jährigen", in dem er auf dem Hintergrund neuester Untersuchungen aus Jugendforschung und Kirchenmitgliedschaftsuntersuchungen die Suche der Heranwachsenden nach dem eigenen Glauben beschreibt und aktuelle religionspädagogische Herausforderungen formuliert.

Der Abschnitt Theologische und didaktische Aspekte dient der Einführung in das Thema: Hier werden die wesentlichen Sach- und Hintergrundinformationen sowie die biblischen und theologischen Bezüge des Kapitels knapp und übersichtlich dargestellt, die dem/der Unterrichtenden einen schnellen Überblick über das Thema und eine solide Grundlage für die Unterrichtsplanung geben.

Der Abschnitt Intentionen stellt die pädagogisch-didaktischen Überlegungen und Zielsetzungen in konzentrierter Form zusammen. In dem Abschnitt Literatur zur Vorbereitung ist ausschließlich solche Literatur angeführt, die von den Unterrichtenden mit unmittelbarem Gewinn für ihre Einarbeitung in das Thema und für die Vorbereitung ihres Unterrichts herangezogen werden kann.

Den Schwerpunkt jedes Lehrerband-Kapitels bildet der umfangreiche Abschnitt Unterrichtsideen, der detaillierte Erläuterungen zu jedem einzelnen Material des Schülerbandes gibt. Materialbezogene Sachinformationen, differenzierte Bildbeschreibungen usw. werden verknüpft mit methodischen Hinweisen und Anregungen. Außerdem bieten die Unterrichtsideen über das im Schülerband Dargebotene hinaus Alternativen, für die ein eigener Abschnitt zusätzliche Materialien und Medien (ZM) bereitstellt.

Dass der Religionsunterricht – und schließlich auch die Arbeit an einem Lehrbuch – ungeachtet aller Mühen durchaus Vergnügen bereiten kann, dies haben uns auch die Autor/inn/en dieses Bandes gezeigt. Dafür und für ihre Beharrlichkeit sowie für ihren Elan, der sogar unvermeidbarer Wochenend- und Ferienarbeit standhielt, sagen wir ihnen als Herausgeber Dank.

Unser besonderer Dank richtet sich wieder an Peter Biehl, dessen religionspädagogische Überlegungen dieses Lehrwerk geprägt haben und der nicht zu Unrecht als „spiritus rector" dieses Unternehmens gilt.

Eine große Hilfe waren uns die sachkundigen Hinweise von Albrecht Willert (Recklinghausen), der sich, wie schon beim vorangehenden Band, auch diesmal wieder als stets scharfsinniger und aufmerksamer Berater erwiesen hat.

Friedrich Schweitzer (Tübingen) danken wir für seinen „Pilot"-Beitrag, der den Blick für unsere Schüler und ihre Fragestellungen im Religionsunterricht der Jahrgangsstufen 7 und 8 schärft.

Schließlich danken wir dem Verlag Vandenhoeck & Ruprecht, der auch diesen Band mit großem Einsatz begleitet hat.

Wenn Klaus Wegenast in seiner Besprechung von Religion entdecken – verstehen – gestalten 5/6 schreibt: „Nach der Lektüre des Schul- und des Werkbuches hätte ich eigentlich Lust, wieder einmal in einer 5. oder 6. Klasse ‚Religion' zu unterrichten" (ZPT 3/2001), so freuen wir uns über dieses schöne Kompliment und wünschen auch dem vorliegenden Folgeband 7/8 eine ähnlich „Lust machende" Wirkung.

Göttingen, im April 2001 — Gerd-Rüdiger Koretzki / Rudolf Tammeus

Jugend – Kirche – Religion:

Sozialisationstheoretische und religionspädagogische Perspektiven zum Religionsunterricht mit 13 bis 15-Jährigen[1]

Friedrich Schweitzer

Dass der Religionsunterricht in den Jahrgängen 7 und 8 besonders schwierig und herausfordernd, wenn nicht geradezu strapaziös ist, das ist seit langem bekannt. Im Gegensatz zur Intensität entsprechender Klagen steht freilich die geringe Aufmerksamkeit, die dem Religionsunterricht in diesem Alter in der Literatur geschenkt wird. Weithin wird wohl davon ausgegangen, dass die Schwierigkeiten eben doch pubertätsbedingt seien und sich gleichsam von selbst wieder legen würden. Zum Teil wird man dem Hinweis auf die Pubertät zustimmen können. Zum Teil führt er aber auch dazu, dass die allgemeineren Hintergründe im Verhältnis von Jugend und Religion übergangen werden. Im Folgenden möchte ich mich deshalb ganz auf das Verhältnis von Jugend und Religion bzw. Kirche konzentrieren.

Einstellungen zu Kirche und Religion: Befunde aus Jugendforschung und Kirchenmitgliedschaftsuntersuchungen

Übergreifende Tendenzen

(1) Dass Jugendliche heute zu *Kirche* ein gespanntes Verhältnis haben, ist bekannt. Gleichwohl gehören in den westlichen Bundesländern mehr als 80% der Kinder und Jugendlichen unter 20 Jahren zur evangelischen oder katholischen Kirche. Die Kirchenmitgliedschaft erreicht also auch bei den Jugendlichen überraschend hohe Zahlen, was in der Öffentlichkeit häufig übersehen wird.

Der hohe Anteil an Kirchenmitgliedern geht natürlich auf die Kindertaufe zurück. Der hohen Beteiligung an dieser entspricht im Jugendalter eine ähnlich hohe Beteiligung an der Konfirmation. Vergleicht man die Zahl der 14 Jahre früher Getauften mit der Zahl der Konfirmierten, so liegt die Beteiligung an der Konfirmation bei 100%! So gesehen ist Kirche auch bei den 13 bis15-Jährigen noch fest verankert.

Anders sieht es bekanntlich beim Gottesdienstbesuch aus. Den Shell-Jugendstudien zu-

[1] Im Folgenden muss auf den Nachweis der zitierten Literatur im Einzelnen verzichtet werden. Für weiterreichende Literaturhinweise verweise ich auf meine Veröffentlichungen: Die Suche nach eigenem Glauben. Einführung in die Religionspädagogik des Jugendalters, Gütersloh 1998²; Lebensgeschichte und Religion. Religiöse Entwicklung und Erziehung im Kindes- und Jugendalter, 4. erw. Aufl., Gütersloh 1999; Das Recht des Kindes auf Religion, Gütersloh 2000; Religionsunterricht und Entwicklungspsychologie. Elementarisierung in der Praxis (gem. m. K.E. Nipkow u.a.), Gütersloh 1997². Am Ende meines Beitrags sind einige der wichtigsten neueren Untersuchungen zu Religion im Jugendalter genannt.

folge sind es weniger als 20% der 13 bis 29-Jährigen, die zumindest gelegentlich einen Gottesdienst besuchen. Bei den 13 bis 16-Jährigen liegt die Gottesdienstbeteiligung etwas höher, was sich vermutlich durch die mit dem Konfirmandenunterricht verbundene Verpflichtung zum Gottesdienstbesuch erklären lässt.

Zu den nur wenig wahrgenommenen Angeboten gehört auch die *kirchliche Jugendarbeit*. Selbst wenn punktuelle Beteiligungsformen mitgezählt werden, geht die Beteiligung kaum über 10% hinaus.

Sucht man nach einer zusammenfassenden Bezeichnung für das Verhältnis zwischen Jugend und Kirche, so könnte man am ehesten von einer *freundlichen Distanz* sprechen. Die Kirche wird zwar kritisiert, in ihrer Existenz aber nicht infrage gestellt. Es ist nur eine Minderheit der Jugendlichen, die beispielsweise sagen, sie würden lieber in einer Gesellschaft leben, „in der es keine Kirchen mehr gibt, höchstens noch als Museen" (so ein Ergebnis des Religionssoziologen G. Schmidtchen). Bemerkenswert ist auch die hohe Zustimmung zu Taufe und kirchlicher Trauung, auch wenn sie im Vergleich zu den Erwachsenen etwas geringer ausfällt. Bei den Kirchenmitgliedschaftsuntersuchungen ist sogar ein deutliches Anwachsen der Zustimmung zur Kindertaufe in den letzten 20 Jahren zu verzeichnen: 1992 waren es 85% der 14 bis 17-Jährigen, die angeben, sie würden ihr Kind taufen lassen. – Die vergleichsweise geringe Teilnahme an Veranstaltungen der Kirche wie dem Gottesdienst darf also nicht mit einer grundsätzlich ablehnenden Haltung gegenüber der Kirche als Institution in der Gesellschaft gleichgesetzt werden. Für sich selber finden die Jugendlichen aber wenig Attraktives in der Kirche – vielleicht abgesehen von Veranstaltungen wie dem Kirchentag, dessen Besucher häufig im Alter von unter 18 Jahren sind.

(2) Die Notwendigkeit, zwischen Kirchlichkeit und *Religiosität* Jugendlicher zu unterscheiden, ist bereits den quantitativ arbeitenden Untersuchungen zu entnehmen. Die Angaben bei Fragen, die entweder kirchliches Verhalten oder die Zustimmung zu kirchlichen Lehren treffen, zeigen eine geringe oder auch abnehmende Kirchlichkeit. Dieselben Jugendlichen sagen jedoch von sich, dass sie beten oder dass sie an ein Weiterleben nach dem Tod glauben. In der Shell-Jugendstudie von 1992 ist dies bei den 13 bis 16-Jährigen besonders deutlich: Fast 70% der befragten Jugendlichen sagen hier, dass sie nie den Gottesdienst besuchen; aber es sind nur 36%, die sagen, sie würden nie beten. Etwa die Hälfte der Jugendlichen gibt an, dass sie nicht an ein Leben nach dem Tod glauben. Um welche Art von Gebeten es sich dabei handelt oder worin der Glaube an ein Weiterleben nach dem Tod inhaltlich besteht – ob er sich an der christlichen Auferstehungshoffnung oder an der Vorstellung einer Seelenwanderung orientiert –, bleibt bei solchen Umfragen freilich offen. Das Interesse an Religion reicht jedenfalls weiter als die Kirchlichkeit!

(3) Eine dritte übergreifende Tendenz, die das anhaltende Interesse an Religion weiter unterstreicht, betrifft den *Gottesglauben* bei Jugendlichen. Die seit langem bekannte Tendenz lässt sich hier so beschreiben, dass sich nur ein sehr begrenzter Teil der Jugendlichen als Atheisten verstehen. Je nachdem, wie gefragt wird, bewegen sich die Zahlen etwa zwischen 5% und höchstens 20%. Die Gottesfrage bleibt offenbar auch dort bedeutsam, wo Kirche keine Rolle mehr spielt.

Qualitative Untersuchungen zum Gottesbild Jugendlicher (K.E. Nipkow, H. Schmid, G. Leyh, K.-P. Jörns u.a.) machen übereinstimmend deutlich, dass es sich um einen fragenden und suchenden, zum Teil stark individualisierten Gottesglauben handelt. Vor allem bei älteren Jugendlichen sind folgende Aspekte besonders wichtig – zum Teil dürften sie bereits bei den 13 bis 15-Jährigen anzutreffen sein:

- schwebender Charakter
- Subjektivierung
- Verortung jenseits aller menschlichen Vorstellungen
- Kirchenkritik
- Gottesglaube als Projektion/ Fiktion
- Biografisierung des Glaubens
- Theodizeefrage
- Spannung zwischen Entmythologisierung und Denken in Komplementarität
- Frage nach dem Ursprung der Welt

- lebensweltliche Einbindung (Grenzsituationen).

(4) Die im Ganzen gut belegte Individualisierung und Pluralisierung von Glaube und Religion wird manchmal so aufgefasst, dass ein *Synkretismus*, jedenfalls ein wachsender Einfluss *neuer Religionen* zu erwarten sei. Dass diese Erwartung nur auf eine Minderheit zutrifft, hat jedoch schon eine empirische Untersuchung von G. Schmidtchen in den 80er-Jahren erwiesen. Auch in der letzten EKD-Mitgliedschaftsuntersuchung wurde nach Erfahrungen mit neuen Religionen gefragt – ausdifferenziert zwischen New-Age über Magie bis hin zu Edelsteinmedizin. Gerade bei den 14 bis 17-Jährigen ist das Ergebnis aufschlussreich: Während eine große Anzahl der Jugendlichen bereits von solchen Phänomenen gehört hat, ist es nur eine sehr kleine Minderheit, die damit auch selbst Erfahrungen gemacht zu haben angibt. M.E. ist diese Situation so zu interpretieren, dass die Jugendlichen zwar im Bewusstsein einer großen Zahl alternativer religiöser Orientierungsmöglichkeiten aufwachsen, viele dieser Möglichkeiten aber nicht aus eigener Erfahrung kennen.

(5) Als letzte Tendenz nenne ich die *Verortung von Religion in Lebensgeschichte, Lebenswelt und Alltagspraxis*. Glaube und Religion werden von Jugendlichen dann als bedeutsam angesehen, wenn sie auf ihre eigene Lebenspraxis, ihre eigene Lebensgeschichte bezogen sind. Bei älteren Jugendlichen geht es dabei zum Teil um die Sinnhaftigkeit ihres Lebens insgesamt – um ihren Lebensentwurf, um die Stellung des eigenen Lebens in Welt und Geschichte. Bei jüngeren Jugendlichen und also auch bei den 13 bis 15-Jährigen ist dabei mehr an die Verbindung mit der Gruppe der Gleichaltrigen zu denken. Interesse an Religion kann sich in dem Maße ausbilden, in dem es mit dem anderen in der Gruppe geteilten Leben Hand in Hand geht.

„Die Suche nach eigenem Glauben" – entwicklungspsychologische Überlegungen

J.W. Fowler beschreibt die Entwicklung im frühen Jugendalter als Übergang vom *mythisch-wörtlichen Glauben* zum *synthetisch-konventionellen Glauben*. Den mythisch-wörtlichen Glauben versteht er dabei im Sinne eines Kinderglaubens oder einer ersten Naivität: Bestimmend ist ein mythologisches Weltbild, bei dem, vereinfacht gesprochen, Gott im Himmel wohnt und manchmal der Teufel unter der Erde. Dabei geht es noch nicht um ein naturwissenschaftliches Weltbild, sondern um eine wörtliche Auffassung des Himmels als Raum über den Wolken. Symbolische Sprache wird, besonders in ihrer anspruchsvolleren Form, noch nicht in ihrem Verweisungscharakter verstanden, sondern wird wortwörtlich aufgefasst. Dazu gehört dann auch, dass etwa Gleichnisse nicht metaphorisch gedeutet, sondern als Geschichten verstanden werden, die sich einmal so oder wenigstens so ähnlich ereignet haben. Eben deshalb spricht Fowler von einem „wörtlichen Glauben". Nach Fowlers Untersuchungsergebnissen und ähnlich auch nach den Befunden unserer Tübinger Studie zum Religionsunterricht ist diese Stufe bzw. ein Denken oder Glauben in diesem Sinne keineswegs auf das Grundschulalter beschränkt. Es begegnet auch noch in sehr deutlicher Form in den Jahrgangsstufen 5 und 6, darüber hinaus als Übergangsform wohl auch in den Jahrgangsstufen 7 und 8, die wir allerdings nicht eigens untersucht haben.

Die daran anschließende Stufe des synthetisch-konventionellen Glaubens ist vor allem durch ihren konventionellen Charakter bestimmt: Der Glaube orientiert sich nun daran, was alle glauben und was alle tun. Der Glaube auf dieser Stufe ist nicht durch eigene, gar kritische Reflexion bestimmt, sondern er ist in dem Sinne „synthetisch", dass einzelne Glaubenselemente aus der sozialen Umwelt übernommen werden. Jugendliche auf dieser Stufe können etwas glauben, „weil es ganz Viele sagen". Umgekehrt bedeutet dies freilich auch, dass es ihnen nie in den Sinn käme, vor der Schulklasse etwas zu erzählen, wenn „alle" dies lächerlich finden würden.

Die Eigenart eines Glaubens oder Denkens auf der Stufe des synthetisch-konventionellen Glaubens tritt noch deutlicher hervor, wenn wir sie mit einem Beispiel der nächsten Stufe, des *individuierend-reflektierenden Glaubens* konfrontieren. Ein solcher reflektierender Glaube ist bei 13 bis 15-Jährigen zwar nicht ausgeschlossen, im Ganzen aber doch recht selten. Nachfolgendes Beispiel stammt von einem Schüler der gymnasialen Oberstufe, der auf die Frage antwortet: „Woran denken Sie bei dem Wort Gott?". Er schreibt:

„An eine Hilfskonstruktion, welche von Menschen für Menschen geschaffen wurde. Sie hat Vermittlungscharakter, indem diese Konstruktion bestimmte Wertvorstellungen ... in einem Begriff zusammenfasst, damit diese für den Menschen fassbar und transparent und vor allem nachvollziehbar werden ... Mit dem auf geisteswissenschaftlicher und naturwissenschaftlicher Ebene vollzogenen Fortschritt der menschlichen Entwicklung verlieren naivere Konstruktionen der Wertevermittlung ihren Sinn – werden unglaubwürdig ... Für mich hat deshalb diese Konstruktion keinen Sinn mehr, da die Vermittlung von Werten der aufgeklärte Mensch besser übernehmen kann."

Dieser Jugendliche ordnet seine Beobachtungen allgemeinen Kategorien wie beispielsweise „Wertevermittlung" oder „Aufklärung" zu – Menschen gehören für ihn zu bestimmten Kategorien oder Klassen – und auch sich selber bezieht er in seine kritische Reflexion ein. Gott wird dabei gleichsam rekonstruiert – er wird zu einem Konstrukt des Menschen, für den er bestimmte Leistungen etwa der Wertevermittlung erfüllen soll.

Das hier mithilfe der Theorie der Glaubensentwicklung um Fowler angedeutete Verständnis der religiösen Entwicklung der 13 bis 15-Jährigen ließe sich anhand paralleler Theorien u.a. von F. Oser zum religiösen Urteil oder von K.H. Reich zur Entwicklung des Denkens in Komplementarität weiter vertiefen. Alle diese Theorien unterstreichen, dass die 13 bis 15-Jährigen in aller Regel mit einer allmählichen Distanzierung vom Kinderglauben bzw. einer sich stärker autonom ausprägenden Suche nach eigenem Glauben beschäftigt sind und dass dabei die Zugehörigkeit zur Gruppe der Gleichaltrigen eine große Rolle spielt.

Religionspädagogische Herausforderungen

Ich habe diesen Abschnitt mit „religionspädagogische Herausforderungen" überschrieben, um deutlich zu machen, dass es in meiner Sicht keine direkten Ableitungen aus den beschriebenen theoretischen und empirischen Befunden im Blick auf Religionsunterricht und Religionsdidaktik geben kann. Die Praxis lässt sich nicht einfach theoretisch konstruieren. Stattdessen möchte ich eine Reihe von Herausforderungen beschreiben, die im gemeinsamen Gespräch zwischen Praxis und Theorie weiter zu konkretisieren wären.

Grundsätzlich gehe ich davon aus, dass Religionsunterricht im Jugendalter durch die *Doppelaufgabe* einer *religiösen Biografiebegleitung* einerseits und *Bildung in der Pluralität* andererseits bestimmt ist. Die Aufgabe der Biografiebegleitung ist durch die religiöse Entwicklung der Jugendlichen begründet, zugleich aber auch dadurch, dass kein anderes religionspädagogisches Angebot außer dem Religionsunterricht eine vergleichbare Dauer und Kontinuität während des gesamten Jugendalters für sich in Anspruch nehmen kann. Trotz der Grenzen, die dem Religionsunterricht schon durch seine Stellung in der Schule gezogen sind, sehe ich deshalb seine besondere Aufgabe, aber auch Chance in einer Begleitung religiöser Biografie. Dass die Biografiebegleitung zugleich die Gestalt einer Orientierung oder Bildung in der Pluralität annehmen muss, ergibt sich aus der beschriebenen Situation der religiösen Pluralisierung, die auch den Jugendlichen bewusst ist. Zugleich ist eine solche Bildung ein gesellschaftliches Erfordernis: In einer multikulturellen und multireligiösen Gesellschaft ist friedliches und tolerantes Zusammenleben nur denkbar, wenn Menschen fähig werden, in reflektierter Weise mit Pluralität zu leben.

Im Blick auf didaktische Aufgaben konkretisiert sich mein religionspädagogischer Ansatz im Modell der *Elementarisierung*, wobei ich besonderen Nachdruck auf den Erfahrungs- und Entwicklungsbezug des Lernens lege. In meinem Verständnis ist Elementarisierung der Versuch, die Religionsdidaktik konsequent auf die Erfahrungen und auf die religiöse Entwicklung von Kindern und Jugendlichen hin auszulegen, ohne dass deshalb auf zentrale theologische Fragen verzichtet werden müsste. Elementarisierung ist eine Doppelbewegung zwischen Schülern und Inhalten, eine Doppelbewegung, die mit der didaktischen Tradition auch als wechselseitige Erschließung beschrieben werden kann.

Im Blick auf eine Religionspädagogik des Jugendalters wird diese Auffassung in dreifacher Hinsicht konkretisiert:

Erstens heißt das übergreifende Ziel im Jugendalter Unterstützung der Suche nach eigenem Glauben: In der *Suche nach eigenem Glauben* konvergieren m. E. die Autonomiebestrebungen der Jugendlichen mit dem religionspädagogischen Ziel der religiösen Mündigkeit. Ein religionspädagogisches Interesse an Bindung, Zugehörigkeit und Tradition steht dem, recht verstanden, nicht entgegen. Vielmehr gilt: Der Weg zu Bindung, Zugehörigkeit und Tradition kann im Jugendalter nur über Mündigkeit und Autonomie führen.

Zweitens schließt die Suche nach eigenem Glauben im Jugendalter insbesondere die *Auseinandersetzung mit dem Kinderglauben* ein. Dies gilt nicht nur für solche Fälle, in denen in der Kindheit eine ausgeprägte religiöse Erziehung oder Sozialisation erfahren wurde – angesichts der mit der religiösen Entwicklung im Jugendalter verbundenen Umbrüche im Weltbild gibt es auch dann Äquivalente zum Abschied vom Kinderglauben, wenn eine solche Erziehung nicht stattgefunden hat. Die Vereinbarkeit religiöser Vorstellungen und naturwissenschaftlicher Weltbilder beispielsweise stellt eine allgemeine Herausforderung unserer kulturellen Situation dar.

Drittens muss die kritische Auseinandersetzung mit dem Kinderglauben gleichsam positiv ergänzt werden durch den *Aufbau einer religiös bestimmten Identität.* Dieser Aufbau kann natürlich nicht nur durch Religionsunterricht oder Religionspädagogik geleistet werden. Die Jugendlichen können jedoch begleitet und unterstützt sowie herausgefordert werden durch Impulse und Anregungen, die von Religionsunterricht und Religionspädagogik ausgehen.

Vor diesem allgemeinen religionsdidaktischen Hintergrund möchte ich nun vier besondere *Herausforderungen für den Religionsunterricht mit 13 bis 15-Jährigen* skizzieren:

Die *erste* und vielleicht auch größte Herausforderung der Religionspädagogik liegt in der Wahrnehmung der Religion heutiger Jugendlicher. In dem Maße, in dem traditionelle religiöse und kirchliche Ausdrucks- und Sprachformen die religiösen Interessen und Sinnfragen Jugendlicher nicht mehr zu fassen vermögen, wird es zu einer eigenen Aufgabe, diese überhaupt noch wahrzunehmen. Wie wichtig diese Aufgabe ist, kann man sich beispielsweise daran klarmachen, dass die Jugendforschung gerade in solchen Zeiten eine Zunahme des religiösen Interesses bei Jugendlichen konstatierte, in denen in der Religionspädagogik die Rede von „Jugend ohne Gott" Verbreitung fand. In gewisser Weise bietet sich das Bild einer Schere an: Religionspädagogik einerseits und religiöse Interessen Jugendlicher andererseits laufen auseinander – mit der Folge, dass der Religionsunterricht an den Jugendlichen vorbeizugehen droht.

Zweitens verschärft sich das Problem einer drohenden Auseinanderentwicklung von Religionspädagogik und Religion der Jugendlichen bei der Altersgruppe der 13 bis 15-Jährigen dadurch, dass die sog. *Gesellschaft der Altersgleichen* nun an Bedeutung gewinnt und eine Atmosphäre erzeugt, in der es für religiöse Fragen keinen Raum zu geben scheint. In dieser Situation wird Religionsunterricht zu einer interaktiven und sozialen Herausforderung, die sich insbesondere auf den Umgang mit der Peer Group bezieht. Dabei sind mehrere Teilaufgaben zu beachten: Erstens stellt der Aufbau von Gemeinschaft bzw. die Ausbildung von Gemeinschaftsfähigkeit eine zentrale Entwicklungsaufgabe im Jugendalter dar, die auch vom Religionsunterricht unterstützt werden muss. Zweitens steht der Religionsunterricht vor der Herausforderung, Möglichkeiten für eine religiöse Kommunikation zu gewährleisten, wie sie in diesem Alter in der Klassengemeinschaft offenbar nur schwer möglich ist. Wie können im Rahmen von Religionsunterricht Begegnungen mit religiösen Fragen ermöglicht werden, die etwa einem vertrauten Gespräch mit guten Freunden ähnlich wären? Und drittens ist zu bedenken, wie einer Tabuisierung von Religion in der Gruppe der

Gleichaltrigen entgegengewirkt werden kann. – M.E. liegt es auf der Hand, dass sich alle diese auf die Gruppe der Altersgleichen bezogenen Teilaufgaben nur durch ein verändertes Design von Religionsunterricht hinsichtlich seiner Arbeits- und Sozialformen erfüllen lassen. Die heute wieder neu aus der Reformpädagogik aufkommenden Impulse von Projektarbeit, innerer Differenzierung, praktischem Lernen usw. scheinen mir insbesondere für die Altersgruppe der 13 bis 15-Jährigen höchst bedeutsam.

Eine *dritte* Herausforderung kann als *Religionsunterricht angesichts religiöser Pluralität* bezeichnet werden. Auch bei den Jugendlichen besteht ein ausgeprägtes Bewusstsein hinsichtlich der Vielfalt religiöser Möglichkeiten. Auch wenn sich in diesem Lebensalter nicht oder noch nicht das Problem einer Mitgliedschaft beispielsweise in einer neuen religiösen Bewegung stellt, bedeutet dies doch, dass alle religiösen Überzeugungen auch schon für diese Jugendlichen im Horizont des „häretischen Imperativs“ (P.L. Berger) stehen: Alles kann immer auch anders sein – zu allem gibt es mehr oder weniger attraktive Alternativen. Angesichts dieser Situation kann sich der Religionsunterricht weder auf die Einführung in die christliche Tradition beschränken noch auch auf die wechselseitige (korrelative) Erschließung von Tradition und Situation. Religionsunterricht ist immer mehr darauf angewiesen, christliche Überzeugungen in ihrem Verhältnis zu anderen religiösen oder weltanschaulichen Positionen zu verdeutlichen und zu bewähren. Wo Religionsunterricht dies nicht leistet, verliert er seine Plausibilität und erreicht auch keine Orientierung in der Pluralität.

Viertens verweise ich auf die *Frage nach Gott als Möglichkeit elementarer religionsdidaktischer Konzentration.* Schon vor fünfzehn und mehr Jahren haben Religionspädagogen wie K.E. Nipkow und F. Oser auf die Zentralität der Gottesfrage im Jugendalter verwiesen. Wie wir gesehen haben, hat sich daran auch in der Zwischenzeit wenig geändert: Die Gottesfrage behält für Jugendliche auch dann Gewicht, wenn sie sich beispielsweise für Kirche nicht interessieren. Ist es gelungen, die Gottesfrage wirklich in den Mittelpunkt des Religionsunterrichts zu rücken? Und geschieht dies so, dass die Jugendlichen darin ihre eigenen Fragen erkennen können?

Literatur

- J. Eiben, Kirche und Religion – Säkularisierung als sozialistisches Erbe?, in: Jugend '92. Bd. 2, Opladen 1992, S. 91–104.
- W. Fuchs-Heinritz, Religion, in: Jugend 2000. Bd. 1, Opladen 2000, S. 157–180.
- EKD, Fremde Heimat Kirche. Die dritte EKD-Erhebung über Kirchenmitgliedschaft, hg.v. K. Engelhardt u.a., Gütersloh 1997.
- G. Schmidtchen, Wie weit ist der Weg nach Deutschland? Sozialpsychologie der Jugend in der postsozialistischen Welt, Opladen 1997 (bes. S. 149ff.).

Nächstenliebe

1. Theologische und didaktische Aspekte

Das *Gleichnis vom barmherzigen Samariter* (Lk 10,25–37), eine der bekanntesten Geschichten des Neuen Testaments, erzählt scheinbar schlicht, letztlich jedoch tiefgründig und vielschichtig eine zentrale Aussage der Verkündigung Jesu: Es geht in ihm um tätige Nächstenliebe, um die grenzenlose Liebe zum Mitmenschen. Diese Erzählung hat die Geschichte des Christentums nachhaltig beeinflusst: Die Frage nach der wahren Theorie und Praxis des Christseins wurde und wird immer wieder mit Bezug auf diese Geschichte diskutiert. Die Samariter-Erzählung gilt oftmals als „Urmodell" christlicher Diakonie.

Der folgende Unterrichtsvorschlag hat die biblische Samaritergeschichte zum Mittelpunkt. Sie ist in diesem Kapitel kombiniert mit zahlreichen verfremdenden Kontrastmedien, die im Vergleich mit dem Bibeltext zum einen die Schärfe von dessen Aussage, zum anderen dessen bleibende Aktualität und Herausforderung für die Kirche und den Einzelnen deutlich werden lassen können.

Einigkeit besteht in der neutestamentlichen Forschung darüber, dass Lk 10,25–37 aus zwei ehemals selbstständigen Traditionsstücken besteht, einem Streitgespräch über das ewige Leben (vgl. Mk 12,28ff.) und einer Beispielerzählung (V. 30–35), mit der Jesus auf die Frage nach dem Nächsten antwortet. Diese sind redaktionell zusammengefügt worden.

Die Beispielgeschichte spielt auf der abschüssigen Straße zwischen Jericho und Jerusalem inmitten einer menschenleeren Wüstenlandschaft. Der rabiat Überfallene bleibt anonym, jedoch ist es für den Fortgang der Geschichte wichtig, ihn als Juden anzusehen. Priester und Levit sind Vertreter des Jerusalemer Tempelpersonals. Mit ihnen verknüpft der jüdische Hörer die Erwartung, dass sie sich dem Überfallenen zuwenden. Aber obwohl sie das Opfer sehen, gehen sie beide weiter. Gründe dafür werden nicht genannt (vgl. Schottroff). Wie im Märchen leistet erst die an dritter Stelle eingeführte Person Hilfe. Dass diese ausgerechnet ein Samariter ist, muss auf jüdische Hörer befremdlich gewirkt haben, denn seit langem schon bestand erbitterte Feindschaft zwischen Juden und Samaritern. Von dem Samariter heißt es: Er „sah und hatte Mitleid". Ausführlich und mit Detailgenauigkeit wird dann geschildert, was er alles unternimmt, um den Überfallenen zu versorgen. Das reicht über erste Hilfeleistung weit hinaus. An dieser Schilderung liegt der Geschichte offensichtlich.

Diese Erzählung lebt vom Gegensatz zwischen der allzumenschlichen Handlung, die einen Verrat an der Liebe begeht, und der Tat, die der Liebe Zeit und Raum gibt. Gesteigert wird diese Aussage durch die Typisierung der Personen: Jüdisches Tempelpersonal, das sich Liebe zu Gott zum Beruf gemacht hat, steht dem verachteten Samariter gegenüber. Obwohl die helfende Handlung des Samariters nicht ins Unermessliche gesteigert ist – denn schließlich nimmt er nach Unterbringung des Opfers seine

Reise wieder auf – ist hier von viel mehr als Alltäglichem die Rede, von einer spontanen, Grenzen überschreitenden Tat der Liebe, die unabhängig von Religion, von Nationalität und gesellschaftlichem Stand wirkt. Diese grenzenlose Liebe kann als eine Ahnung von dem, was als „Reich Gottes“ vorgestellt wird, gedeutet werden. Insofern kann diese biblische Erzählung in die Nähe der Reich-Gottes-Gleichnisse gerückt werden (mit Halbfas, gegen Jülicher).

Das Streitgespräch, das die Beispielgeschichte mit dem Samariter umrahmt, stellt die Bedeutung heraus, die Jesus der Nächstenliebe zumisst. Er sieht nämlich im alttestamentlichen Doppelgebot der Liebe „du sollst den Herrn, deinen Gott lieben von ganzem Herzen, von ganzer Seele, von allen Kräften und von ganzem Gemüt, und deinen Nächsten wie dich selbst“ (V. 27, vgl. dazu Dtn 6,5 und Lev 19,18) das heilsschaffende Handeln schlechthin, ja in der markinischen Parallele wird das Doppelgebot sogar als eine Zusammenfassung aller Gebote bezeichnet (vgl. dazu Mk 12,29–31).

Breit diskutiert wird in der neutestamentlichen Literatur die Bedeutung der Frage Jesu an den Schriftgelehrten nach Abschluss der Beispielgeschichte: „Wer von diesen dreien hat sich als der Nächste dessen erwiesen, der von den Räubern überfallen wurde?“ (V. 36). Nicht mehr der Überfallene ist hier der Nächste, sondern der, der sich ihm zuwendet. Insofern akzentuiert Jesus die Ausgangsfrage „Wer ist mein Nächster?“ (V. 29) neu. Der Blickpunkt rückt weg von der Frage nach dem Objekt, dem Nächsten, hin zu dem Subjekt der Nächstenliebe, zu dem, der handelt. Die veränderte Perspektive in der Frage Jesu ergibt sich aus der Beispielgeschichte. So rückt die Bedürftigkeit dessen, „der unter Räuber gefallen ist“, ins Zentrum, er gibt vor, wem ich als Nächster begegne. Diese Begegnung erweist sich im Tun, wie die Beispielgeschichte zeigt. So verwundert das Jesuswort am Ende nicht: „Dann geh und handle genauso!“ (V. 37).

Seit ihren Anfängen bemüht sich die Kirche, auch als Institution, im Sinne der Nächstenliebe zu handeln. 1848 rief *Johann Hinrich Wichern* in seiner berühmten Rede auf dem Wittenberger Kirchentag die „Innere Mission“ in Deutschland ins Leben, die zum Ziel hatte, auch für kirchenferne Menschen da zu sein. Es ging ihm um die Aufdeckung des geistlichen und sozialen Notstandes seiner Zeit, um Erneuerung der toten Kirchlichkeit der Kirche. So wurden besonders im 19. Jahrhundert große diakonische Einrichtungen ins Leben gerufen.

In der Nachfolge Wicherns steht auch *Friedrich von Bodelschwingh*, der 1872 die „Rheinisch-Westfälische Anstalt für Epileptiker“ am Rande des Teutoburger Waldes bei Bielefeld übernahm. Es dauerte nur wenige Jahre, bis daraus die weltbekannte Stadt „Bethel“ („Haus Gottes“) wurde. Heute ist Bethel die wohl größte europäische diakonische Einrichtung, die als weltweit führend in der Behandlung von Epilepsie gilt.

Unter dem Dach des DIAKONISCHEN WERKES der EVANGELISCHEN KIRCHE IN DEUTSCHLAND (EKD) arbeiten und engagieren sich heute ungefähr 400.000 hauptamtliche und weit mehr ehrenamtliche Mitarbeiter und Mitarbeiterinnen in rund 31.000 verschiedenen diakonischen Einrichtungen für arme, hilfsbedürftige und leidende Menschen. Es ist festzustellen, dass in der Diakonie vor allem Frauen arbeiten. Während die *gemeindliche Diakonie* „vor Ort“ tätig ist, etwa in Form von Alten- und Krankenbesuchsdiensten, Sozialstationen oder Kindergärten, leistet die *übergemeindliche Diakonie* speziellere und häufig überregionale Arbeit, etwa in den Lebensberatungsstellen, der Bahnhofsmission oder Fachkliniken. *Ökumenische Diakonie* ist weltweite Diakonie, die die partnerschaftliche Zusammenarbeit der christlichen Kirchen in aller Welt zum Ziel hat.

Eines dieser Projekte ist die bekannte Organisation BROT FÜR DIE WELT, die als einmalige Spendenaktion im Jahre 1959 ihren Anfang nahm. Als Entwicklungshilfeprogramm unterstützt BROT FÜR DIE WELT nun schon über 40 Jahre lang die Ärmsten der Armen in aller Welt, macht aber auch auf die Ursachen ungerechter Verteilung und das Ziel, das weltweite Miteinanderteilen, aufmerksam.

Diakonische Werke, in der katholischen Kirche heißt die vergleichbare Institution CARITAS, werden bis heute als unverzichtbarer Teil der Kirche angesehen. Die Glaubwürdigkeit der Christen zeigt sich an der Haltung zur Frage der Nächstenliebe. Das gilt für institutionelle Einrichtungen der Kirche genauso wie für den einzelnen Christen in seinem Alltag. In Hamburg sind beispielsweise Menschen mehrmals in der Woche dazu bereit, aus dem, was unsere Wohlstandsgesellschaft an Nahrung übrig gelassen hat, für andere, die es sich sonst nicht leisten könnten, ehrenamtlich ein Essen zu kochen (Hamburger Tafel).

Wer uns im Augenblick dringlich braucht, damit wir ihm Nächster werden, ist eine Frage, die uns täglich neu herausfordert.

2. Intentionen

Die Sch. sollen

- sich den Aufbau, Inhalt und die Aussage des Gleichnisses vom barmherzigen Samariter aneignen
- die Situation heutiger „Opfer" zur Kenntnis nehmen und deren Gefühle und Beziehungen zu Mitmenschen nachempfinden
- Gründe dafür sammeln und prüfen, warum Menschen an heutigen „Opfern" vorübergehen, warum es ihnen so schwer fällt zu helfen bzw. warum sie sich doch entscheiden zu helfen
- von Menschen und deren Motiven erfahren, die Not Leidenden in ihrer Nachbarschaft ehrenamtlich Hilfe zukommen lassen
- institutionelle Einrichtungen kennen lernen, die versuchen, Not strukturell zu lindern (in Deutschland und weltweit)
- Möglichkeiten wahrnehmen, diese Institutionen zu unterstützen und sich evtl. selbst daran beteiligen
- die biblische Zusage, dass Christus bei den Leidenden ist, kennen lernen.

3. Literatur zur Vorbereitung

- Helmut Frank (Hg.), Katechismus 2000. Ein Glaubenslexikon zum 2000. Geburtstag Jesu. Evangelischer Presseverband für Bayern e.V., Feuchtwangen 1999 (hier besonders die Artikel „Liebe" und „Diakonie").
- Hubertus Halbfas, Religionsunterricht an Sekundarschulen. Lehrerhandbuch 5. Patmos, Düsseldorf 1992, S. 361–366.
- Walter Jens (Hg.), Der barmherzige Samariter, Kreuz, Stuttgart 1973 (Auslegungen und Beiträge von 17 Theologen und Schriftstellern).
- Friedrich Johannsen, Gleichnisse Jesu im Religionsunterricht. Anregungen und Modelle für die Grundschule, Gütersloher Verlagshaus, Gütersloh 1986.
- Günther Lange, Umgang mit Kunst, in: G. Adam/R. Lachmann, Methodisches Kompendium für den Religionsunterricht, Vandenhoeck & Ruprecht, Göttingen 1993, S. 247–261.
- Luise Schottroff, Sehen lernen. Lukas 10, 25–37 – Vom Barmherzigen Samariter, in: Nehmet einander an. Bausteine – Materialheft für Unterricht und Gemeinde, hg.v. Münchner Arbeitsstelle Kirchentag '93. S. 93–95.
- Karlheinz Sorger, Gleichnisse im Unterricht. Grundsätzliche Überlegungen. Hilfen für die Praxis, Patmos, Düsseldorf 1987[2].
- Philipp Vielhauer, Geschichte der urchristlichen Literatur. Einleitung in das Neue Testament, die Apokryphen und die Apostolischen Väter, durchges. Nachdr., de Gruyter, Berlin/New York 1978.

4. Unterrichtsideen

A. Das Gleichnis vom barmherzigen Samariter (Lk 10,25–37)

a) Hinführungen

⇨ Bild: *Thomas Zacharias, Vom barmherzigen Samariter, 1966* (SB, S. 6)
Das Bild ist wegen seiner Deutungsoffenheit gut als Einstieg geeignet. Sch. beschreiben das Bild (die beiden dunklen Figuren im linken Bildrand werden von manchen Sch.-gruppen nicht erkannt), deuten die Lichtverhältnisse, die große dunkle, zerrupfte Bildfläche und die Beziehung der vier Personen zueinander (wer gehört zusammen?), und überlegen, wo sich die dargestellte Situation zugetragen haben könnte. Evtl. können die Sch. versuchen, die gebeugte Haltung der Person am unteren Bildrand selbst einzunehmen und die damit verbundenen Gefühle zu beschreiben.
Sch. schreiben Szenen oder kurze Geschichten, die zu dem Bild passen. Danach könnten Gründe für das unterschiedliche Verhalten der Personen überlegt werden. Nach Erarbeitung des Bibeltextes (s.u.) kann die Eigenständigkeit des Holzschnittes im Vergleich herausgearbeitet werden.

⇨ Gedicht: *D.J. Purnell, Geh an ihm vorbei* (SB, S. 7)
Das Gedicht wurde von einem vierzehnjährigen Jungen in den USA verfasst. Es handelt sich um ein fiktives Selbstgespräch, das phrasenartig abwehrende Argumente aneinander reiht, die es rechtfertigen, an einem Obdachlosen vorbeizugehen und ihm nicht zu helfen. Das Selbstgespräch geht am Ende in ein Gebet über (Was drückt das Gebet aus? Mitleid?).
Sch. lesen das Gedicht laut vor und beschreiben dessen Wirkung auf sie. Sie überlegen (evtl. schriftlich), wie das Gedicht im Hauptteil verlängert werden könnte (welche Aussagen dieser Art ihnen noch bekannt sind). Die Wendung am Schluss kann dann von den Sch. gedeutet und bewertet werden. Der Farbholzschnitt von Zacharias und das Gedicht können nun zueinander in Beziehung gesetzt werden.

⇨ *Mögliche Hinführung* oder *Vertiefung* nach der Erarbeitung: Sitzkreis, in dessen Mitte ein Hut mit ein paar Münzen steht, evtl. zusammen mit einem Schild (vgl. dazu RU praktisch 8, s.u. 5. Medien, S. 37, 41). Wo kann man eine solche Szene finden? Was geht den Passanten durch den Kopf, wie reagieren sie? Was empfindet der Bettler? Würdet ihr eine Münze in den Hut werfen?

b) Der barmherzige Samariter (Lk 10,25–37)

⇨ Der Bibeltext (SB, S. 8) könnte den Sch. zunächst als *Puzzle* (in Streifen zerschnittene Kopie des Textes im Briefumschlag) gegeben werden. Nach Zusammenstellung des Textes in Gruppen kann der Textaufbau und die Szenenfolge besprochen werden.

⇨ Sch. bauen *Standbilder* zu einer Szene der biblischen Geschichte (vgl. etwa Helmut Kurz: Methoden des Religionsunterrichts. Arbeitsformen und Beispiele, Kösel, München 1989, S. 91f.). Es kann hilfreich sein vorzugeben, dass nur Szenen nach dem Überfall gewählt werden dürfen, da die Überfall-Szene sonst vorrangig dargestellt werden würde. Stattdessen sind je nach Gruppe natürlich auch ganze *Rollenspiele* bis hin zum *Bibliodrama* der biblischen Geschichte vorstellbar.

⇨ Die Erschließung des *sozialgeschichtlichen Hintergrundes* des Textes (also etwa die Erläuterung der Bedeutung der Begriffe Priester, Levit, Samariter, Schriftgelehrter usw. zur Zeit Jesu) kann über ein Arbeitsblatt erfolgen (RU praktisch 8, S. 66, M 4) und/oder indem der Videofilm „Gleichnis vom barmherzigen Samariter“ (s.u. 5. Medien) vorgeführt und besprochen wird.

⇨ *Rollenschreiben* ist geeignet, die Aneignungsphase dieser biblischen Geschichte abzuschließen. Die Sch. schreiben die Geschichte aus der Ich-Perspektive einer der beteiligten Personen (Levit, Priester, Überfallener, Wirt, Räuber) neu und ergänzen dabei besonders Gedanken und Gefühle der Personen.

⇨ Die Bedeutung des *Doppelgebotes der Liebe* (Lk 10,27) für Jesus können sich die Sch.

mithilfe eines Bibelstellenvergleiches (Dtn 6,5; Lev 19,18; Mt 22,34-40; Mk 12,28-34) erschließen. Abschließend können sie Lk 10,27 in ihr Heft/ihre Mappe übertragen und mit einem Schmuckrand versehen.

⇨ Das Gedicht *Wer ist denn mein Nächster?* von Lothar Zenetti (z.B. in RU praktisch 8, S. 69) problematisiert die Frage nach dem Nächsten mit biblischem Bezug, jedoch für die heutige Zeit. Zur Erhöhung der Spannung könnte zunächst die letzte Strophe weggelassen und von den Sch. gestaltet werden.
Nach Einbeziehung der Frage nach dem Nächsten im Bibeltext könnte folgendes Ergebnis entstehen:

> Wer ist denn mein Nächster?
>
> Der Nächste ist für mich oft jemand anderes als erwartet: Weder ist er einfach jemand, der mir ganz nahe ist, noch einfach jemand, der mir ganz fremd ist. Nicht ich bestimme, wer mein Nächster ist, sondern der Nächste ist jeder, der mich gerade dringlich braucht, der mich zu seinem Nächsten macht. Wer der Nächste ist, ist unberechenbar!

⇨ Bild: *Hans-Georg Anniès, Kreidezeichnung zu Lukas 10,25-37, 1970* (SB, S. 8/9)
Das Bild ist sowohl als Handbild als auch als Farbfolie preiswert zu bestellen (s.u. 6. Medien). Eine Bildbeschreibung kann dort ebenfalls angefordert werden (vgl. auch RU praktisch – Folien, Vandenhoeck & Ruprecht, Göttingen 1999, Folie 13, mit Beschreibung). Es lässt sich im Unterricht im *Abdeckverfahren* projizieren, indem man sich eine Schablone für die Farbfolie fertigt. So können schrittweise immer mehr Teile aufgedeckt werden, was das genaue Betrachten einzelner Bildsegmente fördern kann (s. RU praktisch 8, Kap. 3, M 5b):
1. Schritt: Bild im Bild (Abweichungen vom biblischen Text hervorheben, etwa Gleichzeitigkeit des Geschehens, Trinkbecher ...). Die Hand, die Form im Hintergrund (aufgeschlagenes Buch, Tora?, Zelt, Herberge?) sowie die runde Kreisform deuten.
2. Schritt: Jesus und der Schriftgelehrte kommen hinzu (rechts und links): Haltung der beiden und ihre Farbgebung beachten; Hand erneut interpretieren.
3. Schritt: Die Figuren oberhalb der Kreisform vervollständigen das Bild; mögliche Deutungen: Gefühle der Betrachter angesichts des Geschehens im Kreis werden dargestellt; Menschen, die den Samariter tatkräftig nachahmen; Menschen, die dem Samariter Beifall klatschen.

⇨ *Vertiefungen:* Versetze dich in den Schriftgelehrten oder in eine der Personen am oberen Bildrand und notiere kurz einige Gedanken dieser Person!
Möglich ist es auch, dass Sch. zu dem ausgeschnittenen Innenkreis des Farbbildes (Handbild) einen neuen Rahmen zeichnen.

B. Verfremdungen und Kontrastmedien zur Samaritergeschichte

a) Die Perspektive des Opfers

⇨ Kurzgeschichte: *Ursula Wölfel, Mannis Sandalen* (SB, S. 10/11)
In dieser Geschichte geht es um die Begegnung und einen Konflikt zwischen Manni, einem geistig behinderten Jungen, und Kindern seiner Straße. Die Erzählung überzeugt deshalb so sehr, weil sie sich mit moralischen Bewertungen zurückhält.
Erschließungsimpulse und Möglichkeiten zur Textarbeit: Beschreibt das Verhalten Mannis! Wie verhalten sich die anderen Kinder und Erwachsenen ihm gegenüber? Wie kommt es zu dem Konflikt, warum eskaliert er? Wie versteht ihr den Schluss der Geschichte, also das erneute Zusammentreffen der Kinder am nächsten Tag? Wie geht die Geschichte von Manni und den Kindern wohl weiter?

⇨ *Möglichkeiten der Weiterarbeit: Produktionsorientierte Schreibaufgabe*: Versetze dich in das Mädchen, das als einziges Kind nicht mitmacht, als die anderen Kinder auf Mannis Sandalen herumtrampeln. Was geht in diesem Moment in dem Mädchen vor?
Im Anschluss daran lassen sich leicht Bezüge zur biblischen Erzählung herstellen.
Rollenspiel: Das Ereignis auf der Straße wird

von den verschiedenen Kindern beim Abendbrot auch ganz verschieden wieder erzählt. Überlegt euch in eurer Gruppe, wie so ein Gespräch verlaufen sein könnte und spielt es dann vor!
Kurzspielfilm: „Des Andern Last“, 1958 (ein schon älterer, aber immer noch ausgezeichneter Film über einen geistig behinderten Jungen) (s.u. 5. Medien).

⇨ Bild: *Volker Rodermund, Gesichter im Kreis, 1996* (SB, S. 11)
Ein Bewohner von Bethel hat dieses Bild aufgrund eigener Erfahrungen mit epileptischen Anfällen gemalt.
Die Sch. können die besondere Perspektive des Bildes beschreiben und ansatzweise nachempfinden, indem sie in Vierergruppen das Bild nachstellen und dabei alle einmal die Rolle dessen, der auf dem Boden liegt, einnehmen. Anschließend können sie die Gefühle dessen, auf den von oben geschaut wird (er fühlt sich beobachtet, verwundbar, unterlegen, nicht unter Kontrolle, Blicke vermitteln Spott, Neugier, Unsicherheit usw.) am Bild nachvollziehen.
Interessierte Gruppen können sich (evtl. im Internet unter www.bethel.de) über die Krankheit Epilepsie genauer informieren (s.u. 5. Medien) und das Bild mit einem erklärenden Sachtext versehen. Bild und Geschichte über Manni können verglichen werden.

b) Hilfe für Bedürftige

⇨ Fotomontage: *Verflochtene Hände* (SB, S. 5)
Sie kann sowohl vor als auch nach der Erarbeitung der Samaritergeschichte eingesetzt werden. Die Beschreibung und Deutung kann folgende Aspekte beachten: Das Bild zeigt vier ineinander verwobene Hände; das Zentrum des Bildes, wo die Finger sich begegnen, entlarvt sich als optische Illusion, als etwas Unmögliches, denn nur Flechtarbeit kann ein so enges Gewebe ergeben (tiefste Verbundenheit). Man stellt ebenfalls fest: Es handelt sich ausschließlich um rechte Hände – es werden also vier verschiedene Menschen in enger Gemeinschaft miteinander verbunden. Die offenen, ausgestreckten Hände suggerieren Zusage, Hilfe, Dienst für die anderen. Die Kreuzform der Hände erinnert an die Selbsthingabe Christi.
Die Sch. können zunächst verschiedenste Handhaltungen und -gesten ausprobieren und sammeln; anschließend können die Mitschüler die Bedeutung einiger ausgewählter Handzeichen erraten; die Handhaltungen und -gesten können geordnet werden: Welche deuten auf förderndes, helfendes, liebevolles „Handeln“, welche auf zerstörendes, gewaltsames, egoistisches „Handeln“ hin? (zur Bedeutung der „Hand“ s. auch das Kap. 3: Gottessymbol Hand)
Die Beschreibung und Deutung des Bildes kann sich jetzt anschließen. Sch. suchen eine passende Überschrift zum Bild und denken sich evtl. eine Geschichte/Situation aus, die zu dem Bild passen könnte. Sie vergleichen die Bildaussage mit der Samaritergeschichte.

⇨ Text: *Friedrich von Bodelschwingh – „Vater“ von Bethel* (SB, S. 12)
Die Sch. arbeiten Wendepunkte aus dem Leben Bodelschwinghs heraus und überlegen, welche Bedeutung sie für seine spätere Arbeit in Bethel gehabt haben könnten; sie erklären, warum schon damals Bethel so beliebt bei Epilepsiekranken war; Sch. lesen Gen 28 „Jakob und die Himmelsleiter“ und klären die Bedeutung des Namens „Bethel“ für die v. Bodelschwinghschen Anstalten; interessierte Sch. können ein Referat über *Johann Hinrich Wichern* vorbereiten und halten und dabei Bezüge zu Bodelschwingh herstellen. (Vielleicht kann man auch in der – katholischen – „Caritas“ nach solchen diakonischen „Gründervätern und -müttern“ forschen.)
Weiterarbeit: Film „Friedrich von Bodelschwingh“, Hans S. Lampe, BRD 1981 (FWU), 21 Min, f, Dokumentarfilm (auszuleihen bei den Medienstellen) oder „Die drei Leben des Friedrich von Bodelschwingh“, Farbtonfilm, 19 Min, 16-mm-Lichttonfilm bzw. Video (auszuleihen in Bethel, s.u. 5. Medien).

⇨ Abb.: *Leben in Bethel – heute* (SB, S. 13)
Bethel ist eine diakonische Einrichtung für behinderte, kranke und sozial benachteiligte Menschen. Die Abbildungen zeigen die Arbeitsfelder: a) Jugendhilfe, b) Psychiatrie, c) Behindertenhilfe, d) Wohnungslosenhilfe,

e) Epilepsie, f) Altenhilfe, g) Akutkrankenhaus. In Gruppenarbeit beschreiben die Sch. die einzelnen Bilder und arbeiten heraus, bei welchen medizinischen und sozialen Problemen in Bethel Unterstützung geleistet wird.
Weiterarbeit: L. und Sch. suchen im Internet „www.bethel.de“ auf und informieren sich genauer über die diakonische Einrichtung.
In der Mappe „Anders sein“, die bei den v. Bodelschwinghschen Anstalten kostenlos bestellt werden kann (Adresse s.u. 5. Medien), findet man zahlreiche weitere Materialien zum Thema, auch farbige Folien: M 9.1 bietet einen Lebensbericht eines behinderten Menschen, der die meiste Zeit seines Lebens in Bethel verbracht hat. Die Sch. können herausarbeiten, welche Vor- und Nachteile dieser Bewohner in seinem Bethel-Aufenthalt sieht.

⇨ Text: *Armenspeisung im reichen Hamburg* (SB, S. 14)
Die Sch. können den Weg der überschüssigen Nahrung („Reste der Reichen“) bis hin zu Hans' warmer Mittagsmahlzeit genauer nachvollziehen, indem sie die Arbeit der „Hamburger Tafel“ in Gruppenarbeit in einem Weg-Diagramm grafisch zusammenstellen (Folie oder Plakat): Für eine Mark ein vollständiges Essen mit Nachtisch, wie funktioniert das?
Anschließend können folgende Fragen geklärt und diskutiert werden:

- Was erfährt man über Hans?
- Versetze dich in einen der ehrenamtlichen Mitarbeiter der „Hamburger Tafel“! Warum macht er wohl diese Arbeit und was erfährt er wohl für sich dabei?
- Wie beurteilst du so ein Projekt wie die „Hamburger Tafel“?
- Ähnliche „Tafeln“ gibt es in verschiedenen Städten. Informiert euch darüber, ob es in eurer Nähe ein ähnliches Projekt gibt!

⇨ Plakat: „Brot für die Welt“ (SB, S. 15)
Nach der Beschreibung des Plakats und der Deutung der Brotscheibe können die Sch. anhand einer Weltkarte und ihres Wissens aus den Medien benennen, welche Kontinente und Länder besonders von Hunger betroffen sind; es sollte betont werden, dass das Plakat eine vereinfachende, generalisierende Sicht der Verteilung auf der Welt anspricht; sie können sich dann in die beiden Menschen auf der Weltkugel versetzen (jeweils vorher Länder auswählen, in denen die Menschen/Kinder leben) und jeweils einen Tag in ihrem Leben beschreiben und anschließend vergleichen (evtl. Jugendbücher einbeziehen).
Weiterarbeit: Gründe für diese Struktur suchen; überlegen, was die beiden Menschen miteinander zu tun haben (auch, wenn sie sich nicht kennen); Möglichkeiten und bereits bestehende Versuche benennen, um die Ungerechtigkeit der Verteilung auf der Welt zu mildern; über Brot fur die Welt informieren (s.u. 5. Medien); evtl. eine Sammlung in der Klasse oder Schule für Not leidende Kinder durchführen.

⇨ *www.diakonie.de*

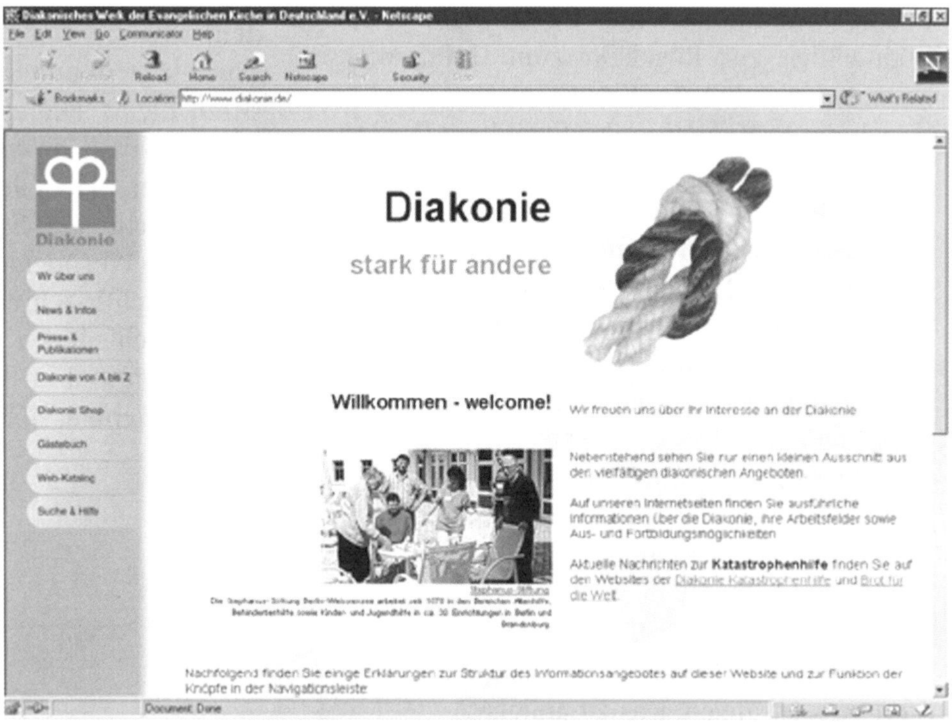

Auf dieser Website kann man sich einen guten Überblick über Angebote und Arbeitsfelder der Diakonie verschaffen, v.a. mithilfe der Suchfunktion, die der sog. „Web-Katalog" anbietet. L. kann mit den Sch. eine *Internet-Recherchierstunde* einplanen und interessantes Material herunterladen bzw. ausdrucken, das dann weiterbearbeitet wird (Besuch der Einrichtung, Kontaktaufnahme per E-Mail, Brief etc.). Hierbei kann besonders den Fragen nachgegangen werden, was die Diakonie speziell für Jugendliche anzubieten hat und welche dieser Einrichtungen sich in der näheren Umgebung befinden. Das Gleiche kann übrigens in einer katholisch-evangelischen Gemeinschaftsarbeit mit „www.caritas.de" geschehen (dort interessant: Aktionsfelder, s. Kopfleiste).

c) Das Helfen und das Kreuz

⇨ Text: *Josef Reding, Generalvertreter Ellebracht begeht Fahrerflucht* (SB, S. 16/18)
Ellebracht verursacht einen Unfall, der seinen mühsam erreichten wirtschaftlichen Aufstieg in Gefahr bringt. In einem Selbstgespräch zählt er Gründe auf, die seine Fahrerflucht rechtfertigen sollen (von wirtschaftlichen Erwägungen bis hin zur Rolle als Familienvater). Der zum Kreuz verbogene Stern auf der Haube seines neuen Wagens wird zum unfreiwilligen Mahnmal seines Gewissens, das ihn schließlich zur Rückkehr zum Unfallopfer, dem „menschliche(n) Kreuz", bewegt.
Nach der Präsentation der Erzählung (L. liest am besten selbst vor) erste Eindrücke der Sch. sammeln; zur genaueren Deutung können folgende *Fragen und Arbeitsaufträge* bearbeitet werden: 1. Warum ist der Unfall so schlimm für Ellebracht? 2. Die Geschichte spiegelt ein starkes Ringen Ellebrachts um zwei Positionen wider. Zeige das an geeigneten Stellen auf! Wo ist der Wendepunkt der Erzählung? 3. Wofür steht „Kreuz" in der Geschichte? 4. Stell dir vor, du seist eines der Kinder von Ellebracht und erführest von dem Verhalten deines Vaters. Was denkst du darüber? Schreibe auf! 5. Vergleiche diese Geschichte mit der vom barmherzigen Samariter! Was ist gleich, was ist anders?

Durch die Interpretation des Bildes von Matthias Klemm (s.u.) wird den Sch. die Möglichkeit eröffnet, das Kreuz in der Erzählung auch christologisch zu interpretieren.

⇨ Bild: *Matthias Klemm, Überlaufen, 1990* (SB, S. 17)
Diese von dem Leipziger Künstler Klemm gestaltete Grafik mit einer umgekehrten Kreuzesgestalt aktualisiert und interpretiert die biblische Samariter-Geschichte neu. Sie wird weg von der biblischen Kulisse in die Gegenwart verlegt (Steinpflaster, Kanaldeckel), als Ort lässt sich eine Fußgängerzone einer deutschen Stadt vermuten. Die künstlerische Interpretation besteht darin, dass ein Samariter in dieser Szene fehlt, während alle anderen „Rollen" – Opfer und Vorübergehende – besetzt zu sein scheinen. Die Szene ist insofern offen für die Frage: Wird der Samariter noch erscheinen?
Die Kreuzesgestalt mit Nimbus (Kanaldeckel) lässt eine christologische Deutung der Grafik zu: In demjenigen, der heutzutage „überlaufen" wird, ist der Gekreuzigte gegenwärtig. Christus ist bei dem Leidenden. Vielleicht spricht die Grafik aber auch davon, dass die Menschen heute „übergelaufen" sind zu anderen Lebensformen, in denen der Gekreuzigte keine Bedeutung mehr hat.
Nach der Erarbeitung des Bildes könnte folgender *kreativer Arbeitsauftrag* gegeben werden:
Das Bild stellt nur eine Momentaufnahme dar. Offen bleibt, wie es hier heutzutage weitergeht. Überlegt, ob ein „Nächster" noch kommt oder nicht, indem ihr neben die Grafik auf die rechte Seite ein Folgebild zu dieser Frage entwerft. Wer nicht malen möchte, kann die Szene auch beschreiben!
Die verschiedenen Entwürfe können dann verglichen und an Erfahrungen der Sch. gemessen werden.

5. Materialien und Medien

Verfremdungen des Bibeltextes:

- Horst Klaus Berg/Sigrid Berg (Hg.), Wer den Nächsten sieht, sieht Gott. Das Grundgebot der Liebe (Biblische Texte verfremdet 3), Kösel/Calwer, München/Stuttgart 1986.

Materialien der diakonischen Einrichtungen:

- Verschiedene Arbeitsmaterialien über die Arbeit in Bethel, wie z.B. „Anders sein", Materialmappe über Behinderte für den Einsatz im Unterricht der Sekundarstufe I, mit Folien, Arbeitsblättern etc. sind kostenlos zu bestellen bei: v. Bodelschwinghsche Anstalten Bethel, Zentrale Öffentlichkeitsarbeit, Dankort, Quellenhofweg 25, 33617 Bielefeld, Tel. 0521/144-3604, Fax 0521/144-5214, E-Mail: Bethel.pr.information@t-online.de.
- Kostenlose Materialien über die Arbeit im Rauen Haus, z.B. „Das kann jedem von euch passieren", sind zu bestellen unter folgender Adresse: Das Rauhe Haus, Beim Rauhen Hause 21, 22111 Hamburg, Tel. 040/655910, Fax 040/65591112.
- Materialien über die Aufgabe, Geschichte und die jetzigen Projekte von Brot für die Welt zu bestellen unter: Brot für die Welt Diakonische Arbeitsgemeinschaft, Stafflenbergstraße 76, 70184 Stuttgart, Tel. 0711/2159-0, Fax 0711/2159368; www.brot-fuer-die-welt.de.

Einzelne Handbilder, Plakate und Folien:

- Hans-Georg Anniès, Kreidezeichnung zu Lukas 10,25–27. Farbfolie und Handbilder dieser Zeichnung sind preiswert zu bestellen bei: Religionspädagogisches Zentrum der Evang.-Luth. Kirche in Bayern, Postfach 11 43, 91566 Heilsbronn, Tel. 09872/509-143.
- Matthias Klemm, Überlaufen. Diese Grafik ist als Handbild und als Poster zusammen mit einer Bildbeschreibung ebenfalls beim Religionspädagogischen Zentrum in Heilsbronn (Adresse s.o.) zu bestellen.
- Thomas Zacharias, Farbholzschnitte zur Bibel. 24 Farbfolien mit Erläuterungen, Kösel, München (Bild 21: Der Samariter; im Folienpaket finden sich hilfreiche Erläuterungen von Günter Lange zum Holzschnitt).

Unterrichtsmaterialien und Vorlesegeschichten:

- Gerhard Büttner/Jörg Thierfelder/Markus Wild (Hg.), Vorlesebuch Diakonie, Kaufmann, Lahr 1998.
- Ulrike von Fritschen, Kap.: Die Sache mit der Nächstenliebe, in: RU praktisch, 8. Schuljahr, Vandenhoeck & Ruprecht, Göttingen 1998, S. 54–72.
- Eckhart Marggraf/Martin Polster (Hg.), Unterrichtsideen Religion. 7. Schuljahr, Calwer, Stuttgart 1998, S. 93–135 (Kapitel: Diakonie).
- Christina Spitzenpfeil, Diakonie. Bd. 1: Materialien für den Unterricht. Bd. 2: Lehrerkommentar, hg.v. d. Gymnasialpädagogischen Materialstelle der Evangelisch-Lutherischen Kirche in Bayern. Nürnberg o. J. (Themenfolge 110) (groß angelegte, noch im Erscheinen begriffene Loseblattsammlung zu verschiedensten Teilgebieten der Diakonie).

Filme:

Ausführliche und z.T. kommentierte Verzeichnisse über Filme zum Thema „Diakonie" findet man im Hefter *Diakonie* von Christina Spitzenpfeil (Lehrerband, Medien, S. 1–14) sowie in *Unterrichtsideen Religion 7*, S. 95f.

Hier nur eine Auswahl:

- Gleichnis vom barmherzigen Samariter. Eine in Israel an Originalschauplätzen entstandene Verfilmung von Lk 10,25–37, authentisch in Szene gesetzt nach den Erkenntnissen moderner Bibelforschung (Die Gleichnisse Jesu). Videofilm der Kreisbildstellen (4201481), 10 Min, f, Deutschland 1992.
- Samariter 66. Trickfilm, f, 5 Min, Österreich 1966.
- Des Andern Last. Kurzspielfilm, sw, 34 Min, BRD 1958 (Film über einen geistig behinderten Jungen).
- Das notwendige Tun (Serie). 6 Filme über diakonisches Handeln (Die im Dunkeln / Strafentlassene, Ich will nicht mehr nach Hause, Anrufe vor Mitternacht / Sucht, Winnibaldstr.10 / Zivildienstleistende, Die Asylanten kommen, Die neuen Armen), Kurzspielfilme, f, 29 Min, BRD 1988.

Mehr als Alles – Sehnsucht und Sucht

1. Theologische und didaktische Aspekte

Sehnsucht ist ein bestimmendes Gefühl im menschlichen Leben, das maßgeblich zur Suche nach dem eigenen Lebensweg beiträgt. Vor allem in Phasen der Ziellosigkeit und Neuorientierung können Sehnsüchte Handeln bestimmen und Kräfte freisetzen, die Veränderungen ermöglichen. So kann Sehnsucht positiv als Veränderungspotenzial verstanden werden. Mehr als Wünsche und Träume geht das Gefühl der Sehnsucht in die Tiefe der Persönlichkeit; es fehlt etwas, um sich als „ganz" zu empfinden, um wirklich zufrieden sein zu können. Im negativen Sinn kann Sehnsucht eine verzehrende, zerstörende Wirkung haben, wenn das in ihr zum Ausdruck kommende Defizitgefühl überhand nimmt und somit Sehnsucht zu einem einsamen Gefühl werden lässt.

Weil das Gefühl der Sehnsucht die eigene Identität betrifft, ist es eng verknüpft mit der Sinnfrage, also der Frage nach der Bedeutung des eigenen Daseins und letztendlich der Frage nach dem einen, Sinn gebenden Ganzen – der Frage nach Gott.

Die Sehnsucht nach einem sinnerfüllten Leben kann auf diesem Weg zu einer Lebenssehnsucht werden, die neue Kräfte freisetzt und aktiv an Veränderungen mitwirkt.

Für Sch. der achten Jahrgangsstufe ist ein behutsames Heranführen an diese komplexe Thematik notwendig, das sich an deren Erfahrungswelt orientiert. Darüber hinaus sollte eine Vertrautheit der Sch. untereinander und mit der Lehrkraft bestehen, die von Respekt und Offenheit geprägt ist und jedem einzelnen Sch. Entscheidungsfreiheit einräumt, inwieweit er/sie sich in das Unterrichtsgeschehen einbringt bzw. Erfahrungen formuliert.

Das Bild von *René Magritte* mit dem Titel *Das Bild an sich* (SB, S. 21) bietet aufgrund seiner Vielschichtigkeit eine Annäherung an das Thema und fungiert als Einstieg in die erste Unterrichtssequenz. Das Bild vermittelt eine nächtliche Traumatmosphäre (helle Sichel des zunehmenden Mondes am dunkel bewölkten Nachthimmel). In dieser Szenerie stehen drei Vorhänge an einem menschenleeren, einsamen Meeresstrand. Zwei dieser Theatervorhänge sind farbig gestaltet, der mittlere besteht aber nicht aus Stoff, sondern steht als Öffnung vor den beiden anderen und ermöglicht einen „Durchblick" – einen Zugang zu einer anderen Realität. Dieses sich andeutende „Mehr" kann für das Thema unterrichtlich genutzt werden, indem die Sch. dadurch angeregt werden, sich mit ihren eigenen Wünschen und Träumen auseinander zu setzen.

Das Gedicht *Und vergiss nicht zu träumen* (SB, S. 22) wertet Träume positiv als Antriebskraft für Veränderungen im individuellen und globalen Rahmen und erweitert somit die Bildaspekte. Der Übergang zur Beschäftigung mit dem Aspekt Sehnsucht wird hier vorbereitet und durch das folgende Gedicht *Sehnsucht nach dem Anderswo* (SB, S. 22) vertieft. Durch die bewusst gegensätzlich konzipierten Bilder wird in der ersten Strophe das „Anderswo" mit einem nachvollziehbaren Lebensgefühl in Verbindung gebracht und in der zweiten Strophe mit dem Lebensgefühl der Rastlosigkeit verknüpft.

Der Text *Wie wohl die Luft woanders schmeckt?* (SB, S. 23) soll die Sch. dahin führen, zu einer eigenen Definition von Sehnsucht zu kommen. Ein fünfjähriges Mädchen begibt sich auf die Reise und hat dabei das Gefühl von Freiheit und Ernsthaftigkeit. Später entsteht daraus für sie eine Sehnsucht nach Veränderung und sie kommt zu der Äußerung: „Wer noch nie einen Aufbruch erlebt hat, kann keine Sehnsucht spüren".

In der folgenden Sequenz *Sehnsucht nach Mehr* wird der Frage nachgegangen, ob und wie Sehnsüchte in unserer Gesellschaft vermittelt werden und welche Rolle die Werbung dabei spielt. Die *Konsumleiter* (SB, S. 24) verdeutlicht das Streben/den Hunger nach immer mehr materiellen Dingen. Auffällig an der Darstellung ist die überdimensionale Leiter, eigentlich ein Motiv der Rettung und Hilfe, die in den Wolken endet. Über den Wolken verborgen, für die Versammelten am Fuße der Leiter nicht sichtbar, bietet sich dem Betrachter des Bildes eine Ansammlung von materiellen Schätzen. Die Menschen im Bild müssen eine große Anstrengung vollbringen, die Leiter hinaufzuklettern, um einen solchen Schatz zu erreichen.

Eine mögliche weiterführende Interpretation des Bildes liefert der kurze Textauszug von *Ernesto Cardenal* (SB, S. 24), der den Aspekt der Suche des Menschen nach immer mehr Konsum als Sucht bezeichnet und ihn in einen Sinnzusammenhang zu ungestillten Sehnsüchten stellt. Der Gesamttext kann an späterer Stelle in Bezug zu Ps 63 nochmals genutzt werden (s.u.).

Sehnsüchte spielen vor allem in der Werbung für Suchtmittel eine große Rolle. Eine vertiefende Beschäftigung mit diesem Aspekt kann durch eine Collagenarbeit mit Suchtmittelwerbungen erzielt werden, die zum Teil, gerade bezogen auf Zigarettenwerbung, die Aspekte von Freiheit und einem „Mehr" an Leben betonen. Eine weitere Möglichkeit der Auseinandersetzung mit dem Aspekt des Rauchens bietet das Bild *Raucher* von *Pablo Picasso* (SB, S. 25), das seiner Serie mit Raucherbildern entnommen ist. Durch die lebhafte Strichführung und die vermeintliche Doppelgesichtigkeit werden die Sch. angeregt, sich möglichst differenziert mit dem Problem zu beschäftigen. An dieser Stelle können die Sch. eigene Erfahrungsberichte zum Thema Rauchen beisteuern.

Die folgenden Materialien gehen intensiver auf die Suchtproblematik ein. Der Text *Bericht einer 20-jährigen Patientin* (SB, S. 27) stellt in Form eines Erlebnisberichtes einer betroffenen jungen Frau ein Beispiel für stoffungebundene Verhaltenssüchte vor, die verbunden sind mit einer verzerrten Wahrnehmung des eigenen Körpers. Dies zeigt die Fotomontage *Spiegelbild* (SB, S. 26).

Eine weitere stoffgebundene Suchtform kann an dieser Stelle durch die Einbeziehung des Cartoons *Wochenend-Fieber* (ZM 1) thematisiert werden. Ecstasy fungiert als Auslöser und Stütze des Gefühls, „gut drauf sein" zu wollen und möglichst schnell und lange in den Genuss dieses Gefühls zu kommen. Der Cartoon konstruiert einen Gegensatz zwischen „Alltags-Frust" und „Wochenend-Lust". Der folgende Text ZM 2 verknüpft das im Cartoon zum Ausdruck kommende Gefühl mit einem konkreten Beispiel.

In dieser Unterrichtssequenz ist es unbedingt nötig, die Interessen der Lerngruppe zu berücksichtigen und gemeinsam mit den Sch. Schwerpunkte zu überlegen. Gerade die Thematisierung von Essstörungen erfordert viel Einfühlungsvermögen und eine gute Beobachtungsgabe durch die Lehrkraft, um auf eventuell betroffene Sch. aufmerksam zu werden.

Des Weiteren sollten den Sch. am Ende dieser Unterrichtssequenz bestimmte Unterscheidungsmerkmale verschiedener Suchtformen und deren Definition klar sein.

Ausgehend von der Beschäftigung mit Sucht als Form von ungestillter Sehnsucht nach Zuwendung, Geborgenheit und Erfüllung wird nun nach Möglichkeiten sinnvoller Lebensgestaltung gesucht. Hier soll die Konzentration auf das „Mehr" gerichtet werden, das der Mensch über materielle Dinge oder solche, die er sich selbst zuführen kann, hinaus zum Leben braucht.

An eine einleitende Beschäftigung mit dem Wort „Hunger" schließt sich die Beschäftigung mit dem Bild *Wartende* von *Jürgen Schäfer* (SB, S. 28) an. Das Kunstwerk zeigt vier Männer und eine Frau, die wortlos nebeneinander sitzen, die Hände untätig, die Kleidung gepflegt. Zwei stützen Kopf und Kinn auf Hände und Arme, einer starrt vor sich hin, drei schauen nach rechts auf unbestimmte Punkte. In ihrem Rücken sitzt wie abgeschottet ein Einzelner, Zeitung lesend. Wartende, wie man sie von den Stationen der U-Bahnen kennt. Unversehens überrascht die Entdeckung, dass die fünf nicht auf einer Bank, sondern auf einem Laib Brot sitzen, dessen Farbe sich deutlich und warm vom kalten Blaugrau des übrigen Bildes abhebt.

Die Bildaussage ist plakativ-einfach. Da „besitzen" welche das Brot, ohne von ihm zu zehren und ohne es miteinander oder mit anderen zu teilen. Ihre Kleidung zeigt, dass ihr Einkommen stimmt und dass sie keine materielle Not leiden. Aber fast körperlich spürbar sitzen sie im Elend ihrer Beziehungslosigkeit und Kälte. Wofür steht nun das Brot? Es wird von den fünf Personen auf die rein materielle Ebene und deren oberflächliche Sättigung bezogen. Sie leben „vom Brot allein", haben dessen eigentliche Qualität noch nicht begriffen. Doch dieses Brot steht auch für Zuwendung, Zeit, Hingabe, Gespräch. Alles würde sich ändern, wenn die Menschen auf dem Bild das Brot auch in dieser Hinsicht nutzen würden. Alles würde sich ändern, wenn sie nur aufstünden und vom desinteressierten Nebeneinander zu Beziehung und Solidarität fänden.

Das Brot hat also einen Mehrwert, dem die Sch. durch die Geschichte *Das Halbe Brot* (SB, S. 29) nachspüren können, die anschaulich die Reise eines halben Brotes erzählt und es dabei zu einem Symbol für die Liebe zum Nächsten werden lässt.

Diese Anbahnung eines Nachdenkens über den symbolischen Gehalt des Brotes kann durch das Ich-bin-Wort Jesu aus Joh 6,35 vertieft werden: Jesus antwortete ihnen: *Ich bin das Brot des Lebens, wer zu mir kommt, wird nie mehr hungern, und wer an mich glaubt, wird nie mehr Durst haben.* Der Begriff „Brot des Lebens" und die damit verbundene Qualität von Sättigung sollte mit Beispielen verknüpft werden.

Die Frage, der im Folgenden nachgegangen wird, lautet: Wie kann dieses „Brot" auf die eigene Existenz bezogen und nutzbar gemacht werden? Die nächste Unterrichtssequenz zeigt zunächst Möglichkeiten einer Besinnung auf die eigene Existenz und deren Grund auf.

Das *Urrad* (SB, S. 30) ist in dem Misereor-Hungertuch 1998 „Barmherzigkeit und Gerechtigkeit" enthalten. Als Meditationsbild fordert es dazu auf, mit allen Sinnen Sinn zu erfahren und die eigene Mitte auszuloten. Beim intensiven Anschauen wird der Betrachter vom äußeren Kreis eingefangen und hin zum inneren Kreis – zur Mitte – geführt. Dort in der Radnabe ist der Angelpunkt, um den sich alles dreht. Durch die Anordnung der drei zur Mitte hinführenden und drei von der Mitte wegführenden Speichen ist angedeutet, was Meditieren bedeuten will: zur Mitte finden, dort verweilen und wiederum nach außen gehen zu den Menschen.

Der meditative Text (SB, S. 30) kann zur Unterstützung herangezogen werden und die Sch. anregen, das Meditationsbild (ZM 3) auszugestalten.

Ein direkter Übergang von der Beschäftigung mit dem Meditationsbild her ergibt sich zu *Ps 63,2–9* (SB, S. 31) und somit zu der Betrachtung des Gebetes als Möglichkeit der Meditation, dem Ausloten der eigenen Mitte und der Öffnung für und Ausrichtung auf Gott.

In der letzten Unterrichtsphase geht es um den Aspekt des Tätigwerdens. Eine Möglichkeit der Konzentration auf sich selbst ist in der Fastenaktion der Evangelischen Kirche *„Sieben Wochen ohne"* zu sehen. Als Schwerpunkt könnte sich ergeben, dass Verzichtenkönnen auch damit zu tun hat, selbstbewusster Nein sagen und darüber hinaus die eigenen Bedürfnisse besser einschätzen zu können (SB, S. 32).

Die Farblithographie von *Horst Antes* (geb. 1936) *Grünes Interieur mit Leiter* (SB, S. 34) knüpft zum einen an den Gedanken des Tätigwerdens als Ergebnis der Meditation, zum anderen an den Gedanken des Aufgehobenseins im Glauben an Gott an, der im Psalmgebet zum Ausdruck kommt. Das Bild entstammt einer Serie von so genannten „Grünen Bildern" und wurde 1979 hergestellt. Eine männliche Figur hockt mit angezogenen Beinen und verschränkten Armen in einem eng begrenzten Raum. Der Eindruck der Enge, Abgegrenztheit und des Gefangenseins in sich selbst wird dadurch betont, dass die Figur mit dem Rücken zur Wand am

Boden hockt und ihr Körper durch schwarze Schrafffuren überzogen ist. Lediglich der Blick der Figur ist nach vorn gerichtet. Dort wird ein eventueller Ausweg sichtbar in Form einer zweiten, helleren Figur, die im Raum steht und sich der dunklen Figur zuwendet. Als drittes Objekt ist eine Leiter in das Bild integriert, deren rechter Holm und oberste Sprosse das Gesicht und einen Teil des Oberkörpers der hellen Figur verdecken, sodass der Eindruck entsteht, als würde die Leiter herbeigetragen. Die Leiter (als Symbol des Aufstiegs) rückt so in den Vordergrund. Man könnte dies so interpretieren, dass theoretisch jede/r, auch nicht zuletzt der/die Betrachter/in, in Frage kommt, die tragende Rolle der hellen Gestalt zu übernehmen und den Menschen, der am Boden sitzt, den (Aus-)Weg nach oben, d.h. in eine andere Welt, zu weisen und ihm dabei Halt und Stütze zu sein. Der Aspekt der Hilfeleistung kann durch das Gedicht *Seht selbst, es gibt ihn ...* (SB, S. 34) konkretisiert werden und findet seine Erweiterung in dem Text *Aufrichten* (SB, S. 35), der Lk 13,10ff. nachempfunden ist.

2. Intentionen

Die Sch. sollen

- Träume und Sehnsüchte als positive Handlungsmotivation kennen lernen und Bezüge zu eigenem Erleben herstellen
- einen Zusammenhang zwischen ungestillter Sehnsucht, Sucht und Sinnsuche erkennen
- anhand von bestimmten Lebenssituationen, Verhaltensweisen und Dispositionen erkennen, dass jeder suchtgefährdet sein kann
- an elementaren anthropologischen und theologischen Aussagen eigene Lebens- und Glaubenserfahrung reflektieren und ggf. neu verbalisieren
- erkennen, dass die Frage nach Sinn eng verbunden ist mit der Suche nach sich selbst und Gott
- Möglichkeiten eines sinnvollen Handelns bedenken und ggf. ausprobieren
- Orientierungspunkte gewinnen für ein Voranschreiten in der individuell-persönlichen Entwicklung.

3. Literatur zur Vorbereitung

- Peter Biehl, Symbole geben zu lernen II. Zum Beispiel: Brot, Wasser und Kreuz. Wege des Lernens (WdL 9), Neukirchener, Neukirchen-Vluyn 1993.
- Victor Chu, Casablanca oder wohin die Sehnsucht dich trägt. Kösel, München 1997.
- Ulrich Cuntz / Andreas Hillert, Essstörungen. Ursachen, Symptome, Therapien, Beck, München 1998.
- Gemeinschaftswerk der Evangelischen Publizistik e.V. (Hg.), Weniger – aber mehr. Das Fastenlesebuch, Frankfurt a.M. 1998.
- Bernhard Grom, Religionspsychologie. Kösel/ Vandenhoeck & Ruprecht, München/Göttingen 1992.
- Peter Kemper / Ulrich Sonnenschein, Sucht und Sehnsucht. Rauschrisiken in der Erlebnisgesellschaft, Reclam, Stuttgart 2000.
- Eckart Liebau, Sehnsucht nach Sinn, in: Stars, Idole, Vorbilder. Schüler '97, Friedrich Verlag, Seelze 1997.
- Eckhard Schiffer, Warum Huckleberry Finn nicht süchtig wurde. Anstiftung gegen Sucht und Selbstzerstörung bei Kindern und Jugendlichen, Quadriga, Weinheim/Berlin 1998[7].
- Dorothee Sölle, Die Hinreise. Kreuz, Stuttgart 1992[10].
- Artur Weiser, Die Psalmen (ATD 15), Vandenhoeck & Ruprecht, Göttingen 1987[3].

4. Unterrichtsideen

A. Träume und Sehnsüchte

⇨ Bild: *René Magritte, Das Bild an sich, 1961* (SB, S. 21)
Stilles Betrachten: Erste Eindrücke hinsichtlich der dargestellten Gegenstände, der Szenerie, der Formen- und Farbgestaltung werden gesammelt. Hinter welchen Vorhang würdest du gerne schauen?
Weiterarbeit: Eine Geschichte oder einen Traum zum Bild schreiben:
Beschreibe deine Erlebnisse beim Eintauchen in das Bild und beim Durchschreiten der mittleren Vorhangöffnung!
Anschließend werden die „Traumerlebnisse" von den Sch. vorgelesen oder im Klassenraum präsentiert.

⇨ Gedicht: *Ulrich Schaffer, Und vergiss nicht zu träumen* (SB, S. 22)
Die Sch. konzentrieren sich zunächst auf das Gedicht und beschreiben die Welt, die darin erträumt wird. Danach überlegen sie „Wünsche für die Welt", die in der zweiten Strophe anklingen.
Weiterarbeit: Die Sch. erhalten vorgefertigte Zettel, auf denen sie ihren „derzeit größten Traum/Wunsch" schreiben sollen. Die Wünsche und Träume werden dann vorgelesen und übersichtlich, evtl. auf einer großen Pappe, gesammelt, hinsichtlich ihrer Realisierungsmöglichkeiten befragt und entsprechend geordnet. Erfahrungsgemäß deutet sich hier bereits ein Übergang zu dem Begriff „Sehnsucht" an.

⇨ Gedicht: *Mascha Kaleko, Sehnsucht nach dem Anderswo* (SB, S. 22)
Es bietet die Möglichkeit der intensiveren Beschäftigung mit dem Begriff „Sehnsucht". Durch die bewusst gegensätzlich konzipierten Bilder wird in der ersten Strophe das „Anderswo" mit einem nachvollziehbaren Lebensgefühl in Verbindung gebracht. Im Unterrichtsgespräch werden den vom Autor verwendeten Bildern Gefühle zugeordnet und im Tafelbild festgehalten.
Das Tafelbild könnte folgendermaßen aussehen:

	Bilder im Text		Vermitteltes Gefühl
Drinnen	Äpfel duften im Spind	⇨	Behaglichkeit, Vertrautheit, Zuhause, Genuss
	Kessel prasselt im Feuer	⇨	Geborgenheit, Wärme, Zufriedenheit
	Vagabundenwind pfeift	⇨	Lust auf Veränderung, Neugier
Draußen	Abenteuer singt	⇨	Fernweh, Unzufriedenheit

Anhand des Tafelbildes kann das Lebensgefühl der Rastlosigkeit, das in der zweiten Strophe zum Ausdruck kommt, verdeutlicht werden.
Eine Vertiefung dieses Gefühls ist möglich, wenn die Sch. aus ihrem eigenen Lebensbereich berichten und passende Situationen oder Gefühlslagen beschreiben.

⇨ Text: *Antje Schrupp, Wie wohl die Luft woanders schmeckt?* (SB, S. 23)
Je nach Klassensituation ergeben sich im Anschluss an eine Texterarbeitungsphase analog der Arbeitsaufträge im SB verschiedene Vertiefungsmöglichkeiten:

- Simulation einer Familiendiskussion: Mutter/Vater/ältere Geschwister diskutieren die Vor- und Nachteile der Reise des jüngsten Kindes: „Was soll das werden?"
- Dem Aspekt „Aufbruch" im übertragenen Sinn nachspüren. Ist Aufbruch immer mit einem Ortswechsel verbunden?
- Abschließend verfassen die Sch. schriftlich eine eigene Definition von Sehnsucht und tauschen sich darüber aus. Mögliche

Definition: „Sehnsucht ist der Hunger der Seele, der sich auf das Andere richtet, auf das, was die Person nicht ist und nicht hat, was nicht um sie oder bei ihr ist.“ (Eckart Liebau, s.u. 3. Literatur)

- *Weiterarbeit:* Andere Formen von Sehnsucht sammeln (Bilder und Texte aus Zeitschriften); Projekt: Sehnsüchte mit der Kamera aufspüren und die Fotos in Form einer Ausstellung präsentieren.

B. Sehnsucht nach mehr

⇨ Abb.: *Konsumleiter* (SB, S. 24)
Vermittelten Sehnsüchten nähern sich die Sch., indem sie zunächst Vermutungen anstellen über die Sehnsucht der Menschen am Fuß der Leiter. Über den Frageimpuls „Hält die Leiter, was sie verspricht?“ kann sowohl über die den Menschen verborgenen Dinge als auch über die Bedeutung der Leiter nachgedacht werden.
Möglichkeiten der Weiterarbeit: a) eine Bildüberschrift finden, b) zum weiteren Verhalten der auf dem Bild dargestellten Menschen eine Pantomime oder ein Standbild gestalten.

⇨ Text: *Ernesto Cardenal, Sucht* (SB, S. 24)
Der Text erfordert eine genaue Lektüre. Besonders genau sollte auf die Verbindung von „suchen“ und „Sucht“ geachtet werden. Dies wird besonders im letzten Satz deutlich, der mit den Sch. intensiv bedacht und mit Beispielen verknüpft werden kann.
Möglichkeiten der Weiterarbeit: Gestalten von Collagen zum Thema „Sehnsüchte in der Werbung“. Evtl. kommen die Sch. auch auf gute Textideen, die die Bedeutung der Bilder unterstreichen.

⇨ Bild: *Pablo Picasso, Raucher, 1964* (SB, S. 25)
Nach Bildbeschreibung und Konzentration auf wesentliche Bedeutungsaspekte gestalten die Sch. mithilfe des Bildes eine Werbeanzeige für eine Zigarettenmarke oder ein Plakat gegen das Rauchen. Die Anzeigen werden zusammengestellt, im Unterrichtsgespräch verglichen und evtl. bewertet.
Mögliche Weiterarbeit: Entwerfen eigener Texte und Bilder zu dem Motto: „Drogen machen unfrei“.

C. Suche nach mehr

⇨ Abb.: *Spiegelbild* (SB, S. 26)
Die Sch. beschäftigen sich zunächst mit der in dem Bild zum Ausdruck kommenden Einschätzung des eigenen Körpers und dem daraus resultierenden Lebensgefühl. Vertiefend formulieren sie Fragen des Mädchens an den Spiegel und dessen Antworten. Da erfahrungsgemäß besonders Mädchen der achten Jahrgangsstufe bereits über gute Kenntnisse über den Bereich der Essstörungen verfügen, sollten sie ihr Wissen einbringen können. Darüber hinaus muss auch für diese Altersstufe mit Problemen im Hinblick auf die eigene körperliche Entwicklung der Mädchen gerechnet und entsprechend behutsam mit diesem thematischen Schwerpunkt umgegangen werden.

⇨ Text: *Ulrich Cuntz, Bericht einer Betroffenen* (SB, S. 27)
Texterarbeitung: Lebenssituation und Krankheitsverlauf der jungen Frau werden ausführlich stationenhaft von den Sch. erarbeitet. (s. auch Arbeitsaufträge im SB)
Mögliche Weiterarbeit: Sch. tragen Informationen aus Zeitschriften, Fernsehen (Werbespots), Plakaten zusammen und entwickeln „Das Schlankheitsbild der Werbung“, um es anschließend kritisch zu hinterfragen.

⇨ Cartoon: *Wochenend-Fieber* (ZM 1)
In die leeren Sprechblasen können die Sch. „Sprüche“ eintragen, die ihnen zum Thema „Feiern am Wochenende“ einfallen. Für die individuelle Bearbeitung sollte der Cartoon für alle Sch. vervielfältigt werden. Eine sukzessive Erarbeitungsmöglichkeit: Zunächst wird nur der „Alltagsteil“ präsentiert. Dabei können die Sch. die Denkblasen über den Bildern nach Vorlage der ersten drei Denkblasen ihren eigenen Vorstellungen entsprechend ausfüllen und die Situationen mit eigenen Ideen verbinden. Daran schließt sich die Bearbeitung des unteren Teils an, indem die Sch. die Leerstellen des „Partyteils“ füllen.

⇨ Text: *Bericht von einer Party* (ZM 2)
Die Kernaussagen des Textes werden an der Tafel oder auf einer Folie gesammelt. Für ein anschließendes Gespräch kann die Aussage eines DJ einbezogen werden:
„Ich denke, man kann auch ohne Ecstasy ganz toll tanzen und eine gute Party haben. Wenn man sowieso nicht gut drauf ist, nützen Pillen auch nichts". (DJ Björn, Discjockey in der Frankfurter Flughafen-Disco „Dorian Gray").
Über das Erarbeitete hinaus können sich die Sch. einen Überblick über die Droge Ecstasy verschaffen. (Informationen, s. 3. Literatur und 5. Materialien; *Ideenecke*, SB, S. 33)

⇨ Für die *Erweiterung* der gesamten Unterrichtssequenz bieten sich - ausgehend vom Material des SB und dessen gemeinsamer Erarbeitung - folgende Sch.-Aktivitäten für ein arbeitsteiliges Vorgehen in Kleingruppen an:
- Beschäftigung mit anderen Suchtformen. Dazu müssen die Sch. selbstständig Material beschaffen (Adressen, s. *Ideen-Ecke* (SB, S. 33) und Präventionsmaterial der Krankenkassen AOK, DAK, TKK, Barmer)
- Erkundung von institutionellen Hilfseinrichtungen vor Ort: Suchtberatungs- und Präventionsstellen, Diakonisches Werk, Krankenkassen
- Einladen eines Suchtpräventionsexperten in den Unterricht
- Erstellen von Materialsammlungen zu öffentlichen Aktionen, wie z.B. *„Keine Macht den Drogen"*
- Recherche und Präsentation geeigneter Jugendbücher zum Thema „Essstörungen". Z.B.: Gerhard Eikenbusch, Und jeden Tag ein Stück weniger von mir, Ravensburger Jeans TB, 1987; Mirjam Pressler, Bitterschokolade, Beltz, Weinheim 1980; Brigitte Blobel, Meine schöne Schwester, Arena, Würzburg 1996[5].

D. Suche nach Sinn

⇨ *Sch.- Assoziationen* zum Begriff „Hunger"
Hierzu wird entweder an der Tafel ein Cluster erstellt oder die Sch. beschäftigen sich in einer Schreibmeditation mit dem Begriff. Dabei kommunizieren Sch.-Gruppen von ca. 4 Personen schriftlich und ohne zu sprechen über ein großes Blatt Papier miteinander, auf das spontane Äußerungen, Assoziationen, Fragen und Antworten zu dem Begriff geschrieben werden. Nach einem Zeitraum von ca. 20 Minuten fassen die Einzelgruppen Hauptaspekte ihrer „Gespräche" thesenartig zusammen und bringen sie in die Lerngruppe ein. Daran schließt sich die Beschäftigung mit dem folgenden Material an.

⇨ Bild: *Jürgen Schäfer, Wartende, 1981* (SB, S. 28)
Bildbegegnung und -deutung: Zunächst wird der untere Bildteil, der Diagonale des Brotes folgend, abgedeckt. Die Sch. schildern Eindrücke bezogen auf Körperhaltung, Gesichtsausdruck, Kleidung, Farbgestaltung. Weiterführende Fragestellungen beziehen sich auf die Situation, in der sich die Menschen befinden. Die Sch. formulieren Gedanken, die den Menschen durch den Kopf gehen könnten.
Im zweiten Schritt wird das Gesamtbild präsentiert und der Bedeutung des Brotes nachgegangen: Die Menschen „haben" das Brot, also eine gesicherte „Grundlage", und sind trotzdem unglücklich. In einer Stillarbeitsphase überlegen die Sch., was die Menschen auf dem Bild nötig brauchen, um zufrieden zu sein. Im Anschluss daran werden die Ergebnisse gesammelt, indem sie von L. an der Tafel in Form eines „Brottafelbildes" gesammelt werden, das den Mehrwert des Brotes deutlich macht.
Es könnte folgendermaßen aussehen:

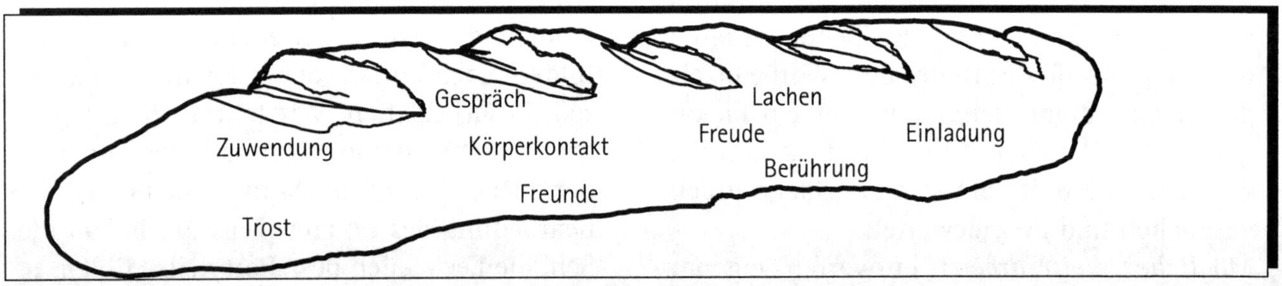

Mögliche Weiterarbeit: Sch.-Gruppen von 4–5 Personen setzen einen der Begriffe aus dem Tafelbild pantomimisch für die Personengruppe im Bild um und zeigen dabei die mögliche Veränderung, die innerhalb der Gruppe vor sich geht, wenn das Brot mehr geworden ist als nur materielle Absicherung. So werden den Sch. die übertragene Bedeutung und der eigentliche Wert des Brotes bewusst. Weiterhin kann diskutiert werden, ob der Bibelvers aus Mt 4,4 „Der Mensch lebt nicht vom Brot allein" eine passende Überschrift für das Bild von Jürgen Schäfer sein könnte.

⇨ Text: *Günther Schulze-Wegener, Das Halbe Brot* (SB, S. 29)
Die Bedeutung des Brotes als Symbol für die Liebe zum Nächsten kann mithilfe der Arbeitsaufträge im SB herausgearbeitet werden.
Mögliche Weiterarbeit: Die Anbahnung eines Nachdenkens über den symbolischen Gehalt des Brotes kann weiter verfolgt werden durch das Ich-bin-Wort Jesu aus Joh 6,35:
„Jesus antwortete ihnen: Ich bin das Brot des Lebens, wer zu mir kommt, wird nie mehr hungern, und wer an mich glaubt, wird nie mehr Durst haben" (Einheitsübersetzung). Der Begriff „Brot des Lebens" und die damit verbundene Qualität von Sättigung sollte im Unterrichtsgespräch mit Beispielen verknüpft werden, kann aber auch nochmals auf die Geschichte „Das Halbe Brot!" bezogen werden.

E. Zur Mitte finden

⇨ Hintergrund-Abb.: *Nikolaus von Flüe, Urrad* (SB, S. 30)
Beschreibung der wichtigsten Bestandteile des Rades: Welche Formen fallen dir auf? Welchen Weg nehmen deine Augen? Daran anschließend werden Deutungsmöglichkeiten für die strahlenförmige Anordnung der Radspeichen und die Radmitte überlegt. Im nächsten Schritt ist es wichtig, den Sch. eine Kopie des Urrades (ZM 3) zur Verfügung zu stellen, um selbstständige Erfahrungen beim Ausmalen zu ermöglichen.

⇨ Text: *Klaus Gouders, Zur Mitte finden* (SB, S. 30)
Der Text sollte von den Sch. mehrfach leise gelesen und auf das Bild bezogen werden.
Mögliche Weiterarbeit: Gestaltung der Mitte des Rades. Vorschläge sammeln für Projekte oder Aktionen, auf die die nach außen gerichteten Radspeichen verweisen könnten.

⇨ Text: *Ps 63,2–9* (SB, S. 31)
Erarbeitung des Psalms: In welcher Situation befindet sich der Beter? Worin besteht sein Anliegen? Die Beschreibung des Verhältnisses des Beters zu Gott schließt sich an. Die Sch. schreiben den Psalm neu, indem sie versuchen, die darin enthaltenen Bilder in ihre eigenen Worte zu fassen. (Beispiele in: Ingo Baldermann, Ich werde nicht sterben, sondern leben. Psalmen als Gebrauchstexte (WdL 7), Neukirchener, Neukirchen-Vlyun 1994[2].)
Mögliche Weiterarbeit: Gestaltung eines Bildes, das zu dem Psalm passt oder bildnerische Gestaltung der Einzelphasen des Psalms.

F. Tätig werden

⇨ *Aktion „Sieben Wochen ohne"*
Die Aktion kann durch ein Schülerreferat vorgestellt werden (Literatur: Das Fastenlesebuch, s. 3. Lit.; weitere Infos zur Aktion: Hephata-Reha-Werkstatt, Aktion „Sieben Wochen ohne", Postfach 1307, 34603 Schwalmstadt-Treysa).
Annäherung: Was verlangt gezielter Verzicht jedem Menschen ab? Welchen Gewinn könnte man davon haben?

⇨ Text: *Sigrun Günther-Lang, Sieben Wochen ohne* / Hintergrund-Abb.: *„7-Wochen-ohne-Logo"* (SB, S. 32)
Reflexion des Sinnes der Fastenaktion: Was bedeuten Fasten und Verzicht als Schlüssel?
Vertiefungsmöglichkeit: „Fasten heißt mit dem Körper beten" (Dorothee Sölle): Wie stehst du zu diesem Satz?

Mögliches Tafelbild:

Verzicht/Fasten als Schlüssel für ...	- Frühjahrsputz für Leib und Seele - Wahrnehmen von Veränderungen - Wahrnehmen des eigenen Körpers - Erfahren eigener Bedürfnisse - Bemerken von Abhängigkeiten - Überdenken des eigenen Standpunktes

⇨ Abb.: *Das Wurzelprojekt* (SB, S. 32)
Wenn die Lerngruppe Lust hat, sich auf ein „Wurzelprojekt" einzulassen und es schul- oder klassenintern durchzuführen, können Plakate gestaltet oder/und ein Informationsartikel für die Schülerzeitung gestaltet werden (s. auch *Ideen-Ecke*, SB, S. 33).
Diese Idee könnte auch in eine größere Aktion - z.B. eine „Gesundheitswoche" (Projekttage) der gesamten Schule oder eines Jahrgangs - eingebettet werden.

⇨ Bild: *Horst Antes, Grünes Interieur mit Leiter, 1979* (SB, S. 34)
Nach einer ersten spontanen Betrachtungsphase werden die im Bild befindlichen Figuren näher beschrieben. Dabei wird die Funktion der Leiter geklärt. Hier bietet sich eine Kontrastierungsmöglichkeit mit der Darstellung der *Konsumleiter* (SB, S. 24) an hinsichtlich evtl. Unterschiede und Ähnlichkeiten.

⇨ *Zur Weiterarbeit*:
- Die Sch. schreiben eine Geschichte, die zu dem Bild passt und eine Lösung anbietet.
- Die Bildszene wird in ein Rollenspiel umgesetzt, das zum Ausdruck bringt, wie die Situation fortgesetzt werden kann.
- Die Sch. beziehen den Text *Seht selbst, es gibt ihn, den Himmel auf Erden* (SB, S. 34) auf das Bild und beschreiben den „Himmel auf Erden" für die grüne Figur.
Die Ergebnisse werden anschließend in die Gesamtgruppe eingebracht und im Unterrichtsgespräch auf das Thema bezogen.

⇨ Text: *Bärbel Nagel, Aufrichten* (SB, S. 35)
Vorbereitende Übung: Die Sch. gehen in gekrümmter Haltung im Klassenraum umher und versuchen, die Mitschüler und das Geschehen im Raum wahrzunehmen. Diese Übung kann auch in Kleingruppen durchgeführt werden. Auf jeden Fall sollten alle Sch. sowohl die Haltung der/des Gekrümmten als auch die Rolle des Betrachters eingenommen haben. Die Sch. äußern danach ihre Erfahrungen als „Gekrümmte" und als Beobachter. Anschließend wird die Geschichte gelesen und anhand der Fragestellung im SB erarbeitet. Zum Abschluss sollte die Bedeutung der Geschichte in Bezug zum Thema erläutert werden. (Idee aus: Marina Parlitz, Sucht - Sehnsucht, in: Rudolf Tammeus [Hg.], Religionsunterricht praktisch 8. Schuljahr, Vandenhoeck & Ruprecht, Göttingen 1998, S. 100)

5. Materialien und Medien

- aejn (Arbeitsgemeinschaft der Evangelischen Jugend in Niedersachsen) und BDKJ (Bund der Deutschen Katholischen Jugend, Landesarbeitsgemeinschaft Niedersachsen) (Hg.), Gegen den Trend. Kick, Fun & Thrill, Hannover 1996.
- Eva Bilstein / Annette Voigt, Ich lebe viel. Materialien zur Suchtprävention, Verlag an der Ruhr, Mülheim 1991.
- Bischöfliches Hilfswerk Misereor e.V. (Hg.), Materialien für die Schule 26: Die Mitte suchen. Zugänge und Entfaltungen, Neusser Verlag, Aachen 1998.
- Bundeszentrale für gesundheitliche Aufklärung (Hg.), Ecstasy. Medienpaket zur Suchtprävention, Köln 1998.
- Bundeszentrale für gesundheitliche Aufklärung (Hg.), Sucht- und Drogenprävention.

Materialien für das 5.–10. Schuljahr, Klett, Stuttgart 1994[5].
- Deutscher Katecheten-Verein e.V., Materialbrief Folien 2/98. Abenteuer Leben – Symbole II, München 1998.
- Theodor Eggers / Herbert Fendrich, Ecce homo. Bilder von Gott und Welt aus der modernen Kunst. Overheadfolien mit Begleitheft, Patmos, Düsseldorf 1998.
- Markus Freitag / Heike Kähnert, Suchtprävention. Das Ecstasy-Projekt, Verlag an der Ruhr, Mülheim 1998.
- Gemeinschaftswerk der Evangelischen Publizistik e.V., *auf* Sehen. Eine Fastenaktion der Evangelischen Kirche. Fastenkalender '96, Frankfurt a.M. 1996; MedienLos. Eine Fastenaktion der Evangelischen Kirche, Fastenkalender 1999, Frankfurt a.M. 1999.
- Studienkreis (Hg.), Mit Spitzer Feder gegen die Sucht. Dokumentation zum Karikaturenwettbewerb „Sucht“, Lensing Druck, Ahaus 1999.

„Wochenendfieber"

Aus: Bundeszentrale für gesundheitliche Aufklärung (Hg.), Ecstasy. Medienpaket zur Suchtprävention, Köln 1998, S. 32 (Auszug).

Bericht von einer Party

Obwohl sich tausende Tänzer, Raverinnen und Nachtschwärmer tummelten, traf ich bald einen Kreis von Freunden, von denen mir einer eine Pille gab. Es war weit nach Mitternacht, als ich sie einnahm. Wir tanzten in der Menge, ließen uns treiben. Die Wirkung kündigte sich wie meist mit einem flauen Gefühl im Magen an, begleitet von etwas Unsicherheit und Nervosität, dann waren diese Gefühle auf einmal wie weggespült. Ich fühlte mich einfach wohl und aufgehoben zwischen all den Tanzenden, war nicht mehr ein Einzelner, der sich im Ganzen verliert, sondern mit allen zusammen verbunden. Ich fing Blicke auf und erwiderte sie, man erkannte einander an einem Lächeln. Jede Müdigkeit war wie weggeblasen, ich tanzte leicht zwischen den anderen, wurde angestrahlt und strahlte zurück. Dann konzentrierte ich mich nur noch auf die Musik und tanzte mit geschlossenen Augen. Aber es war nicht so, dass ich zur Musik tanzte – die Musik tanzte mich. Sie ging durch mich hindurch, das Herz schien in ihrem Rhythmus zu schlagen, mein Atem folgte dem Bass, die Arme und Beine fühlten sich leicht an, sie bewegten sich von selbst und so frei, dass ich selber überrascht war. Ich war Musik, tanzte auf den Noten, konnte Töne mit meinen Bewegungen selber erzeugen.

Aus: Bundeszentrale für gesundheitliche Aufklärung (Hg.), Auf und davon, Köln 1995, S. 16f. (Auszug).

Nikolaus von Flüe: Urrad

Gottessymbol Hand

1. Theologische und didaktische Aspekte

Bei heutigen Jugendlichen können Gotteserfahrungen und damit verbundene Vorstellungen von Gott nicht als selbstverständlich vorausgesetzt werden. Dennoch ist das Interesse an der Frage nach Gott vorhanden. Dieses wird aber nicht im Rahmen der institutionellen Einrichtung „Kirche“ eingebracht, sondern bleibt vielfach im individuellen, privaten Bereich. Hinzu kommt, dass sich bei Sch. der 7./8. Jahrgangsstufe, lernpsychologisch bedingt, ein Wandel des Gottesbildes vollzieht, soweit ihnen ein solches überhaupt vermittelt wurde. Der Beginn eines kritischen Denkens führt dazu, dass kindlich-mythische Gottesvorstellungen nicht mehr als verbindlich akzeptiert werden. Dennoch bleiben diese Vorstellungen vielfach diffus erhalten, ohne weiterentwickelt und von sinnstiftenden, lebensbejahenden abgelöst zu werden.

Im Unterricht zum Thema „Gotteserfahrung“ muss daher der Erfahrungsraum der Sch. Grundlage einer unterrichtlichen Erschließung sein und sollte darüber hinaus Möglichkeiten sinnvoller Lebensgestaltung aufzeigen. Dieser Ansatz entspricht auch biblischer Rede von Gott; das Wesen des Gottes der biblischen Tradition wird nämlich in vielfältigen Erzählungen und Aussagen verdeutlicht, die auf Erfahrungen mit Gott im täglichen Leben beruhen. Die existenzielle Bedeutung Gottes im Leben von Menschen wird bezeugt als die eines Gottes, der Leben garantiert und fördert, auch in einer Welt der Sterblichkeit und des Todes (Ingo Baldermann). Dabei wird von Gott wesentlich in menschlichen Kategorien gesprochen.

Ein für die Jahrgangsstufe geeigneter Zugang zum Thema wird über das *Symbol „Hand“* möglich. Anthropologisch gesehen, hat die Hand vielfältige Funktionen: Sie kann wahrnehmen und erkennen, gestalterisch tätig sein, ist ein wichtiges Arbeitsinstrument und hat vielfältige Ausdrucksmöglichkeiten. Hände haben in diesem Sinn sowohl den Symbolwert des Miteinanders und Gegeneinanders als auch der Abhängigkeit des Menschen von Zuwendung, Liebe und Vertrauen. Darüber hinaus ist die Hand ein Identitätsmerkmal des Menschen; sie weist den Einzelnen unverwechselbar als Person aus.

Auch die theologische Bedeutung der Hand ist sehr differenziert. Schon in der altchristlichen Kunst wird Gott durch eine Hand symbolisiert; sie steht stellvertretend für Gott und verkörpert seine Macht. Die wahrscheinliche Begründung für diese Symbolisierung ist im biblischen Bilderverbot in Ex 20,4f. zu sehen. Im AT kommt „Hand“ in vielfältiger Weise vor (1600-mal, 200-mal als „Hand Gottes“): Sie steht zum einen für den schaffenden, bewahrenden Gott, der Vertrauen ermöglicht und fördert, zum anderen für den allmächtigen und allwissenden Gott, der Respekt verlangt.

Im NT handelt Gott durch Jesus Christus, der stellvertretend für Gott neues, sinnvolles Leben stiftet, indem er sich in seinen Handlungen den Menschen nähert und Gottes Qualität verdeutlicht. Gott hat sich in Jesus Christus sozusagen „geerdet". In Jesu Leben, Tod und Auferstehung zeigt sich die Liebe Gottes, die eine ganz neue Möglichkeit der Todesüberwindung aufzeigt, zum Handeln am Mitmenschen frei macht und in die Pflicht nimmt. Die genannten Aspekte werden im Folgenden veranschaulicht und mit Erfahrungen von Jugendlichen verknüpft, um Sch. im Unterricht dazu anzuregen, sich über ihre eigenen Vorstellungen klar zu werden.

Es ist sinnvoll, den Sch. in einer ersten Unterrichtsphase einen Einstieg in das Thema über eigene Hand-Erfahrungen zu ermöglichen, indem sie sich mit möglichen Tätigkeiten ihrer eigenen Hände auseinander setzen, um die anthropologische Dimension des Symbols „Hand" zu fokussieren. Daran anknüpfend, kann in Auseinandersetzung mit dem Kapiteleinstiegsbild *Hände*, das der Komponist *Arnold Schönberg* 1910 geschaffen hat, (SB, S. 37) der Aspekt der tätigen Hände vertieft und erweitert werden. Das Bild deutet die schöpferische Kraft an. Es zeigt zwei Hände, eine helle und eine dunkle, die sich berühren. Dabei wird der Eindruck vermittelt, die helle würde der dunklen Hand Lebenskraft ermöglichen. Dies wird verstärkt durch die roten Linien (rot = Leben), die, von links oben kommend, durch die helle Hand fließen und ihre Fortsetzung in der dunklen Hand und ihrer Verlängerung finden. Somit vermittelt die helle Hand den Eindruck elementarer schöpferischer Kraft. Gestalterische Übungen, die den Sch. die Möglichkeiten ihrer Hände verdeutlichen, fungieren als Überleitung zur ersten Doppelseite, in der die Hand als Identitätsmerkmal und in ihren vielfältigen Ausdrucksmöglichkeiten thematisiert wird.

Das Foto im SB, S. 38 zeigt die faltige, verkrustete Hand eines sechsjährigen Jungen, die durch harte Arbeit gezeichnet ist und aussieht, als gehöre sie zu einem alten Menschen. Das Bild wurde im Zusammenhang einer Aktion von „Brot für die Welt" mit dem Titel „Gebt den Kindern eine Chance" veröffentlicht, die auf das Schicksal von Kindern in Entwicklungsländern aufmerksam macht, die hart arbeiten müssen und an der Sicherung des Existenzminimums ihrer Familien beteiligt werden. Die Beschaffenheit der Hand lässt Rückschlüsse auf die Person zu, zu der sie gehört, sodass der Zusammenhang zwischen Hand und Identität herausgearbeitet werden kann.

Die Zeichnung *Sprechende Hände* (SB, S. 39) bietet den Sch. die Möglichkeit, Ausdrucksformen der Hand zu thematisieren und zu erproben und diese im zweiten Schritt mit Erfahrungen zu verbinden. Eine sinnvolle Ergänzung dieses Aspektes ergibt sich aus dem Einsatz von ZM 1, dem so genannten Finger- oder Gebärdenalphabet für Gehörlose.

Abschließend sollte durch eine Zusammenstellung der im ersten Kapitelschwerpunkt behandelten Aspekte bereits der Symbolcharakter der Hand deutlich gemacht werden.

Im folgenden Sinnabschnitt des Kapitels werden vielfältige Möglichkeiten von Erfahrungen mit Gottes Hand thematisiert.

Psalm 139,1–18 (SB, S. 40) enthält die verdichtete Erfahrung eines Menschen, der sich selbst in ihm geborgen weiß, mit Gott. „Er ist eine einzige Antwort auf die Frage: Wer bin ich? Woher komme ich? Was bedeutet es, dass ich da bin? Die Antwort lautet: Gott kennt mich besser, als ich mich selbst kenne, er kennt mich anders, als meine Umwelt mich kennt, länger und tiefer als alle, die etwas von mir wissen. Das bedeutet, dass meine Existenz mehr ist, mehr sein kann als das, was jetzt schon von mir bekannt ist." (Dorothee Sölle, s. 3. Lit.). Weitere Informationen zu Psalmen finden sich im Werkbuch zu 5/6, S. 119ff.

Durch die Einbeziehung von *Exodus 20,4*, dem sog. „Bilderverbot", (SB, S. 41) wird deutlich, dass diese Erfahrungen mit Gott im AT über ein rein personhaft gedachtes Gottesbild hinausgehen müssen, um Gottes Wesen nicht zu reduzieren und zu verengen. Bereits an dieser Stelle wird die tief gehende Erfahrung deutlich, die sich im Symbol „Hand" zu Sprache verdichtet hat.

Das *Fresco* des *Meisters von S. Clemente de Tahull* entstand um 1225 in Katalonien (SB, S. 41). Eine Bildanalyse lässt sich im Wesentlichen auf drei wichtige Symbolbereiche beziehen:

1. Die *Kreisgestalt* steht für Ganzheit, Geschlossenheit und Vollkommenheit, sie umschließt etwas Wertvolles und grenzt es gleichzeitig ab. Insgesamt halten vier konzentrische Kreise das Handsymbol in der Mitte fest. Der Kreis steht für den Erdkreis und symbolisiert

zugleich die zyklische Zeit. In diesem Sinne symbolisieren die zyklischen Bewegungen der Erde in Wiederbeginn und Erneuerung die Veränderbarkeit alles Irdischen. (Zur „zyklischen Zeit“ finden sich Hinweise auch im Schülerband 5/6, im Kapitel „Zeit zum Leben – Zeit zum Feiern“, S. 147ff., WB 5/6, S. 147ff.)

2. Die *goldene Hand* symbolisiert die Zuwendung Gottes zu den Menschen: Er durchbricht seine Vollkommenheit. Die Handform – Daumen, Zeige- und Mittelfinger sind ausgestreckt, die beiden anderen nach innen gekrümmt – deutet auf einen Redegestus hin.

3. Auch die *Farbsymbolik* ist bezeichnend: Aus dem weißen, ungebrochenen Licht streckt sich die Hand der Schöpfung entgegen. Das weiße Licht bricht sich in den Farben der Schöpfung. Die drei konzentrischen Kreise, die die weiß-goldene Mitte umschließen, enthalten von innen nach außen die Farben der Schöpfung: Violett, Blau und Rot. Rot ist auch die Liebes- und Feuerfarbe und ist durch den äußeren Kreis den Menschen zugewandt. Das Bild verdeutlicht, dass Gott sich den Menschen in dem dreifach unterschiedenen, aber einen Ereignis der Liebe zuwendet und von sich aus das Trennende überwindet. Gott ist also ganz auf die menschliche Bedürftigkeit bezogen, bleibt jedoch gleichzeitig den menschlichen Vorstellungen entzogen (vgl. auch Peter Biehl, s. 3. Literatur).

Die Doppelseite 42f. im SB thematisiert *ambivalente Erfahrungen* mit dem biblischen Gott, die in der unterschiedlichen Verwendung des Symbols „Hand“ zum Ausdruck kommen. Die Fülle der dem Symbol zu Grunde liegenden Erfahrungen kann herausgearbeitet werden und die daraus resultierende Vorstellung vom biblischen Gott anschaulich machen.

Das Bild von *Georg Baselitz* mit dem Titel *Die Hand Gottes* (SB, S. 43) fokussiert die Menschheit in Gottes Hand. Das bestimmende Bildelement ist ein frei im Raum befindlicher Arm, auf dessen riesiger Hand ein kleines Haus gehalten wird, das bewohnt zu sein scheint, da aus dem Schornstein Rauch aufsteigt und vor der Tür Arbeitsgeräte (Karre, Schaufel) zu finden sind. Die Natur wird lediglich durch eine weiße Fläche vor dem Haus, die als ein Hinweis auf den Winter gesehen werden kann, und durch drei Vögel, die über dem Haus fliegen, angedeutet. Auffällig ist weiterhin die Haltung der Hand: Sie ist nach rechts oben geöffnet und vermittelt Festigkeit und Stabilität. Die sparsame Farbgestaltung wird dominiert durch die Farbe Rot, die Farbe der Liebe und des Lebens. Das Rot durchläuft in Linien den Arm, verdichtet sich in der Handfläche, geht über auf das Haus und verliert sich in den Fingerspitzen, wobei ein zarter Rotton auf den Hintergrund abfärbt. Darüber hinaus ist der Hintergrund durch Weiß und Gelb lichthell gestaltet. Konturen des Hauses und der Handlinien sind schwarz. Ein leitender Gedanke der Bilddeutung ist – ausgehend von der Farbgestaltung – die Einheit von Hand (Gott) und Haus (Menschheit); die Menschheit ist geborgen in Gottes Hand, wird von ihm gehalten, kann sich seiner Liebe gewiss sein. Aus der Positionierung des Hauses im oberen Teil der Handfläche ergibt sich der Zustand von Balance, das Haus befindet sich nicht in der Gefahr, der Hand zu entgleiten, es sei denn, der Arm würde aus irgendeinem Grund die Spannung, die für diese Haltung nötig ist, verlieren. Baselitz hat in einigen seiner Bilder Elemente der christlichen Ikonographie aufgenommen. Dieser Bezug ergibt sich in diesem Bild durch die Positionierung des Hauses (der Menschheit) an der Stelle, wo sich das Wundmal des gekreuzigten Christus befindet.

Das Nachdenken über die Erfahrungen, die der moderne Künstler in diesem Bild verarbeitet hat, leitet über zum nächsten thematischen Schwerpunkt, zu der Beschäftigung mit *Gottesbildern heute*.

Die *Aussagen von Jugendlichen* bzgl. ihrer Gottesvorstellung (SB, S. 44) sollen die Sch. dazu motivieren, ihrerseits Vorstellungen zu formulieren und über Erfahrungen zu sprechen, die zu diesen Vorstellungen führten. Dabei wird die *Aussage Katharinas* wegen der Besonderheit einer überpersönlichen Gottesvorstellung durch spezielle Arbeitsaufträge gewürdigt.

Der autobiografische Text mit dem Titel *Versuch einer Befreiung* (SB, S. 45) ist ein Auszug aus ihrem Buch „Himmel, Hölle, Fegefeuer – Versuch einer Befreiung“ von 1985. Darin berichtet die Autorin rückblickend von ihren Erfahrungen mit religiöser Erziehung. Den Anlass dazu bietet ihr Austritt aus der katholischen Kirche (ZM 3). Sie beschreibt einerseits einen Gott der Moral, einen strengen, allwissenden und strafenden Gott, der ihr in einem katholischen Ordenskindergarten vermittelt worden ist. Dem steht das Gottesbild gegenüber, das ihr von ihrer Mutter nahe gebracht wurde: ein nachsichtiger, gnädiger Gott, der „lieber beide Augen zumachte“. Der Textausschnitt macht die Problematik der Vermittlung bestimmter Gottesbilder in erzieherischer Absicht deutlich und zeigt darüber hinaus den Aspekt der Entwicklung von Gottesbildern, die altersabhängig Änderungen unterworfen sind und sich entwickeln (vgl. Fritz Oser/Paul Gmünder, Der Mensch – Stufen seiner religiösen Entwicklung, Gütersloher, Gütersloh 1992). Jutta Richter hat sicherlich mit dem mütterlichen Gottesbild kindliche Geborgenheitserfahrungen gemacht. Doch ist in diesem Zusammenhang zu bedenken, dass sich die kindlichen Erfahrungen auch ohne die späteren Erlebnisse im Kindergarten an neuen Erfahrungen hätten brechen müssen. In diesem Zusammenhang ist ein Hinweis auf die Einstellung der erwachsenen Jutta Richter wichtig: Sie betont stets, ihre Schwierigkeiten bezögen sich auf die Vermittlungsinstanzen der Kirche, nicht aber auf den Glauben generell.

In dem Gedicht *Geborgenheit* (SB, S. 46) wird die positive Erfahrung mit einem Gottesbild betont, das von Geborgenheit und Sinnstiftung gekennzeichnet ist. Des Weiteren wird diese Erfahrung verknüpft mit der Möglichkeit, tätig zu werden und die Kraft nach außen hin umzusetzen. Dieser Aspekt eröffnet eine Überleitung zu den folgenden Sinnabschnitten des Kapitels.

Die *99 schönsten Namen Gottes im Islam* (SB, S. 47) eröffnen die Möglichkeit eines liturgischen Zugangs und die Ausweitung des Fragehorizonts auf einen interreligiösen Dialog. Im Koran, der Offenbarung Gottes an die Muslime, finden sich vielfältige Bezeichnungen Gottes, die hoch geschätzt werden und in verschiedenen Listen als „99 Namen Gottes“ vorliegen. Sie sollen die Allmacht Gottes ausdrücken. Es ließen sich noch weitere Namen im Koran finden, auch unterscheiden sich die Listen mit den Namen geringfügig. Allen ist aber gemeinsam, dass sie nie die vollkommene Zahl 100 erreichen. Das letzte Wissen um Gott bleibt also im Verborgenen bis zur Auferstehung oder ist nur den Auserwählten Gottes vorbehalten. Die Liste der 99 Namen ist einer Schrift des Zentralrates der Muslime in Deutschland entnommen. Im einführenden Text heißt es: „Da Gott absolut transzendent ist, sind wir auf seine eigenen Aussagen über sich selbst angewiesen, die er uns durch seine Offenbarungen zukommen ließ. Nur dadurch wird es dem Menschen möglich, ihn in seinen Dimensionen in sinnvollem Maß mit dem menschlichen Verstand zu erfassen. Gott hat viele Eigenschaften, wovon er uns nur einige in seiner Offenbarung genannt hat. Obwohl Gott absolut transzendent ist, steht er mit seinen Eigenschaften im Zentrum der Schöpfung und im Mittelpunkt des Lebens eines jeden Menschen.“ (Aus: Allah hat die schönsten Namen, hg.v. Islamisches Zentrum Aachen e.V., Schriftenreihe „Kenne den Islam“, Nr. 2, Aachen 2000) Wichtige Hinweise und Informationen zum Islam allgemein, dem Koran, Allah (besser: Gott) usw. finden sich unten, S. 76ff., im WB-Kapitel „Andere Erfahrungen – andere Religionen: Der Islam“.

Im Folgenden wird die Gottesfrage und die damit verbundene Symbolik im Kontext des NT betrachtet. Hier erfährt das Symbol „Hand“ eine radikale Konzentration auf bestimmte Aspekte, die eine vertiefende Entfaltung ermöglichen (Ursula Früchtel, s. 3. Lit.). Im Markusevangelium geht Jesus zu Menschen, die sich in einem totenähnlichen Zustand befinden, die bewegungs- und handlungsunfähig sind. Mit seiner Hand ergreift Jesus ihre Hände und ermöglicht Heilung im ganzheitlichen Sinne.

Eine besondere Handgeschichte ist die *Heilung einer verdorrten Hand (Mk 3,1–6)* (SB, S. 48). Ein Mann mit einem körperlichen Gebrechen, einer kraft- und nutzlos gewordenen Hand, sitzt in der Synagoge und wird von Jesus gegen den Widerstand der Pharisäer geheilt. Der Mann, der sich ansonsten wohl kaum inmitten anderer Menschen befunden haben wird, wird von Jesus in die Mitte gebeten, er bekommt dadurch eine zentrale Stellung innerhalb des Handlungsstranges der Geschichte. Durch Jesu Worte wird die Hand „wieder gesund“. Der Mann wird dadurch wieder bewegungs- und handlungsfähig und somit vollwertig. Der andere Aspekt dieser Perikope besteht darin, dass Jesus am Sabbat tätig wird. Früchtel formuliert, die Pharisäer hätten ihre eigenen Hände zur Leblosigkeit, somit zum Tode verurteilt, während aus Jesu Händen Leben, Fülle und Kraft flössen. Somit sind die „Hände Jesu“ „Inbegriff des endzeitlichen Heils für die Nahen und Fernen“. (Ursula Früchtel, s. 3. Lit.)

Die *Hand des gekreuzigten Christus*, ein Ausschnitt aus dem *Isenheimer Altar* (SB, S. 48), steht zwar im Kontrast zur Heilungsgeschichte, da hier eine tote Hand abgebildet ist, die im Sinne der Erzählung nicht mehr tätig werden kann, bildet aber die logische Konsequenz und Fortsetzung der Erzählung, die sich im letzten Vers andeutet. Durch die Verknüpfung der Materialien dieser Doppelseite wird in Verbindung mit der Überschrift die christologische Dimension in den Blick genommen. Möglichkeiten zur Weiterarbeit bietet hier das Kapitel „Kreuzeserfahrungen“ (SB, S. 119ff.).

Vertieft wird dieser Aspekt durch das *Kruzifix ohne Arme* (SB, S. 49), das um 1500 von einem unbekannten Thüringer Künstler geschaffen wurde und im Wartburgmuseum ausgestellt ist. Die Überschrift „Ich habe keine anderen Hände als die euren“ ermöglicht unter Einbeziehung von **ZM 4** ein Nachdenken über stellvertretendes menschliches Handeln. Das Bild *Hand-lungen* (SB, S. 50) betont den Handlungsaspekt und verdeutlicht diakonisches Tun am Nächsten. An dieser Stelle kann auch das Kapitel „Nächstenliebe“ (SB, S. 5ff.) einbezogen werden.

2. Intentionen

Die Sch. sollen
- die Mehrdeutigkeit und Ambivalenz von Gottesbildern erschließen lernen
- sich kritisch mit Gottesgeschichten als Erfahrungen der Menschen mit Gott auseinander setzen
- unterschiedliche Bilder von Gott auf die dahinter stehenden Erfahrungen von Menschen mit Menschen untersuchen
- anhand des Symbols „Hand“ Gottes Handeln als gedeutetes Handeln von Menschen an Menschen entdecken
- eigene Lebenserfahrungen als Ausgangspunkt von möglicher Gotteserfahrung bedenken und verstehen lernen
- den Wandel von Gottesvorstellungen wahrnehmen und in der eigenen Biografie entdecken
- den Gottesglauben als Auftrag der Hinwendung zum Mitmenschen erkennen
- Impulse für eigenes Tätigwerden im Miteinander mit anderen Menschen bekommen.

3. Literatur zur Vorbereitung

- Ingo Baldermann, Der Gott des Friedens und die Götter der Macht: Biblische Alternativen, Wege des Lernens (WdL 1), Neukirchener, Neukirchen-Vluyn 1983.
- Sigrid Berg, Biblische Bilder und Symbole erfahren. Kösel/Calwer, München/Stuttgart 1996.
- Wilfried Bergau u.a. (Hg.), Religion lernen aus Lebensgeschichten. Arbeitshilfe für den Religionsunterricht an Gymnasien, Bd. 53, Hannover 1994.
- Peter Biehl, Symbole geben zu lernen. Einführung in die Symboldidaktik anhand der Symbole Hand, Haus und Weg, Wege des Lernens (WdL 6), Neukirchener, Neukirchen-Vlyn 1989.
- Ursula Früchtel, Mit der Bibel Symbole entdecken. Vandenhoeck & Ruprecht, Göttingen 1991.
- Klaus-Peter Jörns, Die Neuen Gesichter Gottes. Was die Menschen wirklich glauben, Beck, München 1999[2].
- Rainer Lachmann, Grundsymbole Christlichen Glaubens. Eine Annäherung (Biblisch-theologische Schwerpunkte 7), Vandenhoeck & Ruprecht, Göttingen 1992.
- Gunda Schneider-Flume, Glaubenserfahrung in den Psalmen. Leben in der Geschichte mit

Gott (Biblisch-theologische Schwerpunkte 15), Vandenhoeck & Ruprecht, Göttingen 1998.
- Friedrich Schweitzer, Die Suche nach dem eigenen Glauben. Einführung in die Religionspädagogik des Jugendalters, Gütersloher, Gütersloh 1998[2].
- Dorothee Sölle, Die Hinreise. Zur religiösen Erfahrung, Texte und Überlegungen, Kreuz, Stuttgart 1977[4].

4. Unterrichtsideen

⇨ *Hinführung:*
Die Sch. arbeiten in Partnerarbeit zusammen. Sie fertigen auf einem großen Papierbogen die Umrisszeichnung je einer Hand an und schreiben Tätigkeiten in die Hände unter der Überschrift: *„Mit unseren Händen können wir ...“*. Nach dieser Sammelphase wählen die Sch. jeweils zwei gegensätzliche Tätigkeiten aus und setzen sie pantomimisch um. Dazu sollten weiße Handschuhe zur Verfügung gestellt werden, um den darstellenden Händen ein besonderes Gewicht zu geben.
Die Sch. sammeln *Sprichwörter und Redewendungen*, in denen der Begriff „Hand“ vorkommt, und ermitteln deren Sinn.

⇨ Bild: *Arnold Schönberg, Hände, 1910* (SB, S. 37)
Nach der Betrachtung und der Erarbeitung der bestimmenden Bildelemente können zunächst Assoziationen gesammelt werden, die auf die helle und die dunkle Hand bezogen sind. Ausgangspunkt: Nachahmen der Gestik. Daran anschließend können folgende Fragestellungen erörtert werden: In welchem Verhältnis stehen die beiden Hände zueinander? Gehören sie zu einer Person? Was könnte die helle der dunklen Hand weitergeben? (Hier kann der Hinweis auf den Komponisten Schönberg wichtig sein, der Musiker und Maler war und daher eine besondere Beziehung zu seinen Händen hatte.)
Abschließend können die Sch. einen passenden Bildtitel überlegen.
Weiterarbeit: Die Sch. sammeln Erfahrungen mit ihren eigenen Händen als schaffende Hände, indem sie an ein Arbeiten mit Ton herangeführt werden. Diesen sollen sie zunächst erfassen: Jeder Sch. bekommt einen Klumpen Ton und ist dafür verantwortlich, ihn formbar und geschmeidig zu kneten. Dann wird der Klumpen zu einer Platte geformt oder ausgerollt (mithilfe eines Nudelholzes o.Ä.). In diese Platte drückt jeder seine Hand. Dabei muss auf die Stärke der Tonplatten und des auf sie ausgeübten Druckes geachtet werden, um gute und identifizierbare Handabdrücke zu produzieren, die auch den ersten Brand der Töpfersachen im Brennofen nach einer Trocknungsdauer von etwa acht bis zehn Tagen überstehen. Anschließend können die Sch. ihre Hände vergleichen, Unterschiede und Gemeinsamkeiten oder besondere Merkmale feststellen. Sie werden herausfinden, dass zu jedem Menschen eine Hand gehört, die zu ihm passt und unverwechselbar ist. Darüber hinaus lassen sich anhand der Handabdrücke Aussagen über die Person machen, zu der sie gehören.

A. Was Hände erzählen

⇨ Abb.: *Hand* (SB, S. 38)
Nach einer ersten Präsentation des Bildes werden die Sch. gebeten, Vermutungen über die Person zu äußern, zu der diese Hand gehören könnte.
Ausgehend von den Vorüberlegungen schreiben die Sch. in Partnerarbeit eine Geschichte zu dem Bild unter der Fragestellung: „Was würde diese Hand erzählen, wenn sie sprechen könnte?“ Danach werden die möglichen Erfahrungen, die in dieser Hand stecken, an der Tafel gesammelt. Dann erst wird der Schriftzug präsentiert, der das Bild ergänzt: „Ich heiße Andrés und bin sechs Jahre alt“.

Die Sch. können überlegen, welche ihrer zuvor angestellten Mutmaßungen zutreffen. Diese Phase wird vertieft durch die Präsentation der Geschichte des kleinen Jungen:
„Ich bin sechs Jahre alt und heiße Andrés. Mit meiner Familie lebe ich in Kolumbien in einem Armenviertel am Rande der Hauptstadt Bogota. Meine Großmutter, meine Mutter, mein Vater und meine Schwestern Mariela, Francisca und Sandra arbeiten alle in der Lehmgrube. Ich bin der Jüngste und grabe und hacke den ganzen Tag Lehm. Den schweren Lehm schleppe ich zu meinem Vater, der daraus Lehmziegel presst und sie zum Bauen verkauft. Da mein Vater das Gelände teuer gepachtet hat, haben wir trotz unserer Arbeit nie genug Geld, um Essen für uns alle zu kaufen."
Weiterarbeit: Vergleich der eigenen Hand mit der von Andrés als Ausgangspunkt für einen Vergleich der unterschiedlichen Lebensbedingungen, indem z.B. die Sch. ihre eigenen Tagesabläufe mit dem Tagesablauf Andrés' vergleichen.

⇨ Abb.: *Sprechende Hände* (SB, S. 39)
Jeder Sch. erhält die Zeichnung als Fotokopie. Die abgebildeten Handhaltungen werden zunächst auf ihre Bedeutung hin untersucht (z.B.: einladend / freundlich / abweisend / feindlich).
Weiterarbeit:
- Gestaltung einer zusammenhängenden Handlung in Einzel- oder Partnerarbeit, die anschließend der Klasse/Gruppe mit Unterstützung der Hände (weiße Handschuhe) erzählt wird. Dazu können die Hände ausgeschnitten und neu geordnet werden.
- Erfinden weiterer Handgeschichten, die gezeichnet oder gespielt werden können.

Abschluss dieser Unterrichtsphase:

Tafelbild: Hand-Erfahrungen

Mit unseren Händen können wir	kämpfen, verletzen, töten, schreien, arbeiten, schlagen, ...
	schützen, heilen, helfen, bitten, beten, streicheln, ...
Hände symbolisieren	Furcht, Angst, Ärger, Abwehr, Gewalt, Aggression, ...
	Freundschaft, Schutz, Handlung, Vertrauen, Bitten, Einladung, Tätigkeit, ...

B. Erfahrungen mit Gottes Hand

⇨ Text: *Psalm 139,1–18* (SB, S. 40)
Zum Verstehen der Bildworte des Psalms sollten die Sch. zunächst das Weltbild des Psalmbeters ermitteln. (Eine Darstellung des babylonischen Weltbildes findet sich im Werkbuch 5/6 auf S. 42.) Nur so können die Sch. den Gedanken der allumfassenden Gegenwart Gottes ermessen.
Weiterarbeit: Die Sch. wählen einen Psalmvers aus und setzen seine Aussage in eine Kreidezeichnung (schwarz-weiß) um. Je nach Disposition der Lerngruppe können auch zu zweit oder dritt Standbilder gebaut werden, die die Aussagen eines Verses gestalterisch zum Ausdruck bringen. Nach der Präsentation erraten die übrigen Sch., welchen Vers das Gesehene umsetzt.

⇨ Text: *Exodus 20,4* (SB, S. 41)
Vorbereitung: Übungen mit der Sch.-Gruppe: Fixierung einer Person auf eine bestimmte Eigenart; Problem mit Fotos oder Passbildern.

Erörterung der Problematik, sich ein bestimmtes Bild von einer anderen Person zu machen.
Übertragung der Überlegungen auf das sog. „Bilderverbot“ in Ex 20,4: Welchen Sinn hat dieses Gebot?
Die Sch. überlegen mögliche Auswege der Menschen damals.

⇨ Bild: *Meister von S. Clemente de Tahull, um 1225* (SB, S. 41)
Das Bild wird den Sch. zunächst als Schwarzweißkopie gegeben. Die Sch. beschreiben, was dargestellt ist und erhalten den Arbeitsauftrag, farblich auszugestalten. Anschließend erläutern die Sch. ihre Farbauswahl. Im folgenden Schritt werden die Sch.-Gestaltungen mit dem Original verglichen. Dabei können den Sch. die wichtigsten Farbwerte vermittelt werden:
Blau = Wahrheit, Offenbarung, Glaube / Rot = Feuer, Liebe, Freude, übernatürliche Macht / Goldgelb = Heiligkeit, Göttlichkeit, offenbarte Wahrheit, Licht, Leben / Schwarz = Tod, Kummer, Trauer / Weiß: Gottesfurcht, Freude.
Weiterarbeit: Die Sch. schreiben in einer kurzen Arbeitsphase eine eigene Deutung des Bildes. Beispiel einer Schülerinterpretation:
„Die Hand zeigt vielleicht, dass Gott uns erwartet und uns das Leben gibt. Die Farben zeigen die vier Elemente und das ganze Bild zeigt, dass Gott stark ist und Macht hat. In der Mitte ist der gebrochene weiße Kreis, er steht für das Reich Gottes. Die Hand, die golden dargestellt wurde, steht für die Hand Gottes. Der dunkle Kreis steht für die Erde. Gott macht Dunkelheit hell. Deshalb sind vielleicht Gottes Hand und der Kreis, der die Hand umschließt, in Gold. Das Bild sagt aus, dass alles von Gott erschaffen wurde und dass alles von ihm beherrscht wird.“
Ausgehend von den Deutungen überlegen die Sch., wo „Gottes Hand“ heute noch wirksam werden kann.

⇨ Texte: *Erfahrungen mit Gottes Hand* (SB, S. 42)
Nach der Klärung der alttestamentlichen Textstellen arbeiten die Sch. in Kleingruppen zusammen und gestalten zu einer Textstelle ihrer Wahl eine Pantomime, Handpantomime oder ein Standbild, um die ambivalenten Erfahrungen, die darin thematisiert werden, besser nachvollziehen zu können.
Abschließend wird im Tafelbild zusammengestellt, wie Gott in den Textstellen des AT erfahren wird:

Die Hand Gottes steht einerseits für:	... andererseits für:
Macht	Schutz
Allmacht	Leben
Allgegenwärtigkeit	Geborgenheit
Einengung	Vertrauen
Verfolgung	Schöpfung
Bedrohung	Kraft
Beobachtung	Stärke

⇨ Bild: *Georg Baselitz, Die Hand Gottes, 1964/65* (SB, S. 43)
Das Bild erschließt sich am besten durch eine sukzessive Freilegung der Bildelemente.
Im ersten Schritt betrachten die Sch. nur den mittleren Bildausschnitt, den sie als Schwarzweißkopie zur Verfügung gestellt bekommen. Auf ihm ist nur das Haus zu sehen. Sie sollen zunächst das Haus näher beschreiben und sich Gedanken über seine Bewohner machen: „Wer lebt deiner Meinung nach in diesem Haus?“, „Welcher Beschäftigung gehen die Bewohner nach?“, „Wie könnte sich das Leben in diesem Haus gestalten?“, „Welche Umgebung passt zu diesem Haus?“
In einem zweiten Schritt schauen sich die Sch. das Gesamtbild an. Sie entdecken das Haus wieder und können sich nun zusätzlich über

die farbliche Ausgestaltung und über die neuen Bildelemente äußern.
Die Sch. beschreiben die Beziehung zwischen der Hand und dem Haus (dazu können die Kenntnisse über Farbwerte hilfreich sein); sie überlegen, wofür diese beiden Bildelemente stehen könnten. Wichtig ist die Überlegung, wie es mit der Sicherheit des Hauses bestellt ist: Gibt es Gefahren? Wodurch kommen sie zustande?

⇨ *Weiterarbeit:*
- Die Sch. schreiben einen Dialog zwischen Hand und Haus.
- Falls der Aspekt „Bewahrung/Bedrohung des Lebens" intensiviert werden soll, bietet sich an dieser Stelle eine Collagenarbeit an, in der die Bedrohungen des menschlichen Lebens in den Bildern dargestellt werden. Diese Arbeit kann in Gruppen erfolgen; die Collagen können anschließend im Klassenraum oder an einem anderen Ort der Schule ausgestellt werden.
- Vergleich des Bildes von Baselitz mit dem Bild von Schönberg (SB, S. 37) hinsichtlich ihrer Unterschiede und Gemeinsamkeiten, um so eine Verbindung zwischen Schöpfung und Verantwortung des Menschen herauszustellen. Im Vergleich mit der „Hand Gottes" von Baselitz tritt die schöpferische Dynamik des Bildes von Schönberg noch stärker in den Vordergrund. Ein Nachdenken über Schöpfung und die Leben spendende Kraft Gottes lässt sich ausgehend von diesem Vergleich anbahnen.
- Die Sch. überlegen Titel, die die Aussage des Bildes zusammenfassen.

C. Gotteserfahrungen heute

⇨ Texte: *Aussagen von Jugendlichen* (SB, S. 44)
Die Sch. sollen sich an dieser Stelle zunächst mit den drei kurzen Aussagen von *Julia, Dorothea* und *Fabian* auseinander setzen.
Ausgehend von den vorliegenden, können sie ihre eigenen Vorstellungen über die Beziehung zwischen Mensch und Gott verfassen. Ein Vergleich mit den alttestamentlichen Aussagen (SB, S. 42) wird je nach Lerngruppe dazu führen, dass die Sch. ihre deutlich distanzierteren Vorstellungen als zeit- und entwicklungsgebunden erkennen werden. Außerdem lassen die individuellen Unterschiede auf jeweils unterschiedliche Einzelerfahrungen schließen, die jeder Sch. in seiner jeweiligen Situation gemacht hat.
Eine weitere, sehr differenzierte Erfahrungssituation steht im Hintergrund des Textes von *Katharina,* die Gott mit einer Windmühle vergleicht und in deren Stellungnahme die ethische Dimension eines dynamischen, überpersönlichen Gottesbildes anklingt. Sch. können erfahrungsgemäß mit dem Bild von Gott als einer Windmühle erstaunlich viel anfangen. Unter der Fragestellung: „Was hat denn Gott mit einer Windmühle zu tun?" antwortete ein Sch.: „Wenn man mit Gott gut zusammenarbeitet, ist das Produkt das Korn!" Diese Aussage deutet an, dass sich Katharinas Vorstellung auch an späterer Stelle des Kapitels nochmals integrieren lässt, wenn es um eine Vertiefung des ethischen Aspektes (Produkt = Korn) geht, sodass das Tafelbild vervollständigt werden kann.

Tafelbild: Gott als Windmühle

<u>Wind</u>	<u>Windmühle</u>	<u>Korn</u>
Menschen Kraft der Menschen	• Alle persönlichen Vorstellungen von Leben • Zusammenspiel verschiedener Gegenstände • Zusammenspiel verschiedener Gegenstände • Abhängigkeit von Wind	

⇨ Kinderzeichnung: *Gottes Hände umfassen den Globus* (SB, S. 45)
Das Bild eines 14-jährigen Mädchens ergänzt diesen Aspekt und erweitert die Arbeit der Sch. um die Möglichkeit der zeichnerischen Darstellung eigener Vorstellungen.
Weiterarbeit: Vergleich mit der Zeichnung in ZM 2, die Gott als schwarzes Loch darstellt, auch hinsichtlich der Erfahrungen, die zu diesen unterschiedlichen Bildern führten.

⇨ Text: *Jutta Richter, Versuch einer Befreiung* (SB, S. 45)
Nach der Textanalyse analog den Arbeitsaufträgen im SB ergeben sich verschiedene Vertiefungsmöglichkeiten:
- Zusammenstellung der negativen und positiven Erfahrungen mit Gott
- Ermitteln der Funktion des strafenden und allgegenwärtigen Gottes
- Um die Veränderung von Gottesbildern deutlich zu machen, stellen die Sch., ausgehend vom Titel des Textes, schriftlich Vermutungen über die Situation der erwachsenen Jutta Richter an. Das Zusatzmaterial ZM 3 kann diese Diskussion ergänzen.

⇨ Gedicht: *Gisela Zimmermann, Geborgenheit* (SB, S. 46)
Die positive Dimension der Gottesvorstellung, die in diesem Gedicht zum Ausdruck kommt, führt den Sch. vor Augen, dass auch heute ein Gefühl von Geborgenheit und Vertrauen vermittelt werden kann, das sinnstiftend und handlungsorientierend ist.
Weiterarbeit: Gestalten von Bildern, Knete oder Ton, um das beschriebene Gefühl von Geborgenheit auszudrücken.

⇨ Text: *Die 99 schönsten Namen Gottes im Islam* (SB, S. 47)
Nach einem gemeinsamen Lesen, das reihum möglichst langsam und deutlich erfolgen sollte, äußern die Sch. zunächst ihre spontanen Eindrücke. Nach der Bearbeitung der Arbeitsaufträge im SB können die Sch. weitere Namen äußern.
Weiterarbeit: Sch. schreiben für einen Namen ihrer Wahl eine Geschichte, die die Entstehung des Namens erklärt.

D. Gott hat sich in Jesus Christus „geerdet"

⇨ Text: *Die Heilung einer verdorrten Hand, Mk 3,1–6* (SB, S. 48)
Möglichkeiten für eine *Weiterarbeit* nach der Textklärung:
- Die Sch. spielen die ihrer Meinung nach wichtigsten Szenen in Kleingruppen nach.
- Zusammenstellen der Bedeutung der Heilung: 1. Beschreibung des Zustandes des Mannes vor der Heilung. 2. Was hat sich für ihn verändert? Die Sch. schreiben zur 2. Fragestellung Veränderungen auf zur Verfügung gestellte Zettel, die anschließend an die Tafel geheftet werden. So kann aus den Ergebnissen der beiden Fragestellungen ein Tafelbild entwickelt werden, das den Prozess der Heilung verdeutlicht.
- Sch. schreiben die Geschichte aus der Perspektive des Geheilten, der sein Erlebnis zu Hause erzählt, nachdem seine Familie ihn wieder aufgenommen hat.

⇨ Die Sch. setzen sich schriftlich mit der Seitenüberschrift auseinander: *„Gott hat sich in Jesus Christus ‚geerdet'" – Was heißt dieser Satz für dich?*
Die Sch. kommen hierbei zu erstaunlichen Ergebnissen, z.B.:
„Jesus verkörpert Gott. Das heißt, dass er der Sohn Gottes ist. Er ist also Gott in Menschengestalt. Gott hat sich in Jesus niedergelassen und konnte so Gutes in Menschengestalt tun."
„Gott und Jesus könnten eine Person sein – eher ein und dieselbe Person. Und dadurch, dass Jesus auf die Welt kommt, ist Gott mit auf der Welt. Der Ausdruck ‚geerdet' bedeutet, dass er auf die Welt kommt; also könnte man sagen: Gott ist durch Jesus zu uns gekommen!"
Die wichtigsten Sch.-Überlegungen werden im Tafelbild festgehalten.

⇨ Bild: *Matthias Grünewald, Der Gekreuzigte, Isenheimer Altar, 1512–16 (Ausschnitt)* (SB, S. 48)
Die Sch. betrachten das Bild und äußern ihre spontanen Eindrücke. Nach einer genauen Beschreibung (Handstellung, Verkrümmung, Durchbohrung) überlegen sie eine mögliche

Verbindung zu der Geschichte der *Heilung der verdorrten Hand* (s.o.). Was kann diese tote Hand bewirken? Mit interessierten Lerngruppen kann an dieser Stelle das Gesamtbild „Kreuzigung“ des Isenheimer Altars betrachtet werden. Dabei ist die Bedeutung wichtig, die der Künstler Grünewald seinem Werk zugeordnet hat, indem er den Gesamtaltar ursprünglich für das Hospiz des Antoniterordens in Isenheim gestaltet hat. Es sollte den Kranken Hoffnung vermitteln (ausführliche Informationen sind enthalten in: Folien zu RU praktisch 7–10, s. 5. Materialien, Folie 38).

⇨ Abb.: *Kruzifix ohne Arme* (SB, S. 49) (Künstler und genaue Datierung unbekannt)
Die Sch. überlegen zunächst eine mögliche Bedeutung dieser Darstellung. Daran anschließend beschäftigen sie sich mit der Frage, inwieweit Menschen die Funktion von Christi Armen und Händen übernehmen können. Dazu wird das Kruzifixbild für alle Sch. vervielfältigt. In einer Partner- oder Kleingruppenarbeit bearbeiten sie die Fragestellung, wie Menschen stellvertretend für Christus tätig werden können, und schreiben ihre Ideen so auf das Blatt, dass sie rechts und links des Körpers die Arme bilden. Alle Ideen werden anschließend auf einem Plakat oder einem großen Blatt Papier gesammelt, in dessen Mitte der Christus ohne Arme abgebildet ist. Die Textzeile unter dem Kruzifix im SB und das vollständige *Gedicht* (ZM 4) können in Verbindung mit diesem Bild behandelt werden. Die Sch. überlegen jeweils Beispiele.

⇨ Abb.: *Hand-lungen* (SB, S 50)
Die Sch. beschreiben die Haltungen der Hände, die auf den Einzelbildern erkennbar sind, und überlegen ihre Beziehung zu der Bildmitte.

⇨ *Weiterarbeit:*
- Entwickeln kurzer Geschichten, die zu den einzelnen Bildstationen der *Hand-lungen* (s.o.) passen
- Erkunden und Besuch diakonischer Einrichtungen in der Umgebung. Hierzu finden sich weitere Anregungen im Kapitel *Nächstenliebe* (SB, S. 5ff.).

An dieser Stelle bietet sich auch ein intensiveres Eingehen auf Hilfsprojekte in der Dritten Welt, z.B. gegen Kinderarbeit, in Anknüpfung an das Bild *Andrés' Hand* an. Des Weiteren bietet die *Ideenecke* (SB, S. 51) Möglichkeiten für eine vertiefende Weiterarbeit.

5. Materialien und Medien

- Ursula Arnold / Helmut Hanisch / Gottfried Orth, Was Kinder glauben: 24 Gespräche über Gott und die Welt, Teil I/II, Calwer, Stuttgart 1997.
- Diakonisches Werk der EKD (Hg.), Hände können viel. Lernwege, Brot für die Welt, Handreichung für die Grundschule, Stuttgart 1999.
- Helmut Hanisch, Die zeichnerische Entwicklung des Gottesbildes bei Kindern und Jugendlichen, Calwer, Stuttgart 1996.
- Holger Klischka, Bilder von Gott. Erfahrungen und Hoffnungen von Menschen, in: Rudolf Tammeus (Hg.), Religionsunterricht praktisch. 7. Schuljahr, Vandenhoeck & Ruprecht, Göttingen 1999.
- Rudolf Tammeus / Siegfried Macht (Hg.), Folien zu Religionsunterricht praktisch. 7.–10. Schuljahr, Vandenhoeck & Ruprecht, Göttingen 1999.
- Gisela Zimmermann (Hg.), Auf die Hände geschaut (Konstanzer Meditationen 2). ABC-Team, Christliche Verlagsanstalt, Konstanz 1988.
- „Die Hand“ (Ruha), Lichtton, f, 19 Min., Super-8-Filme für die politische Bildung, Völklingerstraße 49, Düsseldorf.

Internationales Fingeralphabet

ZM 1

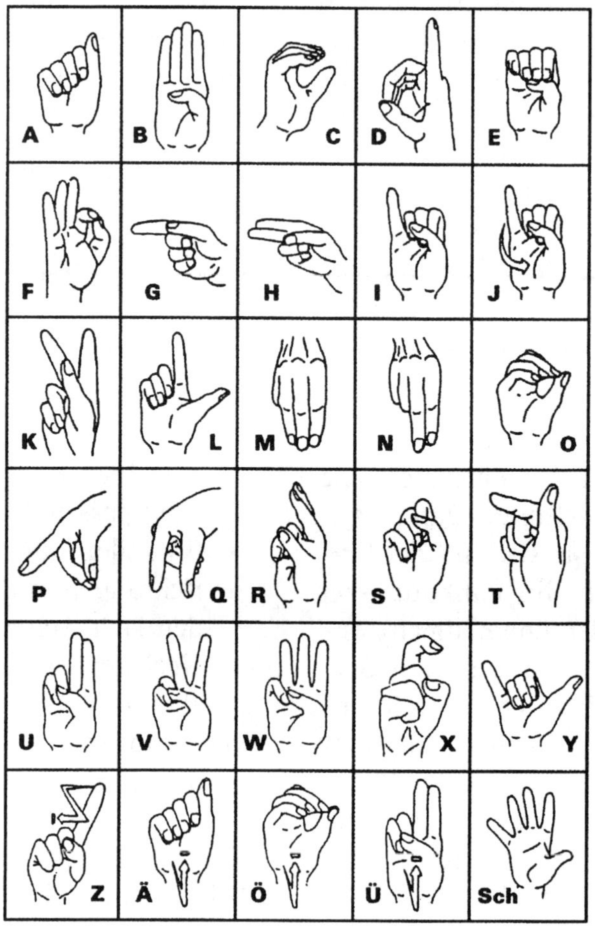

ZM 2

Gott als schwarzes Loch

Aus: Helmut Hanisch, Die zeichnerische Entwicklung des Gottesbildes bei Kindern und Jugendlichen, Calwer, Stuttgart 1996.

Versuch einer Befreiung

Im Flur des Amtsgerichts riecht es nach Bohnerwachs. Aber vielleicht bilde ich mir das auch nur ein, weil es in solchen Gebäuden immer nach Bohnerwachs riecht, so wie in Kirchen nach Weihrauch. Auch hier die schwere Eichentür mit dem schweinsledernen Puffer, der die Tür offen hält, immer einen Spalt breit, damit es leichter ist einzutreten. Gleich neben der Tür der Informationsschalter. In der Glasscheibe die ovale Plastikklappe mit der Aufschrift „Hier sprechen".

Jetzt also zum ersten Mal die richtigen Worte finden, die Worte, die ich mir schon zu Hause zurechtgelegt habe, immer wieder vorgesprochen. Sie fallen mir auch ein, klingen aber trotzdem nicht sicher. Ich möchte aus der Kirche austreten. Da hat sich ein „äh" eingeschlichen in meinen Satz, da schaut die Beamtin hinter der Glasscheibe auf, will doch mein Gesicht sehen, vielleicht geschieht das nicht oft, dass jemand aus der Kirche austritt. Das ist eine katholische Gegend. In dieser Stadt sind die Leute fromm. In dieser Stadt war ich fromm. Bin in den Kindergarten gegangen. Zu den Schwestern vom Herzen Jesu.

Aus: Jutta Richter, Himmel, Hölle, Fegefeuer. Versuch einer Befreiung, rororo panther, Reinbek b. Hamburg 1985.

„Ich habe keine anderen Hände als die euren"

Ein Gebet aus dem 14. Jahrhundert fasst die Aussage des Bildes in Worte:

Christus hat keine Hände,
nur unsere Hände, um seine Arbeit zu tun.
Er hat keine Füße, nur unsere Füße,
um Menschen auf seinen Weg zu führen.

Christus hat keine Lippen,
nur unsere Lippen, um Menschen von ihm zu erzählen.
Er hat keine Hilfe,
nur unsere Hilfe, um Menschen an seine Seite zu bringen.

Jesus hat keine Hände mehr.
Wir aber haben Hände.
Nur unsere Hände hat Jesus.

Verfasser unbekannt

Propheten

1. Theologische und didaktische Aspekte

Das Thema „Propheten“ ruft bei Sch. selten spontane Begeisterung hervor. Für den Religionsunterricht bedeutet dies, die vorhandenen Klischees durch überraschende Medien, Sachinformationen und Verstehenshilfen aufzubrechen, viel Raum für die individuelle Auseinandersetzung zu lassen und die persönliche Suche nach Halt und Orientierung, angemessener Deutung der vielschichtigen Wirklichkeit und lohnenden Lebensperspektiven mit problemorientiertem Arbeiten an gesellschaftlich wichtigen Themen zu verschränken.

„Prophetie“ ist ein Phänomen der alttestamentlichen Königszeit. In Anlehnung an und Abgrenzung von der altorientalischen Mantik (Wahrsagekunst) treten in Israel einzelne Gestalten oder Gruppen auf, die das menschliche Handeln als durch den Willen Gottes ermöglicht und begrenzt verkünden. Die Lebensgeschichte der Propheten verschwindet dabei meist hinter ihren immer wieder im Licht neuer Erfahrungen überarbeiteten Worten.

Als ganz grobes Schema lässt sich ausmachen, dass die Unheilsprophetie der frühen Schriftpropheten *Amos, Hosea, Jesaja* oder *Jeremia* eingerahmt ist von der vorschriftlichen Heilsprophetie (*Elia, Elisa, Nathan* ...) und den exilischen und nachexilischen Propheten wie *Deuterojesaja, Hesekiel oder Joel.* Während der Zeit der persischen, griechischen und römischen Besatzung wandelt sich die Prophetie zur Apokalyptik mit ihrer eigenwilligen Bilderwelt, die schon von den Zeitgenossen als eigenständiges Phänomen angesehen wurde (mit Joel verschwand nach jüdischer Auffassung die Stimme Gottes aus Israel). Die *ersten Christen* deuteten das Geschick Jesu im Licht der prophetischen Verheißungen und erlebten das erneute Sprechen des Geistes Gottes in ihren Versammlungen als die im AT angekündigte endzeitliche Prophetie. In Leben und Botschaft *Mohammeds*, der islamischer Auffassung zufolge im wörtlich geoffenbarten Koran den in Judentum und Christentum nur unvollkommen überlieferten Willen Gottes endgültig als Prophet verkündet, zeigt sich deutlich die alttestamentliche Wurzel.

Der Kleinviehzüchter *Amos* stammt aus der 18 km südlich von Jerusalem gelegenen judäischen Garnisonsstadt Tekoa. Als Hirte betrieb Amos Schafzucht; außerdem besaß er Maulbeerfeigenbäume (Am 1,1;7,14). Sein öffentliches Auftreten 760 v. Chr. während der Regierung Jerobeams II. geschieht zu einer Zeit der politischen, wirtschaftlichen und kulturellen Blüte Israels und wird kaum länger als ein Jahr gedauert haben. Dass Israel seinen äußeren Frieden nur einem zeitweiligen militärischen Patt verdankte, das die seit der Jahrtausendwende andauernde assyrische Expansion unterbrach, sahen in Israel nur Wenige. Auch die negativen Begleiterscheinungen des wirtschaftlichen Aufschwungs konnten leicht übersehen werden. Gemessen am vorstaatlichen Ideal einer Gesellschaft gleicher, freier Bauern, die das ihnen von Jahwe geliehene

Land bearbeiteten, hatte das Gewinnstreben der städtischen Kaufleute und der Aufbau einer immer effizienteren königlichen Steuerverwaltung zwar immensen Reichtum in den Städten und Staatsdomänen angesammelt, gleichzeitig aber eine breite Schicht landarmer, überschuldeter Kleinbauern hinterlassen. Korruption und Rechtsbeugung verstärkten die Herausbildung der sozialen Unterschiede (4,1;5,7–12;6,1–7). Der religiöse Kult an den israelitischen Heiligtümern Bethel und Gilgal stand im Dienst der Oberschicht. Die Kritik dieser Zustände bildet das Zentrum der Prophetensprüche des Amos. Nach einer Auseinandersetzung mit Amazja, dem Priester von Bethel, wird Amos aus Israel ausgewiesen (7,10–17). Die spätere biblische Tradition hat in der Zerstörung Israels durch die Assyrer 722 v.Chr. die Erfüllung der Zukunftserwartungen des Amos gesehen und die von ihm entworfene Sichtweise vom Wirken Jahwes in der Weltgeschichte aufgenommen und weitergestaltet.

Die Gestalt *Jesajas* ist in der Forschung nach wie vor umstritten. Der Prophet wirkte im letzten Drittel des 8. Jh. in Jerusalem. Über sein Leben ist wenig bekannt. Seine Berufungsvision im Tempel und der ungehinderte Zugang zum König machen es wahrscheinlich, dass er zur Jerusalemer Oberschicht gehörte. Wie bei Amos sind zahlreiche Worte gegen ungerechte Verhältnisse in Juda überliefert. In welche Traditionsstränge Jesaja eingeordnet werden kann, ob sich bei ihm neben der Gerichtsankündigung auch Heilsprophetie findet, welche konkrete Bedeutung seine poetisch dichten Worte hatten, lässt sich beim derzeitigen Forschungsstand kaum sagen. Relativ breiten Konsens findet dagegen die Ansicht, dass die messianische Verheißung in ihrer in Jes 11,1–10 vorliegenden Gestalt kaum zur Botschaft des historischen Jesaja passt.

Das Bild *Propheten – Rufer Gottes* von *Sieger Köder* (SB, S. 53) ist keiner Einzelgestalt zugeordnet. Es verdichtet zahlreiche Aspekte der gesamten biblischen Prophetentradition: die Hinwendung zu Gott und Menschen (angedeutet besonders durch die Arme des Propheten und die Blauschattierungen des Hintergrundes), die Spanne von Heils- und Unheilsprophetie (Ruinen; die aufblühende, an Jes 11 erinnernde Rose), die Erfahrungen von Glauben und Unglauben (Reaktionen der Zuhörer in Gesichtern, Gesten und Bewegung) und nicht zuletzt den jüdischen Grund aller späteren Prophetie.

Im Abschnitt *Sehen – Hören – Sprechen* geht es um die Sensibilisierung für eigene und prophetische Wahrnehmungsformen der Wirklichkeit. Die vielfältigen Bedeutungen des Begriffs „Sehen" von der Alltagswahrnehmung über genaues Beobachten bis hin zu Vision und Traum können anhand der *Augenstudien* des spanischen Barockmalers Ribera (SB, S. 54) erarbeitet werden. Einige der in Vorder-, Profil- und Dreiviertelansicht gezeichneten Augen sind deutlich emporgewandt und gehören in den Kontext zeitgenössischer Visionsgemälde.

Das durch Jes 42,9 inspirierte Gedicht *Ehe es wächst, lasse ich euch es erlauschen* (SB, S. 54f.) der jüdischen Lyrikerin *Nelly Sachs* (1891–1970) umkreist in eindrucksvollen Bildern das Thema (Nicht-)Hören. Das in seiner Gesamtdeutung anspruchsvolle Gedicht kann mit seinen ungewöhnlichen, zum Nachdenken anregenden einzelnen Metaphern auch für jüngere Sch. als Einstieg in die Auseinandersetzung mit Propheten allgemein oder mit der Einzelgestalt Jesaja dienen. Nelly Sachs kontrastiert das ursprüngliche Auf-Gott-hin-geschaffen-Sein des Menschen („Wie Dünengras gepflanzt, am ewigen Meer") mit der Situation des modernen Menschen, der durch Wohlstand, Geschäftigkeit und Entfremdung von der Natur fast verlernt hat, Gott zu hören. Überraschend lässt Gott sich jedoch auch im falschen Leben immer noch hören und der Mensch transzendiert seinen Alltag im „Sprung auf der Sehnsucht Seil". Insbesondere persönliche und geschichtliche Erfahrungen der Zerstörung der gewohnten Welt schärfen die Wahrnehmung für Gott, der sich gerade dann – vergleichbar der Erde – als Neues schaffende Macht erweisen kann.

In ganz anderer Weise nähert sich der Karikaturist *Ivan Steiger* dem prophetischen Hören. In *Stille Post* (SB, S. 55) wird eine alltägliche Szene durch das Hören auf Gott, symbolisiert durch einen großen Lautsprecher, beeinflusst. Entscheidend für die Deutung der Karikatur ist, dass man die verschiedenen Ebenen ernst nimmt, auf denen hier gesprochen und gehört wird (durchgezogene und gestrichelte Linien!).

Dienen die bisher genannten Materialien vornehmlich dazu, über die Sensibilisierung für die eigene Wahrnehmung einen Zugang zum Phänomen der Prophetie allgemein zu finden, steht im Folgenden der Prophet Amos im Mittelpunkt. Der Text zu Gedanken und Visionen des Amos (SB. S. 56) schildert in fiktiver Form die Vision aus Am 7,1–3, eingebettet in eine Rahmenerzählung. Sie rückt den ekstatischen Charakter der Vision in den Vordergrund und liefert Grundinformationen zu Person und Umwelt des Propheten. Die Rücknahme der Gerichtsankündigung (V. 3) ist weggelassen, da der Text stellvertretend für alle fünf Visionen des Amos steht. Werden mehrere Visionen behandelt, ist es sinnvoll, sie einzufügen.

Als Beispiel für eine Vision des 20. Jh. wurde *Nach dem Unglück* von *Franz Radziwill* (SB. S. 57) ausgewählt. Das 1949 entstandene Bild (Öl auf Leinwand, 101 x 110 cm) gehört in die Übergangsphase zum Spätwerk des Künstlers, der sich nach dem Tod seiner Frau 1942 und den Erfahrungen der Bombennächte in der Endphase des Zweiten Weltkriegs zunehmend von seiner Begeisterung für die Marine löst. An die Stelle der Faszination durch die waffenstarrenden Kriegsschiffe tritt eine grundsätzliche Skepsis menschlichem Fortschritt gegenüber und eine Hinwendung zur Religion. Farben, Menschenleere, Kriegsflugzeug und Bildaufbau (die kleine, einsame Gestalt, Begrenzung durch Mauern, das notdürftig abgedeckte Loch, der britische Lightning Bomber ...) erzeugen spontan ein Gefühl der Bedrohung und Ausweglosigkeit. Metaphern der Hoffnung, wie die Leiter, das Geborgenheit und Aufbruch symbolisierende Schiff und das von links einfallende Licht, bleiben in ihrer Wirkung gebrochen. Die Häftlingskleidung der einzigen menschlichen Gestalt auf dem Bild verweist, wenn auch in sehr zurückgenommener Form, auf ein konkretes Ereignis als Ausgangspunkt der künstlerischen Vision, mit dem sich Radziwills eigene Kriegserfahrungen verbinden. Im April 1945 bombardierten britische Jagdbomber die in der Lübecker Bucht liegende Cap Arcona mit etwa 5000 Gefangenen aus dem Konzentrationslager Neuengamme an Bord. Das Schiff, das zuvor 25000 Flüchtlinge aus Ostpreußen gerettet hatte, wird für sie zur Todesfalle. Der offene Himmel über der Szene (Radziwill unterscheidet in seinen Spätwerken ausdrücklich zwischen „heaven" und „sky", das mathematische Gitternetz ist wohl als Symbol der Ewigkeit zu deuten) spiegelt die Ambivalenz der irdischen Szenerie mit seiner blutroten Farbe und der – im Gegensatz zum Realismus des Irdischen – bewusst nur schemenhaft gemalten Gestalt, deren Bewegungsrichtung mit dem Bomber korrespondiert, die aber zugleich helfend die Hände auszustrekken scheint. Trotz einiger inhaltlicher Parallelen sollte das Bild weniger als Aktualisierung alttestamentlicher Unheilsvisionen als vielmehr zur Erarbeitung des Zusammenhangs zwischen realen Erfahrungen und visionärer Deutung eingesetzt werden.

Das Bild *Eine Gesellschaft voll Ungerechtigkeit* von *Kees de Kort* (SB, S. 58f.) beschreibt in symbolisch verdichteter Form die sozialen Spannungen in Israel: Die Oberschicht bildet eine geschlossene, für das Elend der Masse und ihre eigene Gefährdung blinde Gesellschaft (Farbe und Blicke). Ihr Tun wird durchkreuzt von einem Zug grauer Gestalten, den vereinzelt Tote säumen. Einige Personen blicken erwartungsvoll auf Amos am linken Bildrand. Grau und Rot bilden farbliche Schwerpunkte bei den beiden Personengruppen, es gibt jedoch auch Rot im Grau und umgekehrt. Der irreale Bildaufbau, wolkenartige Zwischenzonen und die Undeutlichkeit vieler Szenen betonen den visionären Charakter der Szene, in der gegenwärtiges Tun und zukünftiges Ergehen (sieht Amos die Untaten der Oberschicht? ihre Vertreibung durch die Assyrer?) miteinander verschmelzen.

Ergänzend dazu beschreiben die *Eindrücke in Israel* (SB, S. 58) nähere Details der sozialen Spannungen in Israel in altersgemäßer, personalisierter Form. Sie sind nach Am 2,6–8;4,1–5;5,7–14.21–24;8,4–6 gestaltet. Beide Materialien zusammen bilden den Hintergrund, der das Verständnis von Heuschreckenvision und den *Sprüchen des Amos* (SB, S. 59) ermöglicht. Am Beispiel von Am 4,1–3;5,11f. kann der Zusammenhang von Vision, prophetischer Wahrnehmung der Wirklichkeit, prophetischem Handeln und dem Glauben an die geschichtliche Erfüllung exemplarisch für die gesamte Prophetie aufgezeigt werden.

Die Ausschnitte aus der Plakatserie *Der Tanz ums goldene Kalb* von „Brot für die Welt" (SB, S. 60f.) thematisieren die Frage nach der Aktualität der Botschaft Amos' oder Jesajas. Farbig hervorgehobene, faszinierende Symbole der weltweiten Jugendkultur kontrastieren mit Bildern von Kinderarbeit und Kindersoldaten in Schwarz-Weiß, die in vielen Kontinenten bittere Realität sind. Das Titelbild verknüpft die Symbole mit der biblischen Perikope vom Tanz ums goldene Kalb (Ex 32,1–14) und stellt der Vergötzung von Konsumartikeln die Forderung nach Gerechtigkeit für die Armen gegenüber. Ein Hinweis auf den komplexen Zusammenhang der Beziehungen zwischen der Lebensweise der Reichen und dem Elend der Armen in der modernen Welt schneidet die Frage nach Unrechtsstrukturen an, problematisiert jedoch vorschnelle klischeehafte Schuldzuweisungen.

Jesaja – wohlvertraut mit dem Tempelkult, der den Segen Jahwes zu sichern verspricht – sieht in seiner *Berufungsvision* (Jes 6,1–11, SB, S. 62) die Verbindung zwischen Gott und seinem Volk zerstört. Den Grund für Gottes Gerichtsankündigung sieht er in den von kultischen Gesängen und Opfern nur verdeckten ungerechten sozialen Verhältnissen in Juda und in politischen Fehlentscheidungen der Könige, die, statt auf Jahwe zu vertrauen, Schutz vor der assyrischen Expansion im Bündnis mit Syrien, Israel oder Ägypten suchen. Noch zu Lebzeiten des Propheten wird Juda bis auf die Hauptstadt Jerusalem schrittweise von den Assyrern erobert.

Das Bild *Der Segen des Fortschritts* des zeitgenössischen Künstlers *Michael Böhme* (SB, S. 63) thematisiert die ambivalente Rolle des Fernsehens. Das Medium wird hier auf einem altarähnlichen Gedenkstein als eine Macht dargestellt, die das Wegsehen von der Realität fördert und in eine Scheinwelt entführt. Im Kontext der Tempelvision Jesajas kann die Bildbetrachtung reizvolle Übereinstimmungen und Kontraste ergeben. Jesaja und Böhme intendieren eine neue, unbequeme Sichtweise der Realität. In ihren Augen erfüllen die Inszenierung des Tempelkultes und das Fernsehen gleichermaßen die Funktion, die Menschen zu trösten und in falscher Sicherheit zu wiegen. In dem Auftrag Jesajas und dem Bild Böhmes verbindet sich der Versuch, die Menschen zur Umkehr zu bewegen, mit einem resignativen Grundzug. Der Titel des Bildes und die herausgehobene Position des Fernsehers werfen die Frage auf, ob die moderne Technik nicht die Funktion eines Götzen eingenommen hat. Andererseits verbietet sich das Herstellen einer plakativen Analogie. Offenbart sich bei Jesaja der wahre, unsichtbare Gott auf seinem Thron, thront im Bild Böhmes ein falscher, nur zu sichtbarer Götze.

Die *messianische Weissagung Jes 11,1–10* (SB, S. 64) passt schlecht zum vorherrschenden Bild von Jesaja als Unheilspropheten. Die Mehrzahl der Exegeten vermutet daher eine Abfasssung großer Teile des Textes nach der Belagerung Jerusalems durch Sanherib 701 bis in die nachexilische Zeit hinein. Mehrere Propheten, die sich als Nachfolger Jesajas sehen, haben seine Botschaft im Licht ihrer eigenen Erfahrungen mit Eroberung, Verschleppung und Rückkehr nach Jerusalem neu gedeutet und erweitert. Da die zeitliche Einordnung des Textes umstritten ist, kann die Weissagung auf Hiskia, eine Nebenlinie der Davididen oder die nachexilische Zionsgemeinde bezogen werden. Der Text ist hier als ein die menschliche Hoffnung zu allen Zeiten immer wieder neu anregendes Beispiel der alttestamentlichen Heilsprophetie ausgewählt worden: Der Geist Gottes wird eine Welt schaffen, die durch einen Mensch und Natur umfassenden Frieden und durch Gerechtigkeit gekennzeichnet ist.

Das Bild *Das Reich des Friedens* des amerikanischen Malers *Edward Hicks* (SB, S. 64f.) setzt die Vision des Tierfriedens zunächst in naiver, fast wörtlicher Wiedergabe des Bibeltextes um. Am linken Bildrand findet man daneben eine übertragene Deutung. Dargestellt ist der Abschluss eines Friedensvertrages zwischen William Penn, dem Gründer der Quäkerkolonie Pennsylvania, und den dort lebenden Indianern (1683). Das dort versuchte Zusammenleben von Menschen verschiedener Kulturen bildet die rühmliche Ausnahme in einer ansonsten brutalen Eroberungsgeschichte.

Die Materialien am Schluss (SB, S. 66) laden dazu ein, die interreligiöse Bedeutung der alttestamentlichen Prophetengestalten in den Blick zu nehmen. Mit dem 1999 vom Verband der Deutschen Juden neu herausgegebenen Werk *Die Lehren des Judentums nach den Quellen* liegt eine Sammlung älterer und neuerer Texte vor, die als repräsentativ für die heutige jüdische Position gelten darf. Der angeführte Text stammt aus der Feder des jüdischen Theologen Leo Baeck (1873–1956). Die prophetische Verheißung von Gottes Gerechtigkeit, Liebe und Wahrheit wird hier als ein Geschenk Israels an alle Menschen dargestellt. Ihre Erfüllung steht jedoch noch aus. *Mt 13,16f.* macht die traditionelle christliche Vorstellung deutlich: Was die alttestamentlichen Propheten in Visionen ersehnt haben, ist in Christus Wirklichkeit geworden. Die Erfahrung der Auferweckung lässt das Prophetenschema jedoch als unzureichend für die Deutung der Person Jesu werden. Für die *Muslime* bilden die alttestamentlichen Propheten einen wichtigen Teil der göttlichen Offenbarungsgeschichte, die in Mohammed ihren Höhepunkt und Abschluss gefunden hat. Allen drei Religionen gemeinsam ist der Glaube, dass die Visionen der alttestamentlichen Propheten von einer gerechten, friedvollen Welt, an der Gott sich freut, sich letztlich durchsetzen werden.

2. Intentionen

Die Schüler sollen

- die Wirklichkeit in vielfältiger Weise sehen und deuten lernen
- die Rede von Gottes (verborgenem) Wirken im Handeln der Menschen als Deutungsmuster für geschichtliche Ereignisse verstehen
- am Beispiel der Propheten Amos und Jesaja Merkmale prophetischen Sehens, Hörens, Redens und Handelns kennen lernen und vor dem zeitgeschichtlichen Hintergrund verstehen
- die interreligiöse Bedeutung der Propheten für Juden, Christen und Muslime erkennen
- im Lichte der prophetischen Verkündigung ihre eigenen Gottesbilder, Wertvorstellungen, Visionen und Handlungen reflektieren
- die Bedeutung der Grundthemen prophetischer Verkündigung (Gerechtigkeit, Frieden, Vertrauen in Gott) für gesellschaftliche Fragen der Gegenwart entdecken.

3. Literatur zur Vorbereitung

- Uwe Becker, Jesaja – von der Botschaft zum Buch, Vandenhoeck & Ruprecht, Göttingen 1997.
- Ulrich Berges, Das Buch Jesaja. Komposition und Endgestalt (Herders biblische Studien, Bd. 16), Herder, Freiburg i.Br. u.a. 1998.
- Joseph Blenkinsopp, Geschichte der Prophetie in Israel. Von den Anfängen bis zum hellenistischen Zeitalter, Kohlhammer, Stuttgart/Berlin/Köln 1998.
- Gunther Fleischer, Von Menschenverkäufern, Baschankühen und Rechtsverkehrern, Athäneum, Frankfurt a.M. 1989.
- Friedhelm Hartenstein, Die Unzugänglichkeit Gottes im Heiligtum, Neukirchener, Neukirchen-Vluyn 1997.
- Beatrix Moos, Zwischen Macht und Charisma. Die Propheten Israels: Rufer wider den Wind, in: Grundkurs Bibel. Altes Testament. 4. Kursteil – 2. Teil, hg v. Katholisches Bibelwerk, Stuttgart 1992.
- Ladislas Martin Pákozdy, Art. „Propheten, Prophetie“, TRT 4 (1983[4]), S. 147–151.
- Haroldo Reimer, Richtet auf das Recht. Studien zur Botschaft des Amos (Stuttgarter Bibelstudien 149), Katholisches Bibelwerk, Stuttgart 1992.
- Thomas Klaus, Religiöse Träume und andere Bilderlebnisse, F. Steinkopf, Stuttgart/Hamburg 1994.

4. Unterrichtsideen

A. Sehen – Hören – Sprechen

⇨ Bildbetrachtung: *Sieger Köder, Propheten – Gottes Rufer, 1997* (SB, S. 53)
Ergänzend zur Bildbetrachtung können die Sch. die Gesten der Personen nachahmen oder sich mit einem der Zuhörer identifizieren (Gedankenblase ausfüllen). Zur Vertiefung ist es möglich, eine Kopie des Bildes zu bearbeiten (das Bild nach oben und unten erweitern, einen passenden Rahmen zeichnen, eine Vor- und Nachgeschichte schreiben oder malen, die Heils- und Unheilssymbole durch aktuelle Illustriertenausschnitte ersetzen usw.). Das Bild kann mit der Karikatur Steigers (SB, S. 55) verglichen werden (z.B. die Parallelität von Sehen (Licht) und Hören Gottes – gestrichelter Lautsprecher – herausarbeiten).
Ausgezeichnete Bildbetrachtung und Arbeitsvorschläge: Elfriede Woller, Propheten – Gottes Rufer, in: Religionspädagogisches Seminar der Diözese Regensburg, Bilder zur Bibel von Sieger Köder. Folge 2, Regensburg 1997, S. 26–31.

⇨ Bild: *Jusepe de Ribera, Augenstudien, 1622* (SB, S. 54)
Wortfeld zu „Sehen" erarbeiten, Beispiele (evtl. sogar eigene Erfahrungen) zu einzelnen Formen des Sehens sammeln. Die einzelnen Augen im Bild Riberas genau beschreiben und den Beispielen zuordnen (oder ausgehend von den „Augenstudien" eine kurze Geschichte schreiben, in die eines der Augen hineinpasst; untersuchen, welche Augen sich im Bild S. Köders, SB, S. 53, entdecken lassen). Unterrichtsgespräch: Welche Aspekte der Wirklichkeit werden durch die verschiedenen Formen des äußeren und inneren Sehens jeweils gut wahrgenommen bzw. verdeckt? Welche Augen brauchen Propheten? (Es lassen sich Argumente für die in Vision und Traum nach innen gewandten, aber auch für den die äußere Wirklichkeit genau durchdringenden Blick finden.) Die Ergebnisse können unter der Überschrift „Verschiedene Formen des Sehens" oder „Welche Augen braucht ein Prophet?" gesammelt werden.

⇨ Gedicht: *Nelly Sachs, Ehe es wächst, lasse ich euch es erlauschen* (SB, S. 54f.)
Es ist vor allem für Sch. interessant, die gern mit Sprache spielerisch umgehen. Über die im SB genannten Anregungen hinaus kann man die Bildebene weiter kreativ bearbeiten. Mögliche Impulse: Suche eigene Formulierungen, die zu den Bildern des Gedichts passen (Bsp.: Dünengras am Meer – Salat im Hausgarten / ein wildes Gebirge – ein behauener Stein; das Ohr verkaufen / den Kopf volldröhnen ...)! Schreibe das Gedicht ab und hebe wichtige Wörter hervor (Farbe, bildhafte Anfangsbuchstaben, Schriftart ...)!
Die Deutungsebene bietet ebenfalls Möglichkeiten der Vertiefung: Situationen schildern und beurteilen lassen, wo jemand „das Gras wachsen hört" oder durch Hören „aus dem gewohnten Alltag springt"; gemeinsam Bsp. suchen, wie jemand sein Ohr (oder andere Sinnesorgane) verkauft; *Gott gab uns Ohren, damit wir hören* (EG 432, V. 2) singen und mit dem Gedicht von Nelly Sachs vergleichen.

⇨ Karikatur: *Ivan Steiger, Stille Post* (SB, S. 55)
Deutung alternativ oder ergänzend zum Gedicht von Nelly Sachs. Alltägliche Situationen, in denen jemand weitergibt, was er gehört hat, lassen sich leicht finden: die Wiederholung am Anfang der Stunde, die gute Zusammenarbeit während der Klassenarbeit, die Stimme des Gewissens, Pressesprecher verschiedener Institutionen, die Weitergabe eines Witzes oder einer wichtigen Nachricht usw. Auch der Übergang zur theologischen Ebene (das Hören auf die Gebote und Verheißungen Gottes) gelingt selbst schwächeren Sch. meist leicht. Die Szene lässt sich (auf OH-Folie oder Kopie des Bildes) in eine Bildgeschichte einfügen: Gesprächsszene ohne den gestrichelten Lautsprecher davorsetzen und Folgeszene frei gestalten. Steht die Frage, wie Gott spricht, im Vordergrund, kann man das Bild nach links ergänzen (Bibel, Jesus, Schöpfung, besonderes Ereignis, Gedankenblitz ...). Es ist ebenfalls möglich, die Karikatur zur Erarbeitung der prophetischen Redeform des Botenspruchs zu benutzen (z.B. 1.Kön 20,1–4; 2.Kön 18,19ff. mit Jes 40,1–11 im Lichte der Karikatur vergleichen). Nach Bearbeitung der

Vision und Audition Amos' eingesetzt, kann die Karikatur zur Ergebnissicherung (eintragen, was Amos gehört hat) und Überleitung (was sagt/tut Amos nun?) dienen.

B. Der Prophet Amos

a) Der Herr hat mich von meiner Herde weggerissen

⇨ *Erzählung von der Heuschreckenvision des Amos* (SB, S. 56)
Sie kann in eine „Fantasiereise in die Welt des Amos" eingebettet werden (vom Klassenraum nach Palästina, von der Gegenwart ins Jahr 760 v.Chr. reisen, dabei wenige, allen Sch. bekannte Stationen visualisieren). Sie eignet sich gut zum lauten Vorlesen. Nach dem Schildern von ersten Eindrücken und Fragen können die Sch. die im SB genannten Aufgaben bearbeiten. Der Text ist, entsprechend dem derzeitigen Forschungsstand, so formuliert, dass er sowohl einführend in die Beschäftigung mit Amos (die Vision als Motiv für das Entdecken und „Hervor-Sagen" der Ungerechtigkeiten hinter dem offensichtlichen Wohlstand Israels) als auch nach der Bearbeitung der Materialien zur sozialen Situation in Israel (die Vision als Folge der Wahrnehmung der sozialen Gegensätze) eingesetzt werden kann. Je nach Unterrichtskontext sind dann verschiedene Ergebnisse denkbar. L. sollte auf die Deutungshinweise in der Rahmenerzählung hinweisen, um wildes Spekulieren einzugrenzen.
Eine vertiefende Erarbeitung der Welt des Amos ist mit der Übersicht *Die Zeit der biblischen Propheten* (ZM) und leicht zugänglichen Karten und Tabellen zur Geschichte Israels (Anhang der Schulbibel u.a.m.) möglich.

⇨ Bild: *Franz Radziwill, Nach dem Unglück, 1949* (SB, S. 57)
Informationen über Franz Radziwill und die Bedeutung von Schiffen und Flugzeugen in der Zeit vor Entstehung des Bildes sammeln (L.-Vortrag, Sch. in Lexika, Kunstbänden usw. recherchieren lassen). Der Weg von der Betrachtung des Bildes zur biografisch-historischen Deutung ist ebenso möglich wie das umgekehrte Verfahren.

⇨ *Weiterarbeit:* Vergleich der Vision des Amos und der Vision Radziwills. Mögliche Impulse: Welche Gemeinsamkeiten gibt es (Unheilsvisionen, fantastische Bildelemente als Ausdruck von Ahnungen und Gefühlen, Einbeziehung Gottes zur Deutung geschichtlicher Ereignisse usw.)? Wie entstehen Visionen? Welche Bedeutung haben sie für den Propheten bzw. Künstler, welche für die Mitmenschen? Die Diskussion sollte die oft von Sch. eingebrachte Unterscheidung zwischen „echten prophetischen Visionen" (Vorhersage zukünftiger Ereignisse) und „unechten Visionen" (visionäre Deutung von Vergangenheit und Gegenwart, z.B. Radziwill) problematisieren: Sowohl bei Amos als auch bei Radziwill sind Erinnerung an Vergangenheit, intensive Wahrnehmung der Gegenwart und Projektion zukünftiger Ereignisse untrennbar miteinander verwoben.

b) Von Menschenkäufern, Baschankühen und Rechtsverkehrern

⇨ Bildbetrachtung: *Kees de Kort, Eine Gesellschaft voll Ungerechtigkeit, 1987* (SB, S. 58)
Es empfiehlt sich, bei der Deutung des Bildes von der Gestalt des Amos auszugehen (Amos sieht mit seinem inneren Auge, er will das Schreckliche nicht sehen), danach die Zone der sorglosen Oberschicht zu betrachten und sich erst zum Schluss dem ambivalenten, bewusst undeutlich gestalteten grauen Feld zuzuwenden (einzelne Szenen von Not treten aus der Masse hervor; die roten Farbflecke verbinden sie mit dem Feld der Reichen, die Form des Zuges verweist auf die Ankündigung der Deportation durch die Assyrer; wird hier das Tun oder das Ergehen dargestellt?).
Je nach Kontext sind verschiedene Formen der Weiterarbeit möglich: einige Personen herausgreifen und mit Gedankenblasen versehen, einen Visionsbericht des Amos verfassen, Situationen sammeln, zu denen die Körperhaltung des Amos passt, andere Beispiele von sozialen Gegensätzen diskutieren, „abgeschlossene Gesellschaften" und Außenstehende beschreiben oder spielen usw.

⇨ Szenen: *Eindrücke in Israel* (SB, S. 58)
Sie können alternativ oder ergänzend zum Bild K. de Korts eingesetzt werden. Erfahrungsgemäß spielen Sch. sie gerne nach und tragen dabei eigene Erfahrungen von Macht, Ohnmacht und Ungerechtigkeit ein. Es ist auch möglich, sie zu malen und z.B. auf einer Wandzeitung zusammenzustellen. Eine kognitive Auseinandersetzung ist nötig, die die Mechanismen der Entstehung des Gegensatzes von Arm und Reich herausarbeitet (Teufelskreis der Verschuldung; Ungleichheit der Chancen der Stadtbewohner, königlichen Beamten und Besitzer von Krongütern, die durch Handel, Kreditvergabe etc. Überschüsse erwirtschaften können, und der – evtl. schon durch die Erbteilung benachteiligten – Bauern, denen die Grundlage der Subsistenz entzogen wird). Das Handeln der verschiedenen Personen sollte einzeln beurteilt werden.

⇨ Texte: *Sprüche des Amos* (SB, S. 59)
Sie können als organisierendes Zentrum aller Materialien dieses Kapitels dienen. Sie ermöglichen, je nach Unterrichtskontext, eine Vielzahl von Bezügen. Sie verdichten den Zusammenhang von Wahrnehmung der Ungerechtigkeit, Visionen, Anklage und Erfüllung in eindrucksvollen Bildern. Die Baschankühe beispielsweise verweisen auf das fette Weideland nordöstlich des Jordan, das Zankapfel zwischen Israel, Aramäern und Assyrern war und mehrfach den Besitzer wechselte. Sie sind somit gleichzeitig Symbol für die Lebensweise als auch das zukünftige Schicksal der israelitischen Oberschicht. Amos sieht Gott als denjenigen, der alles menschliche Handeln durch den Tun-Ergehen-Zusammenhang begrenzt und auch Israel, sein erwähltes Volk, nicht davon ausnimmt. Die Grenzen dieses Gottesbildes, die schon in der späteren jüdischen Literatur diskutiert werden (z.B. Jona, Hiob, Motiv des Restes, Motiv des leidenden Propheten), werden von den Sch. schnell thematisiert („Wurden denn nur die Reichen nach Assyrien verschleppt?").
Nach erstem, lauten Lesen können die Sch. Assoziationen zu einzelnen Begriffen oder Zeilen äußern oder eine erste Stellungnahme verfassen (Mir gefällt ... Mich stört ...). Sie können Bezüge zu den vorangehenden Bildern und Texten herstellen und die Sprüche von daher deuten. Es ist möglich, nach dem Ort der Verkündigung und den Reaktionen der Zuhörer zu fragen und von dort her eine Rahmenerzählung aus unterschiedlicher Perspektive zu entwerfen. Die theologischen Implikationen der Texte können diskutiert werden (Mögliche Impulse: Was will Amos erreichen? Was für einen Gott verkündet er? Wie passt diese Verkündigung zur eigenen Vorstellung von Gott?). Man kann nach dem weiteren Schicksal des Amos (Ausweisung durch den Priester Amazja von Bet-El, Am 7,10–16) und seiner Botschaft (Eroberung Israels durch die Assyrer, Verschleppung eines Teils der Bevölkerung nach Assur, 2.Kön 17,1–6, ZM) forschen.
Mögliche Weiterarbeit: aktuelle „Prophetentexte" nach dem Muster der biblischen Vorlage verfassen; eine Collage zu einzelnen Begriffen, Abschnitten oder Sprüchen aus Zeitungsausschnitten erstellen.
Zusatzmaterialien und *ausgearbeitete Arbeitsvorschläge* auch in: Rudolf Tammeus (Hg.), RU praktisch. Bd. 7, Vandenhoeck & Ruprecht, Göttingen 1999², S. 40–44.

c) Prophetisch sehen lernen

⇨ Plakatserie: *Brot für die Welt* (SB, S. 60f.)
Die Arbeitsvorschläge im SB erlauben es, überblicksartig mit den Materialien zu arbeiten. Mögliche Impulse zur Deutung der Plakatserie: Welche Ungerechtigkeiten werden angesprochen? Gedanken und Gefühle der abgebildeten Kinder bei einem Werbespot für Hamburger, Sportartikel, Computerspiele formulieren lassen. Eigene Reaktionen auf Berichte über Kinder in Armutszonen beschreiben (Mitleid, Nicht-Sehen-Wollen ...). Unsere Welt – was bedeutet das? Welche Folgen könnte das Verdrängen der Gegensätze haben? Eine „Prophetenrede" nach dem Muster der Amos-Zitate formulieren. Bei Sch. dieser Altersstufe sollte eher ein Bogen von der spontanen Empfindung („Das ist nicht in Ordnung!") hin zu altersgemäßen Handlungsmöglichkeiten (Konsumartikel nicht unkri-

tisch gebrauchen, Teilen ...) geschlagen werden als die ins weltwirtschaftliche Geflecht führende, meist Abwehrreaktionen provozierende Frage nach der Schuld an den dargestellten Gegensätzen zu thematisieren. Mögliche Ergänzung: Sch. suchen Bilder anderer faszinierender Gegenstände aus und gestalten eigene Plakate.

⇨ *Weitere Arbeitsmöglichkeiten* (wenn die sehr empfehlenswerte Plakatserie bei „Brot für die Welt" bestellt wird): Kurze, für mehrere Deutungen offene Texte auf der Rückseite der einzelnen Plakate geben in altersgemäßer Form Informationen über das Leben von Kindern hier und in den Ländern des Südens. Angesprochen werden die Bereiche Musikszene, Sportidole, Tourismus, Ernährungsgewohnheiten, Mode, Sucht, Bildung und Arbeit (Arbeitsvorschläge im Begleitheft zur Serie).

⇨ Die Medienzentralen und diakonischen Einrichtungen bieten außerdem eine Fülle von aktuellen Alternativ- oder Zusatzmaterialien für prophetisches Denken und Handeln (s. 5.).

C. Der Prophet Jesaja

a) Sehen sollt ihr, aber nicht erkennen

⇨ Text: *Jes 6,1–11* (SB, S. 62)
Vor Lektüre und Diskusssion von Jes 6,1–11 kann der L. die Person Jesaja und das Jerusalemer Umfeld vor der Vision vorstellen (evtl. auch Jesaja als Zeitgenossen des Amos einführen und von den Vorkenntnissen her mit den Sch. Vermutungen zu Gemeinsamkeiten und Unterschieden anstellen). Vor der Erarbeitung des Textes anhand der Aufgaben im SB kann eine Phase der individuellen Textbegegnung stehen (Assoziationen zu einzelnen Begriffen und Gedanken des Textes formulieren oder zeichnen). Zeichnen von realem Tempel und Vision; das von Jesaja mit seinem äußeren und inneren Auge Gesehene farbig bzw. grau hervorheben. Kostet Zeit, ermöglicht aber gerade schwächeren Lerngruppen den Zugang.

⇨ *Ergebnissicherung:* Verfassen eines Gebets oder Selbstgesprächs Jesajas am Abend des Visionstages/am Vorabend seiner Verkündigung.

⇨ *Gestalten eines Bildes:* Geöffnete Tempeltore/zerstörte Tempeltore (dabei z.B. Bitte und Dank der Tempelbesucher und Segensworte Gottes für das Land formulieren); erfahrungsgemäß vermischen sich dabei historische und Gegenwartsebene.

⇨ Bild: *Michael Böhme, Der Segen des Fortschritts, 1998* (SB, S. 63)
Vergleich zwischen der Vision Jesajas und dem Bild M. Böhmes, evtl. vorbereitet durch Berichte der Sch. über eigene Fernseherlebnisse. Mögliche Impulse: Versucht, Parallelen zu den einzelnen Bildelementen (auf Bild- und Deutungsebene) zu finden! (bei schwächeren Lerngruppen: Warum passen sowohl Jes 6 als auch das Bild Böhmes zur Überschrift?) Der Fernseher als Gott ...? Verfassen eines „Verkündigungsauftrags" zum Bild Böhmes „Geh und sag diesem Volk: ...".

⇨ *Kreative Vertiefung:* Kopie mit Gedenkstein, leerer Schrifttafel und leerem Bildschirm; mögliche Arbeitsaufträge: Zeichne eine andere Sendung und einen dazu passenden Hintergrund! Oder: Vertausche Fernseh- und wirkliche Landschaft und überlege dir, was passieren muss, dass dieses Bild Wirklichkeit wird!

b) ... denn das Land soll voll Erkenntnis des Herrn sein

⇨ Text: *Jes 11,1–10* (SB, S. 64)
Neben der Bearbeitung der im SB abgedruckten Arbeitsaufträge ist es möglich, in Form einer Meditation zum Bild des neu treibenden Baumstumpfes (ein Stück Wurzelholz als Assoziationshilfe reicht) Sch.-Erfahrungen von Abbruch und Neubeginn zu thematisieren. Die Sch. können eigene Erfahrungen mit Menschen nennen, die Weisheit, Erkenntnis, Gottesfurcht, Gerechtigkeit usw. verkörpern. Sie können ihre eigenen Zukunftshoffnungen und -ängste beschreiben. Unterrichtsgespräch: „Jesajas Verheißung – eine naive Illusion?" Mit Blick auf die Übersicht *Die Zeit der biblischen Propheten* (ZM) oder Epochen der Kirchengeschichte kann danach

gefragt werden, welche konkreten Hoffnungen die Menschen zu verschiedenen Zeiten mit dem Text verknüpft haben.

⇨ Bildbetrachtung: *Edward Hicks, Das Reich des Friedens, 1834* (SB, S. 65)
Mögliche Vertiefung: Eigene Vorstellungen einer Welt formulieren oder zeichnen, in der Frieden und Gerechtigkeit zwischen allen Lebewesen herrschen. Überlegen, welche Bedeutung das Vertrauen in Gottes Schöpferkraft und Gerechtigkeit dafür hat. Informationen über William Penn und die Quäker sammeln (z.B. www.quaker.org).

D. Die alttestamentlichen Propheten – gesehen von Juden, Christen und Muslimen

⇨ Texte: *Deutsche Juden / Mt 13,16f. / Kleiner Islamischer Katechismus* (SB, S. 66)
Nach der Erarbeitung der Grundaussagen der drei Religionen (Leitfrage: Welche Bedeutung hat die jeweilige Vorstellung für heute lebende Anhänger?) können die Sch. anhand neutestamentlicher Texte überprüfen, inwieweit für Christen in Jesus die prophetische Botschaft von Gericht und Heil aufgenommen und verwandelt wird. Sie können einen Kommentar dazu aus jüdischer oder islamischer Sicht schreiben. (Informationen: Kapitel „Judentum" - SB 5/6 - und „Islam" - SB, S. 85ff. - oder in Bibliotheken und dem Internet; eine gute Übersicht z.B. unter http://milestone.koan.de/religi.html). Stehen kompetente Gesprächspartner zur Verfügung, ist eine Podiumsdiskussion denkbar, die Gemeinsamkeiten und Unterschiede umfassender herausarbeitet.

⇨ *Weiterarbeit:* „Die eigene Position formulieren". In Auseinandersetzung mit der Sichtweise der drei Nachbarschaftsreligionen kann die eigene Position dem Phänomen der Prophetie gegenüber formuliert werden. Mögliche Impulse: Alles nur Einbildung? Welche Maßstäbe helfen, menschliches und Gotteswort zu unterscheiden? Was wird aus einer Welt ohne Träume und Visionen? Skepsis gegenüber der Prophetie wird schon innerbiblisch formuliert, z.B. Jes Sir 34,5f.

⇨ *Diskussion:* Ist die Kirche ein würdiger Nachfolger der Propheten? „Propheten heute" (z.B. M.L. King)?

5. Materialien und Medien

Projektideen:
- Plakatserie „Der Tanz ums goldene Kalb". Brot für die Welt, Stafflenbergstraße 76, 70184 Stuttgart (dort auch Katalog mit weiteren aktuellen Materialien erhältlich).
- Bischöfliches Hilfswerk Misereor, Postfach 1450, 52015 Aachen (Katalog mit Materialien und aktuellen Projekten).
- Kampagne für „Saubere" Kleidung. DGB-Bildungswerk/Nord-Süd-Netz, Postfach 101026, 40001 Düsseldorf (Videos, Informationsmaterial, Aktionsvorschläge).

Audiovisuelle Medien:
- Elmar Gruber, Sehen - etwas sehen - mehr sehen, Calig Verlag/Impuls Studio, Hildesheim/München o.J. (14 Dias und Begleitheft).
- Amos. Ein Schafzüchter aus Tekoa, der Prophet der Gerechtigkeit Gottes, Zeichnungen: Kees de Kort. Text: Henk Janssen, Docete, Utrecht 1987 (12 Dias und Begleitheft).
- Begegnungen mit der Bibel, Folge 5: Amos und der Priester, Hans-Werner Schmidt, Deutschland 1992.
- Jesaja - Prophet der Hoffnung.Tonbildserie, Text: Werner J. Bock, Sprecher: Doris Zysas, Wolfgang Bieger, Musik: Jürgen Kandziora, Studio Union im Lahn-Verlag, Limburg 1985.

Weiterführende Lektüre für die Schüler:
- Hermann Koch, Wenn der Löwe brüllt. Die Geschichte von Amos, Junge Gemeinde, Stuttgart 1987[7].

Die Zeit der biblischen Propheten

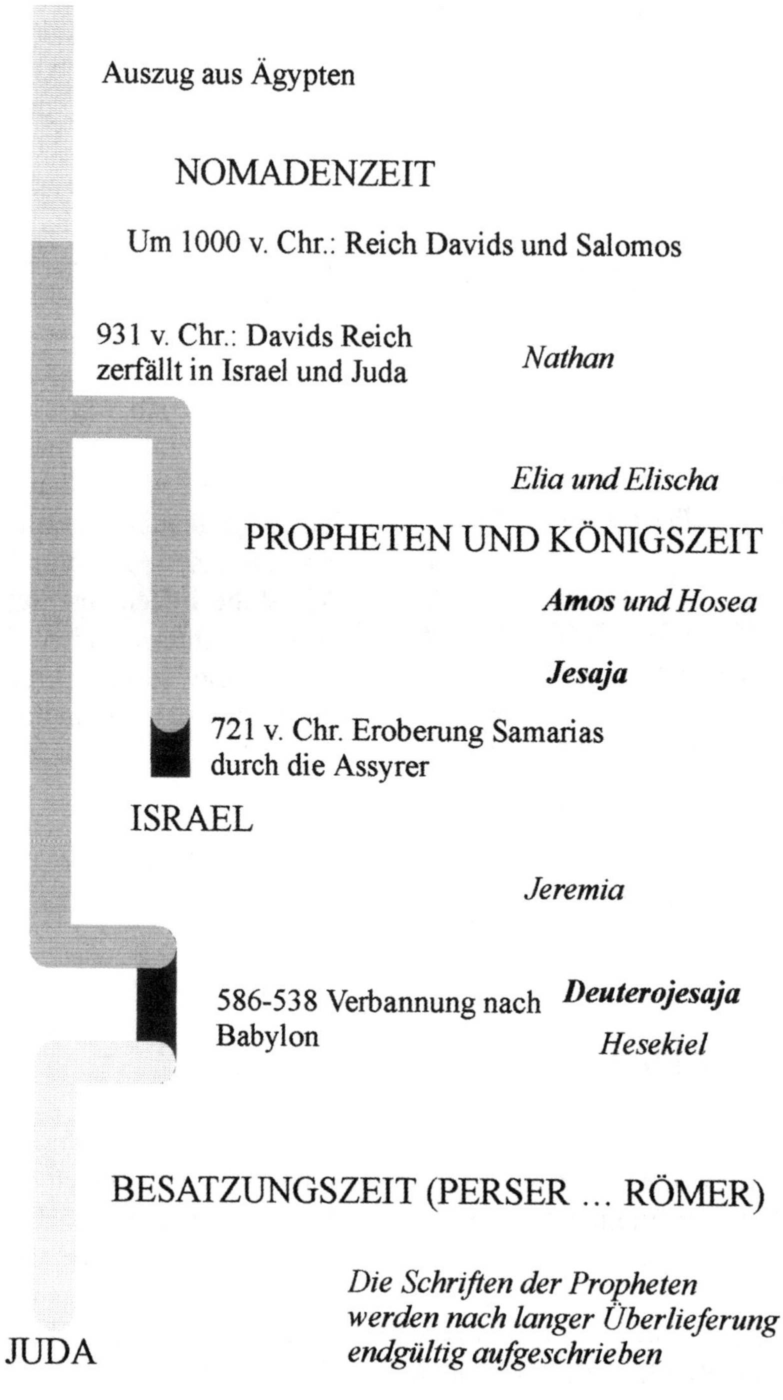

- Betrachte in Ruhe die Grafik! Lerne sie auswendig!
- Versuche herauszufinden, welche Propheten eher Heil, welche eher Unheil verheißen!
- Welche Erinnerungen an die Vergangenheit könnten die Propheten beeinflusst haben?
- Überlege dir eine Erklärung dafür, dass die meisten Propheten in der Königszeit aufgetreten sind!
- Diskutiere, welche Bedeutung der lange Abstand von prophetischer Verkündigung und endgültigem schriftlichem Festhalten ihrer Worte haben könnte!
- Suche passende Symbole zu Epochen, Ereignissen und Personen!

Frauen der Kirche

1. Theologische und didaktische Aspekte

Frauen und Männer sind in unserer Gesellschaft rechtlich gleichgestellt und in nahezu allen Bereichen des öffentlichen Lebens gleichberechtigt. Deshalb ist es besonders befremdlich, dass diese Gleichstellung zum Problem wird, wenn leitende Ämter der Institution Kirche neu besetzt werden sollen und Frauen sich darum bewerben. Obwohl in der evangelischen Kirche Frauen seit etwa 30 Jahren zu Pfarrerinnen ordiniert werden und inzwischen Bischofsämter innehaben, ist eine Akzeptanz dieser Entwicklung nicht einheitlich. Die Argumente für eine männlich geprägte Amtskirche speisen sich durch die Quellenlage: In der Bibel, sowohl im Alten als auch im Neuen Testament, werden aufgrund der patriarchalisch geprägten Gesellschaften Männer als Handelnde in den Vordergrund gerückt. In den letzten zwanzig Jahren haben sich feministische Theologinnen bemüht, in mühsamer Kleinarbeit auch Frauen als Handlungsträgerinnen aufzuspüren und ihre Gestalten plastischer zu machen (dokumentiert u.a. in: Susanne Heine, s. 3. Lit.). Ein Verdienst der nicht unumstrittenen „feministischen Exegese" liegt darin, gerade den Anteil von Frauen an Entstehung und Verbreitung des christlichen Glaubens zu betonen und aufzuwerten.

Im NT wird auch der Glaube von Frauen besonders thematisiert. Beispielhaft soll hier *Maria Magdalena* gewürdigt werden. Marta und ihre Schwester Maria spielen als Versorgerinnen der Jüngergruppe ebenfalls eine Rolle (s. SB, S. 70), werden aber nicht anhand eines gesonderten Materials hervorgehoben. Maria Magdalena gehörte nach ihrer Heilung von einer „Besessenheit" (Lk 8,2) zur Jüngerschaft Jesu und verkündete nach der Tradition des Johannesevangeliums den Jüngern als Erste das Ostergeschehen (Joh 20,11–18). Auch Mk 16,9 behauptet, dass der Auferstandene zunächst Maria Magdalena erschienen sei; darüber hinaus steht sie bei Mk und Mt an der Spitze einer Gruppe von Frauen, die Zeuginnen der Kreuzigung Jesu sind (Mk 15,40; Mt 27,56). Weiterhin ist sie zusammen mit anderen Frauen an der Grablegung (Mk 15,47; Mt 27,61) und der geplanten Salbung Jesu beteiligt (Mk 16,1; Mt 28,1). Lk erwähnt Maria Magdalena nicht ausdrücklich bei der Grablegung und Salbung, vielmehr erzählt er von „den Frauen aus Galiläa" (Lk 23,49; 55), kennzeichnet sie aber ausdrücklich als eine der Jüngerinnen Jesu. Weiterhin ist sie die Erste unter den Frauen, die den Aposteln von der Begegnung mit den beiden Männern am Grab erzählen (Lk 24,10). Über den biblischen Befund hinaus, der Maria Magdalena als eine mutige Frau zeigt, die Jesus nachfolgte und die Osterbotschaft verkündigte, ranken sich später gerade um ihre Person vielfältige Legenden. Bezogen auf den Befund des NT macht Jesus keinen Unterschied zwischen Männern und Frauen: Sie sind für ihn in der Nachfolge gleichberechtigt.

In den urchristlichen Gemeinden gab es weder typisch weibliche noch typisch männliche

Rollen. Und es gab wohl nicht einmal einen emanzipatorischen Kampf der Frauen um Gleichberechtigung. Wahrscheinlich ergaben sich Gleichberechtigung und Mitbeteiligung der Frauen von Anfang an sozusagen von selber. Darum ist auch nicht auf einen genauen Proporz bei der Verteilung der Dienstämter geachtet worden. Es mag Gemeinden gegeben haben, wo Männer tonangebend waren, z.B. Antiochia (vgl. Apg 13,1), und andere Gemeinden, wo Frauen tonangebend waren, z.B. Korinth. Im Osten des Römischen Reiches ging es im Allgemeinen gesellschaftlichen Leben patriarchalischer zu als im Westen; ein Ost-West-Gefälle galt wohl auch für die Christengemeinden. Paulus erwähnt Frauen in seinen Briefen als gleichberechtigte Adressatinnen und betont ausdrücklich das „Einssein in Jesus Christus" in Gal 3,28 durch das Zitieren einer urchristlichen Taufformel (s. SB, S. 74).

Dennoch wurden in der spätapostolischen Zeit die vorherrschenden patriarchalischen Ordnungsmuster auf das kirchliche Leben übertragen: Die Verteidigungsposition der jungen Kirche führte zu einer größtmöglichen Anpassung an die sie jeweils umgebenden kulturellen Systeme, die zwar Frauen in den Grenzen ihres Haushaltes Freiheiten einräumten, ihnen aber eine gesamtgesellschaftliche Gleichstellung verwehrten.

Das Christentum konnte sich in der Folgezeit nicht von diesen patriarchalisch geprägten Strukturen lösen. Zu allen Zeiten traten zwar besondere Frauenpersönlichkeiten durch außergewöhnliche Taten hervor und versuchten in ihrem jeweiligen Rahmen ihre Vorstellung eines sinnvollen Lebens selbst zu gestalten, doch blieben die Überlieferungen ihrer Taten Ausnahmeerscheinungen. Die Gedankenführung des Kapitels soll nicht bei der Betonung der Unterschiede von Männern und Frauen stecken bleiben, sondern den Gedanken der Gemeinschaft, den schon Paulus Gal 3 und 1.Kor 12 thematisiert hat, verfolgen und mit Beispielen füllen.

Für Sch. der 7./8. Jahrgangsstufe ist es sinnvoll, beim Herangehen an das Thema möglichen Polarisierungen von Jungen- und Mädchenpositionen entgegenzuwirken und eine sachliche Ebene der Auseinandersetzung anzustreben. Nur so kann es gelingen, Jungen und Mädchen gleichermaßen einen Lernfortschritt zu ermöglichen und zu einem partnerschaftlichen Zusammenleben zu ermutigen.

Die erste thematische Sequenz ermöglicht den Einstieg in die aktuelle Diskussion um die gleichberechtigte Beteiligung von Frauen an der Ämterhierarchie der evangelischen Kirche. Die Frage nach Vorbildern im NT leitet die Beschäftigung mit dem folgenden Aspekt ein.

Das Bild *Magdalena als Büßerin* (SB, S. 70) stammt von einem unbekannten italienischen Künstler des 13. Jahrhunderts. Die Darstellung ist ein Beispiel für das wirkungsgeschichtliche Bild der Maria Magdalena, wie sie die „Legenda Aurea", eine Zusammenstellung von Heiligenlegenden aus dem 13. Jh., erzählt. Die Frauengestalt ist barfuß und in ein härenes Büßergewand gekleidet (Violett = Farbe der Buße), steht frontal auf den Betrachter ausgerichtet, wobei die rechte Hand abwehrend erhoben ist und die linke ein Schriftstück hält. Die geglättete Übersetzung der lateinischen Verse lautet: „Verzweifelt nicht, wenn ihr gesündigt habt. Folget meinem Beispiel und versöhnt euch mit Gott!" (lat.: Ne desperetis. Vos qui peccare soletis. Exemploque meo. Vos reparate Deo.).

Auf den acht kleinen Bildszenen im Hintergrund sind die für den mittelalterlichen Künstler wichtigsten Stationen ihres Lebens dargestellt, wie sie ihm aus dem NT und der Legenda Aurea bekannt sind (s. dazu unter 4. Unterrrichtsideen, vgl. auch ZM). Es findet sowohl eine Gleichsetzung Maria Magdalenas mit Maria, der Schwester Martas, statt, als auch eine Harmonisierung der Taten dieser beiden Marien mit einer dritten, unbekannten Frau, die Jesus die Füße wäscht und in Lk 7,36-50 als „Sünderin" bezeichnet wird. Die Bemerkung, Jesus habe Maria Magdalena von schwerer Besessenheit befreit, wurde als Hinweis auf ein frühes Lasterleben interpretiert und auf die Begegnung Jesu mit der Sünderin bezogen. Nach Haag/Kirchberger (s. 3. Lit.) sieht das Mittelalter „in Petrus, Paulus und Maria Magdalena drei große Büßerfiguren: Petrus, weil er den Herrn verleugnete, Paulus, weil er die Christen verfolgte, ehe er bekehrt wurde, und Maria Magdalena, die ein sündiges Leben führte".

Die in dem Bild dargestellte vermeintliche Geschichte Maria Magdalenas eröffnet die Fragestellung nach einer historisch verträglicheren Darstellung ihrer Person. Eine damit verbundene Spurensuche wird durch den literarischen Text *Mirjam* (SB, S. 71) in Kombination mit der entsprechenden Bibelstelle Lk 8,1–3 eröffnet.

Das Bild *Ich habe den Herrn gesehen* von *Thomas Zacharias* (SB, S. 73) betont durch die überdimensional große Gestalt der Maria Magdalena auf der linken Bildhälfte ihre besondere Bedeutung, als sie den Jüngern, die zusammengekauert im Dunkeln hocken, die Auferstehung Jesu verkündet. Durch ihre Worte kommt Licht in das Dunkel. Es erhellt die Köpfe einiger Jünger und trägt Hoffnung auf die von Angst und Verzweiflung gezeichneten Gesichter. Das Bild vertieft die Bedeutung des letzten Verses des Bibeltextes Joh 20,11–18 (SB, S. 72) und verdeutlicht seine Wirkung.

Das Gedicht mit dem Titel *Begegnung* (SB, S. 72) betont den Aspekt der Worte „rühr mich nicht an", bzw. „halt mich nicht fest" (noli me tangere), die Jesus als Auferstandener zu Maria Magdalena spricht. So ergeben sich aus dem Gedicht und dem Bild mögliche Konsequenzen des Kreuzesgeschehens, die von Maria umgesetzt werden. Das Kapitel „Kreuzeserfahrungen" (SB, S. 119ff.) bietet Möglichkeiten, die Bedeutung des Kreuzes an dieser Stelle genauer zu akzentuieren.

Der folgende Schwerpunkt des Kapitels beschäftigt sich mit der Situation von *Frauen in den urchristlichen Gemeinden* zur Zeit des Apostels Paulus (Informationen zu Paulus finden sich auch in Bd. 5/6 unseres Schulbuches, S. 83ff. und im WB zu 5/6, S. 91ff.).

Die beiden Textstellen *Gal 3,28* und 1.Tim 2,11f. (SB, S. 74) trennt ein Zeitraum von etwa 50 Jahren. In der Textstelle aus dem Galaterbrief erweisen sich maßgebliche menschliche Konfliktpunkte als irrelevant. Paulus zitiert hier eine urchristliche Taufformel, die für das Zusammenleben in der christlichen Gemeinde deutlich andere Maßstäbe setzt, als sie sonst in der damaligen Welt herrschen: „Der hellenistische Mann hatte drei Gründe zur Dankbarkeit, nämlich erstens, dass er als Mensch und nicht als Tier geboren war, zweitens als Mann und nicht als Frau, drittens als Grieche und nicht als Barbar. Mit einigen Varianten hatte auch ein Jude Grund, sich zu freuen: Drei Preisungen muss einer täglich sagen: Gepriesen seist du, der mich nicht als Heide geschaffen hat, gepriesen seist du, der mich nicht als Frau geschaffen hat, gepriesen seist du, der mich nicht als einen Sklaven geschaffen hat" (Susanne Heine, S. 94). Dadurch wird deutlich, dass die urchristliche Taufformel in bewusster Abgrenzung zu den formulierten Werten formuliert worden ist und eng mit der Jesustradition verknüpft war.

Die Textstelle *1.Tim 2,11f.* entstammt den so genannten Pastoralbriefen, die etwa eine Generation nach Paulus am Anfang des 2. Jh. entstanden sind. Hier wird deutlich, dass sich die Einschätzung von Frauen in den christlichen Gemeinden sehr verändert hat. Susanne Heine (S. 152) formuliert diese Entwicklung folgendermaßen: „Damit sind alle früheren Tätigkeiten, durch die Frauen der Mission und dem Gemeindeaufbau dienlich waren, für sie hinfällig, ja verboten. Nur weniger Jahrzehnte hatte es bedurft, alle diese Dienste der Frauen zu vergessen und zu verdrängen. Im Namen des Paulus und unter fälschlicher Berufung auf seine Autorität wird diese Entwicklung biblisch und christologisch untermauert: Wie Christus das Haupt des Mannes, so ist der Mann das Haupt der Frau" (vgl. Kol 3,18).

Das Bild *Kirche* von *Swantje Wagner* (SB, S. 74) verdeutlicht den Aspekt der Gemeinschaft in der Vielfalt, die von Gott bzw. Christus im Glauben ermöglicht wird. Zwei übergroße Hände, das Symbol des Göttlichen, schützen eine Vielzahl unterschiedlicher Figuren, deren Hände und Gesichter deutlich gestaltet sind. Auffällig sind die ruhigeren Formen und großen Farbflächen der oberen Bildhälfte, die mit der lebendigen Vielfältigkeit des unteren Bereiches korrespondieren. Die Hände scheinen die verschiedenen Meinungen und Standpunkte zusammenführen zu wollen und den Dialog zwischen Menschen zu fordern.

Die narrative Exegese *Frauen sollen schweigen* (SB, S. 75) bezieht sich auf 1.Kor 14,33–36. Der Autor wählt eine Frau namens Chloe als Protagonistin, die einen Disput über eine umstrittene Stelle des Briefes initiiert. Chloe wird in 1.Kor 1,11 erwähnt. Von ihr hat wohl Paulus die Nachricht erhalten, in der Gemeinde herrsche Unfrieden: „Es wurde mir nämlich, meine Brüder, von den Leuten der Chloe berichtet, dass es

Zank und Streit unter euch gibt." Den Sch. werden Erkenntnisse der historisch-kritischen Exegese durch die Erzählung vermittelt. Es ist eindeutig belegbar, dass es sich bei den Versen um einen sekundären Einschub aus der Zeit der Pastoralbriefe handelt. Unter anderem spricht dafür, dass eine Berufung auf das jüdische Gesetz Paulus nicht entspricht, da nach seiner Auffassung dieses Gesetz durch Jesus Christus beendet wurde.

„Dieser in sich geschlossene Abschnitt (14,33b–36) sprengt den Zusammenhang: Er unterbricht das Thema der Prophetie und stört den Duktus der Darlegung. Sachlich steht er im Widerspruch mit 11,2 ff., wo das Auftreten von Frauen in der Gemeinde vorausgesetzt ist. Dieser Widerspruch bleibt auch dann, wenn man Kap. 11 und 14 verschiedenen Briefen zuweist. Hinzu kommen Besonderheiten des Sprachgebrauchs, des Gedankens. Endlich schließt V. 37 nicht an V. 36, sondern an V. 33a an. Der Abschnitt ist also als Interpolation anzusehen. Der kaum durchsichtige V. 36 soll den ‚ökumenischen' Geltungsbereich der Einfügung unterstreichen. In dieser Anordnung spiegelt sich die bürgerliche Konsolidierung der Kirche, etwa auf der Stufe der Pastoralbriefe: Man bindet sich an die allgemeine Sitte. Wer den Text als ursprünglich verteidigt, ist zu Hilfskonstruktionen genötigt" (Hans Conzelmann, Der erste Korintherbrief. Göttingen 1969[11], S. 289f.).

Die folgende Doppelseite zeigt eine weitere Station von Frauen der Kirche anhand des Beispiels *Elisabeth von Thüringen* (SB, S. 76f.). Elisabeth von Thüringen ist eine Frau des Mittelalters, von der auf Grund ihres bereits zu ihren Lebzeiten erreichten Bekanntheitsgrades und ihrer Protektion durch namhafte Persönlichkeiten eine vollständige Biografie sowie eine große Anzahl von Legenden überliefert worden sind (s.u. 4. Unterrichtsideen). Sie steht stellvertretend für Frauen ihrer Zeit, die sich für eine bewusste Nachfolge Christi entschieden und ihr Leben nach den Armutsidealen der Minderbrüder ausrichteten.

Der spannende Erzähltext *Nächtlicher Aufbruch* (SB, S. 76) lenkt das Interesse auf die Ursachen dieser Fluchtszene und die weitere Entwicklung der Geschichte der Elisabeth von Thüringen. Ihr Aufbruch ist ein mutiger Schritt in ein Leben mit einem selbst gewählten Mittelpunkt („die Botschaft Jesu leben"), das der Rolle von Frauen im Mittelalter in vergleichbarer Stellung nicht entsprach.

Das Bild von *Marten Pepijn* mit dem Titel *Die heilige Elisabeth schenkt den Armen ihre Juwelen* (SB, S. 77) ist ein Gemälde von 1623, das der belgische Maler als Mittelbild eines Triptychons im konventionellen Stil der Zeit als Altargemälde für die bürgerliche Hospitalkirche St. Elisabethgasthuis in Antwerpen gestaltet hat. Die realistische Darstellung verknüpft eine Szene aus dem Leben Elisabeths mit der zeitgenössischen Situation, in der die Kranken des Hospitals auf die Spenden der Antwerpener Bürger angewiesen waren.

Im Folgenden wird das *Streben nach einer Gemeinschaft*, unabhängig vom jeweiligen Geschlecht, thematisiert und die *gemeinsame Arbeit gegen das Leiden* der Welt in Jesus Christus betont.

Lucy D'Souza verdeutlicht mit ihrem Bild *Der Lebensbaum* (SB, S. 78), dass der Lebensbaum Quelle und Kraft für ein gemeinsames Wirken an einem sinnvollen Leben in Ausrichtung auf Jesus Christus ist. Der Leidende verlangt die Solidarität der Gläubigen und wird wieder belebt durch gemeinsames Handeln der Menschen ungeachtet ihrer Unterschiede.

Das Gedicht *Wir aber wenden uns ab* (SB, S. 79), das von US-amerikanischen Frauen formuliert wurde, betont partnerschaftliche Verantwortung für die Probleme des Kosmos, indem Fehler der Vergangenheit eingeräumt werden und ein hoffnungsvoller Blick in die Zukunft gewagt wird. Hierbei ist auch das Eintreten von Männern und Frauen für die Menschenrechte von Frauen in aller Welt zu berücksichtigen.

Dieser Aspekt wird am Ende weitergeführt, indem die zeitgenössische Theologin *Dorothee Sölle* ihre Vorstellungen von einer lebendigen, sinnvollen Kirche vorstellt (SB, S. 80). Die bereits anhand der Frauengestalten erarbeiteten drei Dimensionen „Diakonia", „Kerygma" und „Koinonia" werden hier zusammengestellt und auf Kirchengeschichte bezogen, sodass an dieser Stelle eine Bündelung erfolgen kann. Der Aspekt einer lebendigen Kirche wird an dem Beispiel des *Weltgebetstages der Frauen* (WGT) weiterverfolgt und illustriert (SB, S. 81). Geeignetes Informationsmaterial ist über das ständige Büro des WGT zu beziehen: Weltgebetstag der Frauen, Deutsches Komitee, Postfach 1240, 90544 Stein, Tel.: 0911-6806-301, Fax: 0911-6806-304; internet (im Aufbau): http://weltgebetstag.de.

Das Bild *Talitha kumi* der indonesischen Künstlerin *Hanna Varghese* (SB, S. 81) wurde anlässlich des „Weltgebetstages der Frauen 2000" gestaltet und stellt das Aufrichten einer zunehmend erstarkenden Frauengestalt dar. Abschließend veranschaulichen die Darstellung der Ziele des WGT - *Informiertes Beten - Betendes Handeln* - und die exemplarische Vorstellung eines Projektes, das aus den jährlich gesammelten Spenden zum WGT finanziert wird, aus der Binnenperspektive einer betroffenen Frau die Arbeit dieser Organisation (SB, S. 82). Zur Information: „Xochitl-Acalt" ist der Name des Frauenbildungs- und Familienplanungszentrums in Malpaisillo, einem Dorf mit 7000 Einwohnern im Landkreis León in Nicaragua. Das Zentrum entstand 1990; seine Arbeitsschwerpunkte sind Familienplanung, Schwangerschaftskontrolle und Sexualerziehung. Aus der Arbeit dieses Zentrums entwickelte sich ein Frauenrat, in dem führende Frauen aus den umliegenden Siedlungen vertreten sind. Diese Frauen organisieren selbstständig Initiativen, um ihre Lebensbedingungen zu verbessern und mehr Selbstständigkeit zu sichern. So finden z.B. neben der vielseitigen Aufklärungsarbeit auch Alphabetisierungskurse statt.

2. Intentionen

Die Sch. sollen
- ausgehend von heutigen gesellschaftlichen Fragestellungen Frauen des NT in ihren Bezügen und Verantwortlichkeiten kennen lernen
- sich mit deren wirkungsgeschichtlichem Gebrauch kritisch auseinander setzen
- die Geschichte von Frauen an einem mittelalterlichen Beispiel weiterverfolgen
- erfahren, dass erwartetes Rollenverhalten durchbrochen werden kann
- sensibilisiert werden für Unterdrückungsmechanismen und Ungerechtigkeiten
- die Notwendigkeit entdecken, eine eigene Identität zu finden
- zu partnerschaftlichem Miteinander ermutigt werden, das die Wirklichkeit gestalten kann.

3. Literatur zur Vorbereitung

- Herbert Haag / Joe H. Kirchberger / Dorothee Sölle, Große Frauen der Bibel in Bild und Text. Sonderausgabe, Herder, Freiburg u.a. 1998.
- Hubertus Halbfas, Religionsunterricht in Sekundarschulen. Lehrerhandbuch 7, Patmos, Düsseldorf 1996[2].
- Susanne Heine, Frauen der frühen Christenheit, Vandenhoeck & Ruprecht, Göttingen 1990[3].
- Luise Rinser, Mirjam, Fischer, Frankfurt a.M. 1988[2].
- Ross Saunders, Frauen im Neuen Testament. Zwischen Glaube und Auflehnung, Primus, Darmstadt 1999.
- Luise Schottroff / Silvia Schroer / Marie-Theres Wacker, Feministische Exegese. Forschungsbeiträge zur Bibel aus der Perspektive von Frauen, Primus, Wissenschaftliche Buchgesellschaft Darmstadt, Darmstadt 1997.
- Gerd Theißen / Annette Merz, Der historische Jesus. Ein Lehrbuch, Vandenhoeck & Ruprecht, Göttingen 1997[2].
- Jacobus de Voragine, Legenda Aurea. Heiligenlegenden, Manesse, Zürich 1994[4].

4. Unterrichtsideen

A. Frauen in der Kirchenleitung?

⇨ Abb.: *Margot Käßmann – Maria Jepsen – Bärbel Wartenberg-Potter* (SB, S. 69)
Nachforschungen anstellen lassen: Margot Käßmann – Maria Jepsen – Bärbel Wartenberg-Potter: Stellung / Funktion / Bedeutung der Funktion innerhalb der ev. Kirche / Datum der Ordination / familiärer und sonstiger Werdegang / besondere Arbeitsgebiete. Dazu ist eine selbstständige Recherche im Internet möglich, z.B. unter www.evlka.de/labi/labi.html (Homepage Fr. Käßmann) und www.nordelbien.de/glossar/?word = Jepsen (Homepage Fr. Jepsen).

⇨ *Weiterarbeit:*
- Interviews: Sch. befragen Pastorinnen zu ihrem beruflichen Werdegang und evtl. damit verbundenen Schwierigkeiten.
- Die Aussage des protestantischen Theologen Peter Beyerhaus anlässlich der Ordination von Maria Jepsen kann in eine Diskussion münden:
„Die Wahl der Harburger Theologin Maria Jepsen in das bischöfliche Amt innerhalb der Nordelbischen Evangelisch-Lutherischen Kirche ist eine der schwersten geistlichen Katastrophen, welche die evangelische Kirche Deutschlands in den letzten Jahren heimgesucht haben."

B. Frauen um Jesus – z.B. Maria Magdalena

⇨ Bild: *Magdalena als Büßerin, um 1300* (SB, S. 70)
Das Bild ermöglicht durch die Einbeziehung von ZM auch die Behandlung mehrerer neutestamentlicher Frauengestalten:
Die *Bildstationen 1 und 2* sind nur verständlich durch eine Einbeziehung der Überlieferung von Maria von Bethanien und ihrer Schwester Marta (Lk 10,38–42; Joh 12,1–8; Joh 11,1–45). Letztere fungiert in Lk 10,38–42 als Gastgeberin und Versorgerin Jesu, tritt aber in Joh 11,24 auch öffentlich in Erscheinung und bekennt ihren Glauben, bevor Jesus ihren Bruder Lazarus heilt: „Ja, Herr, ich glaube ja, dass du der Christus bist, der Sohn Gottes, der in die Welt gekommen ist". Moltmann-Wendel sieht hierin ein Gegenstück zu dem Christusbekenntnis des Petrus in Mt 16,16. Die *dritte Station* verdeutlicht Joh 20,11–18, die Situation der Erscheinung des auferstandenen Jesus vor Maria Magdalena. Für die *Stationen 4–8* ist der Bedeutungshintergrund in der „Legenda Aurea" (s.o., S. 62) zu finden. Dort wird beschrieben, dass Maria Magdalena auf dem Wasserweg nach Südfrankreich gelangt:

„Im 14. Jahr nach der Passion des Herrn zogen sich die Jünger in verschiedene Gebiete der Heiden zurück und säten dort das Wort des Herrn aus. Zu jener Zeit lebte zusammen mit den Aposteln der hl. Maximinus, einer der 72 Jünger des Herrn, dem der hl. Petrus Maria Magdalena anvertraut hatte. Als aber alle Jünger sich verstreuten, wurden der hl. Maximinus, Maria Magdalena, ihr Bruder Lazarus, ihre Schwester Marta zusammen mit mehreren anderen Christen von den Ungläubigen auf ein Schiff gebracht und ohne Steuermann dem Meer preisgegeben, damit sie alle zugleich in den Wogen umkämen; aber durch Gottes Fügung gelangten sie nach Marseille." (Jacobus de Voragine, Legenda Aurea, hg. v. Jacques Laager, © Manesse Verlag, Zürich 1982)

Nach der Strandung ihres Schiffes in Marseille predigt Elisabeth in Aix en Provence (Bild 4). Des Weiteren wird erzählt, dass sie sich im Gebet in einen meditativen Schwebezustand versetzen konnte, was in Bild 5 dargestellt ist. Das 6. Bild stellt Maria Magdalena während ihres Büßerinnenlebens dar (die Legenda Aurea berichtet von einem Zeitraum von 30 Jahren), wie sie in einer Einöde von Engeln versorgt wird. Die Bilder 7 und 8 zeigen ihre Absolution durch Maximinus und ihre Bestattung in Aix. So veranschaulicht Maria Magdalena im Mittelalter als eine Hauptzeugin der Auferstehung die Erlösbarkeit des Menschen von der Sünde und bewegt sich in einem Deutungsspektrum zwischen vorbildlicher Büßerin und büßender Sünderin, die durch ihre Läuterung zur Heiligen wird.

Arbeit mit dem Bild:

- Beschreibung der großen Frauengestalt: Aussehen / Kleidung / Form / Farbgestaltung. Entziffern des Schriftstückes, das sie in Händen hält: „Verzweifelt nicht, wenn ihr gesündigt habt. Folget meinem Beispiel und versöhnt euch mit Gott!“
- Daran anschließende Fragestellungen: Was kennzeichnet diese Frau? Welche Einzelheiten aus ihrem Leben könnt ihr den Bildern entnehmen? Ist ihre Rolle als Büßerin gerechtfertigt? Die letzte Fragestellung soll für die Erarbeitung der folgenden Materialien leitend sein.

Ein erster Blick auf die dargestellte Geschichte Maria Magdalenas im Bildhintergrund eröffnet die Fragestellung nach ihrer Bedeutung und Rolle im NT. Eine damit verbundene Spurensuche wird durch den literarischen Text *Mirjam* (s.u.) in Kombination mit der entsprechenden Bibelstelle Lk 8,1–3 eröffnet.

⇨ Erzählung: *Luise Rinser, Mirjam* (SB. S. 71)
Die Sch. beschäftigen sich mit den Problemen, die Mirjam vor ihrer Heilung hatte, und beschreiben ihre Lebenssituation: „Wie wird sie von anderen Menschen eingeschätzt?“
Weiterarbeit:

- Sch. lesen Lk 8,2 und schreiben einen Bericht ihrer Heilung
- Was bedeutet in diesem Zusammenhang „ich sah“ am Ende des Textes?
- Weiterschreiben der Geschichte: Was wird Mirjam als Nächstes tun?
- Arbeiten mit Ton: „verrückt – heil“
- Erstellen eines Steckbriefes, der in den folgenden Stunden ergänzt werden kann

⇨ Text: *Joh 20,11–18* (SB, S. 72)
Vorbereitung: Erstellen eines Clusters zum Begriff „Dunkelheit“: Sch. schreiben eine Assoziation zu dem Grundbegriff auf einen Zettel. L. notiert die Stichworte anschließend an der Tafel. Danach erfolgt ein erstes Lesen des Textes. Zusammenhang wird zum Cluster hergestellt: Passt dieser Zustand zur Befindlichkeit Maria Magdalenas?
Nach der Darstellung der im Text beschriebenen Situation:

- Darstellung des Kontextes: Was ging dieser Situation voraus? Das kann durch L.-Erzählung, Sch.- Referat oder gemeinsame Lektüre von Joh 19,16b–30 erfolgen.
- Charakterisierung Marias ausgehend vom Text: In welcher Verfassung ist sie und was wird sie tun? Ergänzung des Steckbriefes.

⇨ Gedicht: *Reinhild-Ursula Traitler, Begegnung* (SB, S. 72)
Das Gedicht schließt hier gut an, um den Gedanken des „Rühr mich nicht an“, der in der Bibelübersetzung mit „Halte mich nicht fest“ übersetzt wird, zu vertiefen. Betont wird der Zusammenhang von „Name“ – „Botschaft“ – „auf eigenen Füßen stehen“. Dieser Zusammenhang kann auf den Bibeltext rückbezogen werden.

⇨ *Weiterarbeit*: Konkretisierung des Hauptgedankens „auf eigenen Füßen stehen“ durch folgende Übung in Dreiergruppen: Jeweils zwei Sch. tragen einen, der darauf achtet, dass seine Augen geschlossen sind und die Füße keinen Bodenkontakt haben. Beachten der Veränderung, wenn die Sch. wieder festen Boden unter den Füßen haben.
Diese Erfahrungen werden auf Situation Marias in Joh 20,11–18 übertragen. Sch. formulieren die Bedeutung für Maria Magdalena schriftlich. Diese Arbeit leitet über zur Beschäftigung mit dem folgenden Material.

⇨ Bild: *Thomas Zacharias, Ich habe den Herrn gesehen (Joh 20,18), 1990* (SB, S. 73)
Daran anschließend erfolgen die Präsentation und die Beschreibung des Bildes (wenn möglich ohne das Spruchband Marias): Größenunterschiede / Körperhaltung / Kontraste Licht – Dunkelheit. Welche Personen sind dargestellt? Bedeutung des Größenunterschiedes?

⇨ *Weiterarbeit:*

- Formulieren von möglichen Gedanken und Gefühlen eines Mitglieds der Jüngergruppe
- Ansätze Darstellenden Spiels aufgreifen, um die gesammelten Eindrücke umzusetzen: Wie lassen sich diese Gefühle anders ausdrücken? Standbilder bauen lassen: Sch. überlegen in kleinen Gruppen, wie ein dominierendes Gefühl der Jünger in

ein Standbild umsetzbar ist, indem z.B. ein Sch. Standbild ist, die anderen aus der Gruppe seine Gestik und Mimik verändern und schließlich „einfrieren", bis alle Gruppenmitglieder damit einverstanden sind. Anschließend werden der Großgruppe die Ergebnisse präsentiert und der Werdegang erläutert. (Bei dieser Übung brauchen Sch. erfahrungsgemäß viel Zeit.)

- Angeregt durch den Umstand des geöffneten Mundes formulieren die Sch. jeweils einen prägnanten Satz. Die Wirkung der Worte sollte anschließend bedacht werden.
- „Hoffnungsschimmer" in Bilder fassen
- Schreibaufgabe: Was werden die Jünger jetzt machen?

⇨ Erneuter Einsatz des Bildes *Magdalena als Büßerin* (SB, S. 70). Die Sch. beschäftigen sich unter Einbeziehung des Arbeitsblattes ZM genauer mit den einzelnen Bildstationen im Hintergrund. Zunächst soll Maria auf den jeweiligen Bildern ausfindig gemacht und der Bildinhalt kurz umschrieben werden. Nach der Bearbeitung des Arbeitsblattes werden im Tafelbild die verschiedenen Mariengestalten „entwirrt" (evtl. Einbeziehen von Lk 10,38–42). Bezogen auf die Legenden muss gefragt werden, warum Maria Magdalena als Heilige dargestellt wird und warum sie die Rolle einer Büßerin innehat.

⇨ *Weiterarbeit:* Entwerfen eines Lebensweges der Maria Magdalena im Kontrast zu dem Bild *Magdalena als Büßerin* analog zu der Form und Darstellungsart des Bildes unter Einbeziehung der bearbeiteten Materialien. Die Sch. arbeiten in Gruppen zusammen: Jede Gruppe bekommt einen großen Bogen Papier, ein Sch. legt sich auf das Papier, die anderen fertigen eine Umrisszeichnung seines Körpers. Die Stationen im Hintergrund werden nun jeweils von einzelnen Sch. gestaltet, ebenso der Körper Marias. Abschließend: Vergleich der beiden Darstellungen und Ermittlung der Gründe für die unterschiedlichen Sichtweisen.

⇨ Nach dieser Unterrichtssequenz sollten die bisherigen Ergebnisse bzgl. der Situation von Frauen um Jesus zusammengefasst werden. Die Ergebnisse könnten folgendermaßen aussehen:

Aufgaben		Frauen
Leitung von Hausgemeinschaften	–	Marta / Maria aus Bethanien
Versorgung der Jesusgruppe	–	Marta / Maria aus Bethanien
Teil der Jüngergruppe Jesu	–	Maria Magdalena
Wahrnehmung von Verantwortung	–	alle drei
Zeuginnen des Todes und der Auferstehung Jesu	–	Maria Magdalena u. Gefährtinnen
Wahrnehmung der Verkündigung	–	Maria Magdalena

⇨ *Weiterarbeit:* Formulieren eines Textes: Gibt es geeignete Vorbilder für Frauen im NT?

C. Wie ging es weiter?

a) Die Situation von Frauen in den ersten Gemeinden

⇨ Die Situation der urchristlichen Gemeinden kann veranschaulicht werden durch *Schülerreferate.* Material bietet das Kapitel „Die Sache Jesu geht weiter" (SB 5/6, S. 83ff. und WB 5/6, S. 9ff.), außerdem in diesem Kapitel unter 5. Mat. (Gerhard Büttner).
Die Sch. stellen Vermutungen über die mögliche Weiterentwicklung des Frauenbildes in den ersten Gemeinden an. Diese wird ihnen beispielhaft durch zwei Textstellen aus Galater- und 1.Timotheusbrief präsentiert.

⇨ *Gal 3,28* (SB, S. 74): Was bedeutet diese Textstelle für die Situation von Frauen in den damaligen Gemeinden in Korinth und Kleinasien?

Weiterarbeit: Sch. „übersetzen" die Textaussage in heutige Sprache.

⇨ *1.Tim 2,11f.* (SB, S. 74): Vergleich dieser Textstelle mit Gal 3,28 in Stillarbeit: Welche Bedeutung wird Frauen zuteil?

Zusammenfassung im Tafelbild:

Textstelle	Inhalt	Bedeutung für Frauen
Gal 3,28	Aufhebung aller Unterschiede aufgrund des Einsseins in Christus	Gleichstellung in der Gemeinde
1.Tim 2,11f.	Verhalten in der Gemeinde wird festgelegt	Gleichstellung wird aufgegeben

Abschließend stellen die Sch. Vermutungen über die Gründe für diese Entwicklung an.

⇨ Bild: *Swantje Wagner, Kirche, 1993* (SB, S. 74)
Die Gestaltung des Bildes durch Form und Farbe soll möglichst genau erfolgen. Dabei wird der Symbolgehalt der Farbgestaltung ermittelt (oberer – unterer Bereich / Aufnahme der Farben).

⇨ *Weiterarbeit:*
Sammeln von möglichen Konflikten, die sich aus der Textstelle 1.Tim 2,11f. für die konkrete Gemeindesituation in Ephesus ergeben könnten, wenn Timotheus diese Anweisung umsetzen möchte. Daraus ableiten:
- Gestaltung eines Dialogs der kleinen Hände
- Gestaltung von Sprechblasen, die die Figuren zum Sprechen bringen
- Gestaltung eines Comics mit den Figuren des Bildes

⇨ Text: *Walter J. Hollenweger, Frauen sollen schweigen* (SB, S. 75)
Für die Arbeit mit dem Text bietet sich nach einer gemeinsamen oder Einzel-Lektüre folgendes Vorgehen an:
- Erarbeitung und Darstellung der im Text beschriebenen Situation
- Erörterung der Problematik
- Zusammenstellen der Argumentation Chloes im Tafelbild

⇨ *Weiterarbeit*: Umsetzung des Textes in ein szenisches Spiel unter Einbeziehung des folgenden Textes, der die im SB enthaltene Szene fortschreibt:

„Und was hältst du vom Streit über den angeblichen Einschub über die Funktion der Frauen in der Versammlung der Christen?", fragte ich Tertius zum Stichwort „Chloe". Er antwortete: „Ich habe für Paulus vor drei Jahren einen Brief geschrieben, denjenigen an die Römer. Das habe ich gratis gemacht für ihn, aus Liebe zu ihm und zu Christus. Er hat während und nach dem Diktieren tatsächlich viel geändert und an seinen Formulierungen herumgefeilt. Manchmal hat er ganze Abschnitte gestrichen und durch andere ersetzt. Möglich ist es schon, dass er diesen Abschnitt geschrieben hat, obschon der Stil ganz unpaulinisch ist und die Aussagen im Widerspruch zu anderem stehen, das er auch geschrieben hat. Im Ganzen gesehen, tendiere ich dazu, mit Chloe einverstanden zu sein. Es scheint mir unwahrscheinlich, dass er den Abschnitt selber geschrieben hat. Jemand hat dies beigefügt, gewiss ein wohlmeinender Secretarius. Vielleicht ist der Brief auch schon in einer anderen Gemeinde vorgelesen worden. Möglicherweise hat man dort einen Zusatz gemacht. Wir werden Paulus schreiben und ihn um eine genauere Auskunft bitten."

(Walter J. Hollenweger, Konflikt in Korinth, © Chr. Kaiser/Gütersloher Verlagshaus, Gütersloh)

⇨ *Weiterarbeit*: Ausgehend von dieser Textstelle, formulieren die Sch. eine Korrespondenz mit Paulus.

b) Eine Frau im Mittelalter

⇨ Text: *Rüdiger Müller, Nächtlicher Aufbruch* (SB, S. 76)
Nach Zusammenfassen der Textaussage analog der Aufgabenstellung im SB bieten sich folgende Möglichkeiten:

- Veranschaulichung des Weges Elisabeths von oben nach unten: Sammeln, was zu oben bzw. unten gehört, und in einem Tafelbild, das die Wegrichtung veranschaulicht, passende Adjektive sammeln und zuordnen oder den Weg farblich gestalten lassen, wobei sowohl ein „innerer" als auch ein „sichtbarer" Weg einbezogen werden können.
- Einbetten der Szene in einen größeren Zusammenhang: Wie stellt ihr euch Elisabeths weiteren Weg vor?
- *Alternative*: Geschichte wird für eine Imaginationsübung genutzt, wobei die Sch. mit geschlossenen Augen zuhören und sich in die Fluchtsituation oder in eine der beiden Frauen hineinversetzen. Danach können die Gefühle und Gedanken der Sch. genutzt werden zu einer gestalterischen Übung mit Farben oder dem Verfassen innerer Monologe.
- Umgestaltung in eine Hörspielszene
- Ausgestaltung des Gedankens „die Botschaft Jesu leben": Hilfreich sind hier entsprechende Materialien der Kapitel „Nächstenliebe" (SB, S. 5ff.) oder „Gottessymbol Hand" (SB, S. 37ff.).

⇨ Bild: *Marten Pepijn, Die heilige Elisabeth schenkt den Armen ihre Juwelen, 1623* (SB, S. 77)

Das kurze und doch ereignisreiche Leben Elisabeths (1207–31), knapp skizziert:

Elisabeth ist die Tochter des ungarischen Königs Andreas II. und dessen Frau Gertrud von Andechs-Meran. Bereits im Alter von vier Jahren wird sie mit dem ältesten Sohn des Landgrafen Hermann von Thüringen verlobt und auf die landgräfliche Pfalz von Eisenach gebracht, um die Beziehungen zwischen Ungarn und Thüringen dauerhaft zu garantieren. Doch die Ehe kommt nicht zu Stande, da ihr Verlobter schon als Kind stirbt. Daraufhin wird Elisabeth im Alter von 14 Jahren mit Hermanns jüngstem Sohn Ludwig verheiratet. Aus dieser Verbindung gehen drei Kinder hervor. Angeregt durch die wörtliche Interpretation des NT, kümmert sich Elisabeth schon früh um die arme und Not leidende Bevölkerung Eisenachs. Sie errichtet am Fuße der Wartburg mit Zustimmung Ludwigs ein Hospital und verteilt während einer Hungersnot 1224 in Abwesenheit ihres Mannes Getreide an die Armen und verkauft Schmuck und Juwelen, um das Hospital zu finanzieren. Ihr Leben ändert sich grundlegend, als Ludwig 1227 am Kreuzzug Friedrich II. teilnimmt und im September in Unteritalien an einem tödlichen Fieber stirbt. Elisabeth wird abhängig von ihrem Schwager Heinrich Raspe, der fortan ihre Einkünfte kontrolliert und ihr Unterhalt gewährt. Das Leben auf der Wartburg wird für sie unerträglich, sie flieht und wählt ein Leben im Sinne der Armutsideale Franz von Assisis, dessen Boten bereits 1223 nach Halberstadt kamen. Auf Umwegen kommt sie schließlich nach Marburg, dem westlichsten Punkt der Grafschaft Thüringen, wo ihr ein rechtmäßiger Anteil am Vermögen ihres verstorbenen Mannes als Witwensitz zugeteilt wird. In Marburg lebt auch ihr langjähriger Beichtvater Konrad von Marburg, der sie fortan berät und begleitet. Elisabeth verzichtet auf alle weltlichen Bindungen, investiert ihr Geld in den Bau des Hospitals zum heiligen Franz von Assisi und widmet ihre restlichen Lebensjahre der Pflege von Kranken. Sie stirbt im Alter von 24 Jahren. Schon zwei Jahre nach ihrem Tod wird sie heilig gesprochen; ihr Grab wird zu einer wichtigen Pilgerstätte. Heute gilt Elisabeth als Patronin aller karitativen Einrichtungen.

Den Bildmittelpunkt bildet Elisabeth; dies wird betont durch den Lichtkranz, der ihren Kopf wie ein Nimbus umschließt, ihre Körperhaltung, die sie als einzige Person vollständig zeigt, und die Blickrichtung der sie umgebenden Personen. Diese formieren einen Halbkreis um die Frauengestalt. Elisabeths Arme stellen eine Verbindung her zwischen den hinter ihr stehenden, gut gekleideten Personen auf der rechten Bildhälfte und den bedürftigen Personen, die sich ihr auf der linken Bildhälfte entgegenstrecken. Elisabeth trennt sich von ihren Juwelen und gibt sie den armen Leuten weiter. Das Bild könnte auch symbolisch interpretiert werden als Übergangssituation in ihren neuen Lebensabschnitt. Ihre Körpersprache und die Begegnung ihrer Hände mit denen der Not Leidenden machen dies deutlich.

Nach Eingehen auf die dargestellte Szenerie:

- Entwickeln eines Dialogs zwischen Elisabeth, den Dienern und den Armen
- Szenische Umsetzung des Dialoges
- Eingehen auf die Handhaltungen: Was

gibt Elisabeth weiter? Nachdenken über ihre Veränderung
- Was bedeutet es für Elisabeth, auf eigenen Füßen zu stehen?
- Recherche: Das Leben der Elisabeth von Thüringen (s. 5. Materialien, Rüdiger Müller, und im Internet: www.elisabethkirche.de). Dort kann auch ein „Elisabeth-Kirchenspiel" angewählt werden, das kirchengeschichtliche Fakten mit allgemeinen Informationen über Kirche verknüpft.

D. Kirche heute

a) Streben nach Gemeinsamkeit

⇨ Bild: *Lucy D'Souza, Der Lebensbaum, 1990* (SB, S. 78)
Der Mangobaum in der Bildmitte steht – laut Künstlerin – für den Kosmos des Lebens. Die Gestalt in der Mitte des Baumes bildet mit ausgestreckten Armen fast eine Einheit mit einem lebendigen Baum, sie erinnert an den gekreuzigten Christus. Diese Gestalt hängt nicht an einem toten, entwurzelten Stück Holz, sondern in dieser Gestalt sind Liebe und Verbundenheit mit dem Leben enthalten. Die Gestalt trägt weibliche Züge. Ihr Körper ist, erschöpft bis zur Bewusstlosigkeit, eng mit dem Baum verbunden, der grünt und Früchte trägt. Seine Wurzeln aber liegen in verbrannter und ausgedörrter Erde und halten vermutlich die ersten Menschen umschlossen. Drei Frauen und ein Mann sind ganz nahe an den ohnmächtigen Körper herangetreten; die Farbe ihrer Körper entspricht der des Baumes, während ihre Gewänder mit den verschiedenen Farbwerten „belebend" wirken (vereinfacht: Blau = Treue, Glaube; Rot = Liebe, Leben; Goldgelb = Licht, Leben, offenbarte Göttlichkeit).

⇨ *Erarbeitung*: Ansetzen bei den vielfältigen Formen und Farben des Bildes. Sch. fertigen Skizzen an, um den Bildaufbau für sich selbst besser zu entschlüsseln. Selbstständige Erarbeitung der Baumsymbolik: Ich denke, der Baum steht für ... Die Sch. formulieren selbstständig ihre eigenen Deutungen des Bildes. Der Aspekt der gemeinsamen gestalterischen Arbeit auf ein gemeinsames Ziel hin kann auf andere Bereiche übertragen werden.
Kreative Gestaltungsmöglichkeit: Baumschablone vorgeben. Sch. sammeln Bilder und formulieren Texte, die Beispiele sinnvollen gemeinsamen Handelns darstellen, und kleben die Bilder und Texte in die Baumschablone.
Weiterarbeit: Sch. finden einen passenden Bildtitel.

⇨ Gedicht: *Wir aber wenden uns ab* (SB, S. 79)
Die Sch. stellen den jeweiligen Hintergrund der genannten Frauengestalten dar und überlegen das Neue, das von ihnen ausgegangen ist.

⇨ *Weiterarbeit*: Sch. äußern ihre eigenen Visionen einer neuen Welt und gestalten sie zu Plakaten.

b) Weitere Aspekte

⇨ Text: *Dorothee Sölle, Lebendige Kirche* (SB, S. 80)
Sch. stellen die Begrifflichkeit des Textes dar und bringen eigene Erfahrungen ein (Konkurrenzsituationen / Gottesdienstbesuche / andere Erfahrungen mit Kirche)
Weiterarbeit:
- Referat zu Dorothee Sölle: Sch. beschaffen sich Informationen über ihre Person und stellen die wichtigsten Stationen ihrer Biografie dar.
- Eingehen auf mögliche Vorbilder Sölles
- Rückbezug auf Frauengestalten: Inwieweit haben die behandelten Frauen eine Rolle gespielt am Aufbau von „Kirche"? Wo und warum ist nur ein Bereich in den Vordergrund gerückt?

⇨ Bild: *Hanna Varghese, Talitha Kumi, 1995* (SB, S. 81)
Sch. beschreiben das Bild und erarbeiten seine Deutung und Aussageabsicht.
Weiterarbeit: Nachstellen des dargestellten Bewegungsablaufes. Sch. überlegen weitere Möglichkeiten für die Darstellung von Stärke und Schwäche durch Körpersprache.

⇨ Texte: *Informiertes Beten – Betendes Handeln* (SB, S. 81) und *Aussage Socorros* (SB, S. 82)

Die Sch. können unter den angegebenen Adressen Material beschaffen und in der Schule über den Weltgebetstag und dessen Projekte informieren. Davon ausgehend können sie selbst zum Weltgebetstag einen Schulgottesdienst organisieren.

5. Materialien und Medien

- Gerhard Büttner, Maria aus Magdala - Ester - Debora: Modelle für den evangelischen und katholischen Religionsunterricht, Calwer Materialien, Calwer, Stuttgart 1994.
- Deutscher Katecheten-Verein e.V., Materialbrief Folien 2/94, Biblische Frauengestalten, München 1994.
- :in Religion, Unterrichtsmaterialien Sek. I, Biblische Frauengestalten, Nr. 2/2000, Bergmoser und Höller, Aachen 2000.
- Missio - Internationales Katholisches Missionswerk (Hg.), Das weibliche Antlitz Gottes, München, Bestell-Nr.: 0062 bei: Missio, Pettenkoferstr. 26–28, München.
- Münchner Arbeitsstelle Kirchentag 1993 (Hg.), Dia-Meditation. 12 Bilder zur Losung und zu den Themenbereichen Kirchentag '93, München 1992.
- Eva Jürgensen (Hg.), Vorlesebuch. Biblische Mädchen- und Frauengestalten, Kaufmann, Lahr 1997.
- Rüdiger Müller, Soviel Liebe fasst ein Leben. Elisabeth von Thüringen, Herder, Freiburg i.Br. 1993.

Welche Textstelle passt zu welchem Bild?

1. Maria Magdalena, die nach höherer Betrachtung Verlangen hatte, suchte eine wilde Einöde auf und verweilte unerkannt 30 Jahre an einem Ort, den ihr die Hände der Engel bereitet hatten. An diesem Ort gab es keine Wasserläufe noch erquickende Bäume oder Kräuter; daraus wird ersichtlich, dass unser Erlöser sie mit dem himmlischen Mahl sättigen wollte. An jedem Tag wurde sie von Engeln in die Höhe gehoben und sie konnte auch mit ihren leiblichen Ohren den Lobgesang der himmlischen Heerscharen hören. So sättigte sie sich täglich an diesem köstlichen Mahl, wurde dann von den Engeln wieder an den Ort gebracht, wo sie zu verweilen pflegte, und bedurfte so keinerlei irdischer Nahrung.

Jacobus de Voragine, Legenda Aurea, hg. v. Jaques Laager, © Manesse Verlag, Zürich 1982

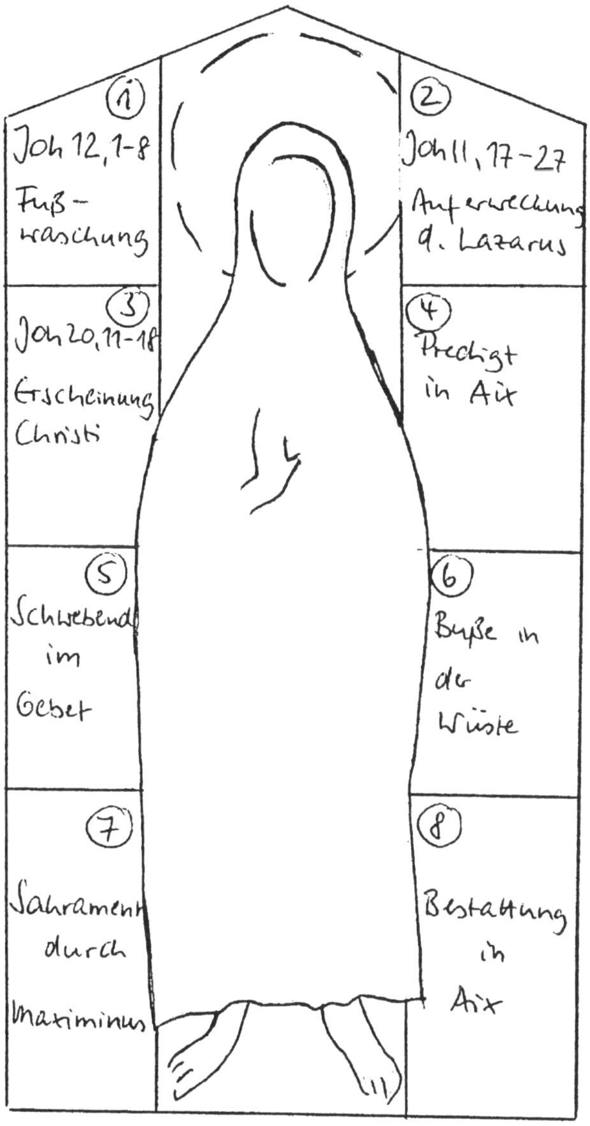

2. Ein Mann war krank, Lazarus aus Betanien, dem Dorf, in dem Maria und ihre Schwester Marta wohnten. Als Jesus ankam, fand er Lazarus schon vier Tage im Grab liegen. Betanien war nahe bei Jerusalem, etwa fünfzehn Stadien entfernt. Viele Juden waren zu Marta und Maria gekommen, um sie wegen ihres Bruders zu trösten. Als Marta hörte, dass Jesus komme, ging sie ihm entgegen, Maria aber blieb zu Haus. Marta sagte zu Jesus: Herr, wärst du hier gewesen, dann wäre mein Bruder nicht gestorben. Aber auch jetzt weiß ich: Alles, worum du Gott bittest, wird Gott dir geben. Jesus sagte zu ihr: Dein Bruder wird auferstehen. Marta sagte zu ihm: Ich weiß, dass er auferstehen wird bei der Auferstehung am Letzten Tag. Jesus erwiderte ihr: Ich bin die Auferstehung und das Leben. Wer an mich glaubt, wird leben, auch wenn er stirbt, und jeder, der lebt und an mich glaubt, wird auf ewig nicht sterben. Glaubst du das? Marta antwortete ihm: Ja, Herr, ich glaube, dass du der Messias bist, der Sohn Gottes, der in die Welt kommen soll.

Joh 11,1.17-27 (Einheitsübersetzung der Heiligen Schrift, © 1980 Katholische Bibelanstalt, Stuttgart)

3. Maximinus sah, wie Maria Magdalena im Chor der Engel stand, die sie hergebracht hatten; sie aber war zwei Ellen über den Fußboden erhoben, stand mitten unter den Engeln und betete mit ausgebreiteten Armen zu Gott. Als sich Maximinus näherte, strahlte ihr Gesicht infolge ihrer ständigen und langen Betrachtung der Engel so stark, dass man leichter die Strahlen der Sonne als ihr Gesicht hätte betrachten können. Nachdem alle Priester zusammengerufen worden waren, empfing Maria Magdalena unter vielen Tränen aus der Hand des Bischofs den Leib und das Blut des Herrn. Dann warf sie sich mit ganzem Leib vor den Sockel des Altars und ihre heilige Seele ging zum Herrn.

Legenda Aurea, a.a.O.

4. Sechs Tage vor dem Paschafest kam Jesus nach Betanien, wo Lazarus war, den er von den Toten auferweckt hatte. Dort bereiteten sie ihm ein Mahl; Marta bediente und Lazarus war unter denen, die mit Jesus bei Tisch waren. Da nahm Maria ein Pfund echtes, kostbares Nardenöl, salbte Jesus die Füße und trocknete sie mit ihrem Haar. Das Haus wurde vom Duft des Öls erfüllt. Doch einer von seinen Jüngern, Judas Iskariot, der ihn später verriet, sagte: Warum hat man dieses Öl nicht für dreihundert Denare verkauft und den Erlös den Armen gegeben? Das sagte er aber nicht, weil er ein Herz für die Armen gehabt hätte, sondern weil er ein Dieb war; er hatte nämlich die Kasse und veruntreute die Einkünfte. Jesus erwiderte: Lass sie, damit sie es für den Tag meines Begräbnisses tue. Die Armen habt ihr immer bei euch, mich aber habt ihr nicht immer bei euch.

Joh 12,1–8 (Einheitsübersetzung der Heiligen Schrift, a.a.O.)

5. Als aber Maria Magdalena sah, wie das Volk beim Tempel zusammenströmte, um den Götzen zu opfern, erhob sie sich und versuchte mit friedlichem und heiterem Gesicht und mit angemessenen Worten, die Menschen vom Götzendienst abzubringen, und predigte ununterbrochen Christus. Durch göttliche Fügung kamen sie schließlich nach Aix, bekehrten durch viele Wunder das Volk zum christlichen Glauben und der hl. Maximinus wurde dort als Bischof eingesetzt.

Legenda Aurea, a.a.O.

Andere Erfahrungen – andere Religionen: Der Islam

1. Theologische und didaktische Aspekte

Die Auseinandersetzung mit dem Islam, von allen Rahmenrichtlinien verbindlich vorgeschrieben, muss nicht weiter legitimiert werden: Muslimische Mitschüler sitzen in vielen Klassen, Urlaubsreisen erschließen Sch. die ferne Welt der islamischen Länder, die Zusammenarbeit mit Muslimen wird für nicht wenige zum Arbeitsalltag gehören, Fernsehberichte über islamische Fundamentalisten erzeugen leicht ein diffuses Feindbild gegenüber dem Islam insgesamt. Angesichts dieser Ausgangssituation konzentriert sich das vorliegende Kapitel darauf, nicht nur Sachinformationen zu einer „Fremdreligion" zu geben, sondern an ausgewählten Materialien ein persönliches Verstehen zentraler islamischer Glaubensinhalte und Rituale zu ermöglichen, die Nähe von Islam und Christentum – ohne Verwischen der Unterschiede – herauszustellen und im Dialog zwischen persönlichem und fremdem Glauben Impulse für die eigene Lebensgestaltung und die Bewältigung gesellschaftlicher Probleme zu gewinnen.

Die folgenden Materialien stammen ausschließlich von Muslimen. Sie sind dem islamischen Selbstverständnis entsprechend angeordnet. Den Ausgangspunkt bildet das ewige Wort Gottes, der „himmlische Urkoran". Aus der Reihe der vielen Propheten, zu denen Gott gesprochen hat, ist mit Ibrahim (Abraham) die für Judentum, Christentum und Islam zentrale Gestalt herausgegriffen. Mohammed empfängt Gottes Wort durch den Erzengel Gabriel noch einmal in vollständiger, nun endgültiger Form. Dadurch wird die an frühere – jüdische, christliche und andere arabische – Propheten ergangene, im Verlauf des Überlieferungsprozesses jedoch verfälschte, in der jüdischen und christlichen Bibel deshalb nur unvollkommen niedergeschriebene Offenbarung korrigiert. Die im Koran gesammelten Offenbarungen bilden nach Mohammed den immer geltenden, alle Lebensbereiche umfassenden Maßstab für ein Leben nach dem Willen Gottes. Es gibt gute Gründe, sich auch im Unterricht an diesem Schema zu orientieren, nicht zuletzt aus Respekt vor der anderen Religion. Je nach Unterrichtskontext und Situation der Sch. sind jedoch auch andere Verlaufspläne denkbar. Erfahrungen mit muslimischen Mitschüler/inne/n, Klischees über „Frauen im Islam" und „Dschihad" („Heiliger Krieg") könnten als Ausgangspunkt dienen und über die Arbeit mit den Materialien in Teil E hin zur Auseinandersetzung mit den für Muslime wirklich zentralen Glaubensinhalten führen. Der historisch-kritischen Sichtweise folgend, kann man bei der Gestalt des Mohammed einsetzen, die Bedeutung der Weisungen des Koran und der Ibrahimlegende für die geschichtliche Situation in Arabien um 600 n.Chr. ermitteln und sich danach den Folgen dieses weltgeschichtlichen Ereignisses für die Gegenwart zuwenden. In Kombination mit den Materialien aus Kapiteln der anderen Bände „Religion entdecken, verstehen, gestalten" ergibt sich eine Fülle weiterer Möglichkeiten des interreligiösen

Dialogs (z.B. Kap. „Andere Erfahrungen – andere Religionen: Das Judentum“, Bd. 5/6, S. 179f.).

Die Miniatur *Jesus und Mohammed reiten auf Esel und Kamel zum Jüngsten Gericht* (SB, S. 85) thematisiert den interreligiösen Dialog. Sie stammt aus der 1307 erschienenen Universalgeschichte von *Raschid ad-Din Fadlallah*, einem zum Islam konvertierten Juden. In ihr überlagern sich jüdische, christliche und islamische Interpretation von *Jes 21,6-9*. Jesaja wird aufgefordert, einen Späher auf die Mauern Jerusalems zu stellen, der auf Reiter achten soll, die die Zerstörung aller Götzenbilder Babels anzeigen. In christlicher und islamischer Auslegungsgeschichte werden die Reiter spezifiziert und auf Jesus (Esel als Verkörperung der Demut) und Mohammed (Kamel als Symbol für Kraft und Ausdauer) bezogen. Der jüdische Späher (Jesaja selbst?), Jesus und Mohammed erscheinen in der Darstellung als gleichrangig (Heiligenschein, Größe, Augen auf einer Linie). Der Turban kennzeichnet Jesus als Rechtgläubigen. Mohammed trägt das Grün des Propheten. Beide reiten freundschaftlich miteinander, ihr Blick ist dem endzeitlichen Jerusalem zugewandt, das durch eine durchgezogene Linie und die Farben Gold und Blau deutlich vom übrigen Bildfeld abgegrenzt ist. Wolke und Busch mögen angesichts der jüdischen Herkunft des Auftraggebers der Illustration als Gottessymbole gedeutet werden. In biografischer Deutung lässt sich in der Gestalt des Spähers auch Raschid ad-Din Fadlallah selbst in seinem Ringen um den wahren Glauben erkennen.

Die *Koranhandschrift* aus dem 9. Jh. (SB, S. 86) verdeutlicht in eindrucksvoller Weise das islamische Bilderverbot, das in strenger Weise für Gott gilt, für viele Muslime auch für Mohammed. Gottes Wesen ist für den Menschen unfassbar, sein ewiges Wort an die Menschen jedoch, der himmlische Urkoran, wurde von Mohammed abschnittweise empfangen und (später) unverfälscht niedergeschrieben. Der in Kufi, der ältesten islamischen Kalligrafie, wiedergegebene Text (Sure 2,198–202) beschreibt das angemessene Verhalten der Muslime während der Wallfahrt nach Mekka. Wichtige Eigenschaften Gottes, wie seine Transzendenz, seine Fähigkeit, die Menschen im Diesseits in allen Fragen recht zu leiten, seine Barmherzigkeit und Gerechtigkeit können anhand einer deutschen Koranübersetzung der Textstelle erarbeitet werden (s. 3. Lit.).

Die *Texte aus dem Koran* (SB, S. 87) thematisieren das islamische Verständnis der Offenbarung Gottes. Der Koran betont die Einheit Gottes und seine in Schöpfungsordnung, Geboten und Jüngstem Gericht deutlich werdende Güte und Gerechtigkeit. Die einfachen Glaubensgrundlagen und Gebote des Koran sind nach islamischer Auffassung jedem Menschen fassbar und leicht zu befolgen. Die christliche Lehre vom dreieinigen Gott, der sich in der Schöpfung, in Christus und in den Herzen der Menschen offenbart, wird als tendenziell polytheistisch und verworren verworfen. Jesus wird zwar, ebenso wie Abraham und Mose, als ein prophetischer Vorläufer Mohammeds anerkannt, seine Botschaft (Bergpredigt, Gleichnisse usw.) findet jedoch im Koran kaum Widerhall. Die besondere Nähe Jesu zu Gott (Sohn Gottes, Zwei-Naturen-Lehre) wird abgelehnt.

Der Text *Abraham – Prophet und Vorbild* (SB, S. 88f.) gibt einen Teil der koranischen Abraham-Überlieferung wieder (Sure 6,74–83; 21,51–73). Die Parallelität des hier berichteten Geschehens zu Mohammeds Suche nach dem einen Gott und seiner Reinigung der Kaaba von polytheistischen Elementen ist offensichtlich. Islamischem Selbstverständnis zufolge erweist sich so, dass Mohammed wieder an die ursprüngliche Religion Abrahams anknüpft und alle späteren jüdischen, christlichen und heidnischen „Verfälschungen“ korrigiert. In historisch-kritischer Sichtweise liegt hier eher eine Legende Mohammeds für die islamisierte Wallfahrt zur Kaaba vor, die sich aus Kenntnissen des AT, so wie sie Mohammed zugänglich waren, speist. Theologisch verweist der Text auf die Versuchung, den Glauben an den unsichtbaren Gott zu verfehlen und stattdessen sein Vertrauen in leichter zugängliche innerweltliche Mächte zu setzen. Durch die Einsicht in die durch Gott begrenzte Macht von Sonne, Mond und Sternen wird Angst in Freiheit verwandelt. Diese zentrale Einsicht ist Islam und jüdisch-christlicher Tradition gemeinsam (vgl. z.B. Luthers Erläuterungen zum Ersten Gebot oder Jes 44,9–20).

Das Foto *Sonnenuntergang* aus der Raumstation Saljut 6 (SB, S. 89) zeigt die alltägliche Erfahrung von Sonnenauf- und -untergang in einer ungewohnten Perspektive. Die „schlechthinnige Abhängigkeit“ allen irdischen Lebens von der Sonne, die die Grundlage ihrer religiösen Verehrung in vielen Kulturen bildet, wird anhand der hauchdünnen, vom Sonnenlicht durchleuchteten Biosphäre vor der Schwärze des Weltalls eindrucksvoll deutlich.

Die im SB versammelten Materialien zu Mohammed akzentuieren seine Doppelrolle als *Prophet und politischer Führer* der „Umma“, d.h. der sich in Medina bildenden neuen Gemeinschaft. Diese Doppelrolle unterscheidet ihn von Jesus, der als Wanderprediger niemals in gleichem Sinne „politische Macht“ besaß wie Mohammed. Viele Elemente der unterschiedlichen Geschichte von Christentum und Islam (Vermischung von Christentum und römischer Staatsideologie in der Konstantinischen Wende; Auseinandersetzung zwischen Papst und Kaiser; Mönchtum als Gegenbewegung zur christlichen Staatsideologie; Ausbreitung des islamisch dominierten Staates durch Eroberung; Widerstand gegen die Trennung von Religion und Politik in vielen islamischen Ländern der Gegenwart usw.) lassen sich von dort her besser verstehen.

Die *Berufungsgeschichte Mohammeds* von Ibn Ishaq (SB, S. 90) ist in ihren wesentlichen Zügen wohl authentisch, Sure 96 gilt als älteste von insgesamt 114 „Schriftlesungen“ Mohammeds in Mekka und später in Medina, die insgesamt dann den Koran bilden. Betont wird die passive Rolle Mohammeds bei der Offenbarung: Er ist nur ein Werkzeug, das Gottes Botschaft unverfälscht wiedergibt. Die historisch-kritische Forschung verneint angesichts der Quellenlage die Möglichkeit, das ausgeprägte Sendungsbewusstsein Mohammeds im Detail abzuleiten. (Interessant wäre es, hier einmal der Parallele Mohammed – Samuel/Jeremia, „prophetische Archetypen“, nachzugehen.) Den Erwägungen Parets (s. 3. Lit.) zufolge ist die von Mohammed empfundene Unterlegenheit der Religion der arabischen Stämme gegenüber Christen und Juden mit ihren in fremdartiger Sprache verfassten Heiligen Schriften der wahrscheinlichste Schlüssel zum Verständnis von Mohammeds Wandlung. Auch die Unzufriedenheit mit dem sehr diesseitsbezogenen Lebensstil und den starken sozialen Gegensätzen in der reichen Handels- und Wallfahrtsstadt Mekka und vereinzelte Begegnungen mit jüdischen und christlichen Sklaven oder mit den „Hanifen“ mögen eine Rolle gespielt haben – „Hanifen“: arabische Gottsucher, die den Polytheismus ihrer Umgebung ablehnten; prägnant übersetzt mit „Anhänger reinen Glaubens“ (Khoury) oder „Rechtgläubige“ (Rückert).

Das Foto vom *Berg Hira* (SB, S. 91) vermag etwas von der Atmosphäre der Entrücktheit und Einsamkeit vermitteln, in der die Berufung Mohammeds stattfand. Die kleine Höhle, in die er sich oft zu Gebet und Meditation zurückzog, ist noch heute trotz offiziellem Besuchsverbot das Ziel vieler Pilger.

Der Text *Das Jahr der Gesandtschaften* von Ibn Ishaq, die *Koran-Suren* und das Bild *Mohammed im Kreis seiner Gefährten* (SB, S. 92f.) stellen die politische Funktion Mohammeds in den Mittelpunkt. Das Bild zeigt eine jüdische Gesandtschaft, die Mohammed Gaben überbringt und ein Anliegen vorträgt. Das Gesicht des Propheten ist mit einem Tuch verdeckt; das Inspiriert-Sein des Propheten beim Empfang einer göttlichen „Weisung“ (eines „Qur'an“) für die Situation könnte durch die Feuerflamme angedeutet sein. Männliche und weibliche Gefährten Mohammeds bilden die Ratsversammlung (die „Schura“), die die göttliche Weisung interpretiert. Bei der Arbeit mit den Materialien sollte die Situationsgebundenheit der einzelnen Weisungen und die z.B. in den vier verschiedenen islamischen Rechtsschulen (nach den jeweiligen Gründern: Malikiten – traditionsorientiert –, Hanifiten – reformorientiert –, Safiten – vermittelnd –, Hanbaliten – konservativ) deutlich werdende Interpretationsbandbreite herausgestellt werden, um das Bild eines monolithischen Islam zu verhindern. Um Klischees („Heiliger Krieg“) aufzubrechen, sollte auf das geschichtliche Umfeld hingewiesen werden. Mohammed handelte im Rahmen der Erwartungen, die an ihn als Führer eines gefährdeten neuen Gemeinwesens gestellt wurden. Er steht damit jüdischen oder christlichen Königen näher als Jesus, der nie politische Verantwortung tragen musste. Ein Überblick über das Leben Mohammeds kann – vor oder nach der Arbeit mit den Materialien des SB – mithilfe von ZM 2 gewonnen werden.

Der von *Ibn Ishaq* (ca. 704–768), dem ältesten und zuverlässigsten Sammler der Traditionen über das Leben Mohammeds überlieferte Text von der *Nacht- und Himmelsreise Mohammeds* (SB, S. 94) ist in historisch-kritischer Sichtweise eine alte, vermutlich als Ausschmückung von Sure 17,1 entstandene Legende. Sie betont den visionären Charakter der religiösen Erfahrungen Mohammeds. Die Szene zeigt, wie Mohammed zum „Siegel der Propheten" (Sure 33,40) wurde, Judentum und Christentum erscheinen als dem Islam freundliche, aber eben nur Vorläuferreligionen. Die im SB nur anfangsweise wiedergegebene Erzählung berichtet ausführlich von den sieben Himmeln und vom Paradies, Gott selbst erscheint Mohammed nicht. Außerdem ist der von Ibn Ishaq überlieferte Text später zur zentralen Stelle für die Bedeutung Jerusalems als drittheiligster Stadt des Islam (nach Mekka und Medina) geworden. Die in Sure 17,1 genannte „weit entfernte Kultstätte", zu der Mohammed getragen wurde, trägt seit dem 7. Jh. die „Masgid al-Aqsa", die „weit entfernte Moschee".

Auf dem Felsen, von dem Mohammed seine Himmelsreise begann, entstand 691 der *Felsendom*, in dem noch heute Mohammeds Fußabdrücke gezeigt werden (SB, S. 95). Beide Bauwerke befinden sich auf dem jüdischen Tempelberg, dem Ort der Tempel Salomos und Herodes. Auch die mittelalterliche *Legende vom Jüngsten Tag* (SB, S. 95) zeigt, wie jüdisches apokalyptisches Denken von islamischer Deutung überformt wird. Zusammen mit den allgegenwärtigen Fernsehbildern des Nahost-Konflikts können Text und Bild die ambivalente Rolle Jerusalems als Ort dreier Religionen thematisieren, enthalten sie doch sowohl Hinweise auf die – wechselseitigen – Überlegenheitsansprüche als auch die in Abraham begründete Gemeinschaft von Judentum, Christentum und Islam.

Die *Kaaba* (SB, S. 96), ein würfelförmiger Bau mit einem schwarzen Stück Meteorgestein in der Außenmauer, war schon in vorislamischer Zeit ein viel besuchtes Wallfahrtszentrum der arabischen Stämme, das den Bewohnern Mekkas Wohlstand und – da im heiligen Bezirk nicht gekämpft werden durfte – Frieden bescherte. In ihr wurde, gemeinsam mit Hubal, dem Stadtgott von Mekka, und den Göttinnen al-Lat, al-'Uzza und Manat, deren Heiligtümer sich in der Umgebung Mekkas befanden, der „Herr des Hauses" (genaue Bedeutung unbekannt) verehrt. Mohammed sah in der Kaaba ein Zeugnis der ursprünglichen monotheistischen Religion Adams und Abrahams. Er reinigte sie von allen polytheistischen Elementen, behielt die vorislamischen Wallfahrtsriten, gefüllt mit neuer Bedeutung, jedoch bei. Pilger aus aller Welt umkreisen die Kaaba sieben Mal gegen den Uhrzeigersinn und versuchen dabei, den schwarzen Stein zu berühren oder zu küssen. Gleichzeitig verschwinden alle Unterschiede von Rasse, Nation, Geschlecht und sozialer Herkunft. Mit ihren vier Ecken und dem Stein überirdischer Herkunft bildet die Kaaba in islamischer Sicht die Mitte der Welt. Beim Gebet verneigen sich alle Muslime in Richtung Mekka.

Die Bilder und Texte *Fatih und Avni Bayram, Nizahad und Gülen* (SB, S. 98f.) thematisieren verschiedene Möglichkeiten, den islamischen Glauben im heutigen Deutschland zu leben. Das Festhalten an vertrauten Riten und Verhaltensnormen kann Sicherheit und Identität in der ungewohnten, bisweilen ablehnenden Umgebung bieten, die Auseinandersetzung mit der pluralistischen Umgebung kann zur persönlichen Interpretation und Auswahl der Tradition anregen, die Augen für den Unterschied von äußerlichen Ausdrucksformen und innerlicher Durchdringung des Glaubens öffnen. Darüber hinaus sollte nicht vergessen werden, dass auch junge Türken sich von der Religion ganz abwenden. Für ein angemessenes Verständnis der von den Sch. empfundenen Andersartigkeit ist es wichtig, zwischen religiösen Gegensätzen zwischen Muslimen und Christen einerseits und eher kulturellen Unterschieden (Türkei – Deutschland, Stadt – Land, alte und junge Generation ...) andererseits zu differenzieren. Das Tragen von Kopftuch oder Schleier oder die Trennung von männlicher und weiblicher Sphäre beispielsweise wird vom Koran nicht ausdrücklich gefordert, es handelt sich eher um einen sehr alten, im gesamten Mittelmeerraum üblichen Brauch, der mit Mohammeds Aufforderung zu zuchtvoller Bekleidung (Sure 24,31; 33,34 u.a.) verknüpft wurde. Dr. Nadeem Elyas, der Vorsitzende des Zentralrats der Muslime in Deutschland, bemerkt dazu: „Unsere Schwierigkeit als Muslime liegt nicht darin, dass wir gegen die islamische Lehre vorgehen müssen, um den Frauen zu mehr Rechten zu verhelfen, oder gegen eine hierarchische Institution, die sich dagegen stellt. Unsere Schwierigkeit liegt darin, dass wir gegen althergebrachte unislamische Sitten, Gebräuche und ‚Volkstraditionen' im eigenen Lager kämpfen müssen, die im Bewusstsein vieler Muslime unberechtigterweise den Status von ‚religiösen Traditionen' erlangten." (Presse-Information „Muslimische Frauen in Deutschland", Zentralrat der Muslime in Deutschland, 19.5.1999).

Aus der Vielzahl ethischer Impulse des Islam für die Bewältigung gesellschaftlicher Probleme der Gegenwart ist hier exemplarisch die *Zakat* (türkisch: „Zekat") herausgegriffen. Diese Pflichtabgabe („Armensteuer") entstand nach der Auswanderung Mohammeds und seiner Anhänger von Mekka nach Medina, die vielen Mitgliedern der jungen Gemeinde die wirtschaftliche Grundlage und Unterstützung von Sippe und Stamm entzogen hatte. Auf der Grundlage von Sure 9,60 ist sie für die Unterstützung Armer, für soziale Hilfseinrichtungen, für die Ausbreitung des Islam, für den Freikauf von Sklaven und Not leidende Reisende bestimmt. Der Begriff „Zakat" ist vom hebräischen und arabischen Wort für „Reinheit" abgeleitet: Die Abgabe eines Teils des Besitzes reinigt den Rest, den man dann mit gutem Gewissen benutzen kann. Die Zakat wird nicht vom Staat eingezogen, sondern ist eher eine moralische und soziale Verpflichtung. Als Regel gilt, etwa 2–3% seines jährlichen Gewinns zu zahlen, weniger, aber auch mehr (!) ist von Übel. Arme sind von der Zakat befreit. Mit der Zakat verbindet sich die Hoffnung auf ein Ende ungerechter sozialer Unterschiede zwischen den Menschen. Sie soll nach Meinung vieler Kommentatoren auch verhindern, dass die Reichen so reich werden, dass sie Gott vergessen.

Die Zakat ist eine der sog. „Fünf Säulen" des Islam: Glaubensbekenntnis, Gebet, *Abgabe für die Armen*, Wallfahrt nach Mekka, Fasten im Monat Ramadan.

Die persische Miniatur *Ein Muslim gibt ein Almosen* (SB, S. 100) zeigt die traditionelle Form, Zakat zu geben. Im Vergleich zum Bild „Bettler und Aussätziger vorm Stadttor" im Kapitel „Bruder Franziskus" (SB, S. 153) wird die universale Sprache von Armut und Reichtum sichtbar: Barfüßigkeit, schlechte Kleidung, gebückte Körperhaltung, Leben auf der Straße auf der einen, modische Schuhe und Kleidung, aufrechte Haltung, erhöhter Standort, Schutz von Stadt und reich geschmücktem Haus auf der anderen Seite. Der Offenheit und Verschlossenheit des Gebers korrespondiert das jeweilige Bauwerk. Der *Text von Zekiye*, einer jungen Frau, (SB, S. 100) zeigt, wie der Gedanke der Pflichtabgabe bei heutigen Muslimen unterschiedlicher Nähe und Distanz zur religiösen Tradition lebendig geblieben ist.

Wichtige Elemente des Islam, wie z.B. die Feste, Aufbau und Typen von Moscheen oder die unterschiedlichen Richtungen, werden in diesem Kapitel nur gestreift. Sie lassen sich über die unten genannten Medien oder die Filme der örtlichen Medienzentralen jedoch leicht erschließen.

2. Intentionen

Die Sch. sollen
- Grundkenntnisse über Entstehung, Glaubensinhalte und Ausdrucksformen des Islam gewinnen
- Gemeinsamkeiten und Unterschiede von Islam und jüdisch-christlicher Tradition erkennen und verstehen
- zwischen theologischen Differenzen von Christentum und Islam und Auslegungsdifferenzen der Tradition in beiden Religionen unterscheiden können
- in Dialog und produktiver Auseinandersetzung mit dem Islam Impulse für ihren eigenen Glauben, ihre Lebensgestaltung und die Bewältigung gesellschaftlicher Probleme bekommen
- Vorurteile gegenüber dem Islam abbauen oder differenzieren.

3. Literatur zur Vorbereitung

- Peter Antes, Ethik und Politik im Islam, Kohlhammer, Stuttgart 1982.
- Hartmut Bobzin, Der Koran. Eine Einführung, C.H. Beck, München 1999; Ders., Mohammed, C.H. Beck, München 2000.
- Abdoldjavad Falaturi / Udo Tworuschka, Der Islam im Unterricht. Beiträge zur interkulturellen Erziehung in Europa, Diesterweg, Frankfurt 1992[2].
- Carsten Holm (Hg.), Rätsel Islam. Weltmacht hinterm Schleier, Spiegel Verlag, Hamburg 1998 (Spiegel special 1/1998).
- Ibn Ishaq, Das Leben des Propheten, aus dem Arab. von Gernot Rotter, Spohr, Kandern 1999.
- Klaus Kreiser / Rotraut Wielandt (Hg.), Lexikon der islamischen Welt, Kohlhammer, Stuttgart 1992.
- Alexandre Papadopoulo, Islamische Kunst, Herder, Freiburg u.a. 1977
- Rudi Paret, Mohammed und der Koran. Geschichte und Verkündigung des arabischen Propheten, Kohlhammer, Stuttgart 1991.
- Malise Ruthven, Der Islam. Eine kurze Einführung. Reclam, Stuttgart 2000.
- Annemarie Schimmel, Im Namen Allahs, des Allbarmherzigen. Der Islam, Patmos, Düsseldorf 1996.
- Ursula Spuler-Stegemann, Muslime in Deutschland. Nebeneinander oder Miteinander, Herder, Freiburg u.a. 1998.
- Monika und Udo Tworuschka, Kleines Lexikon Islam. Christen begegnen Muslimen, Christliche Verlagsanstalt, Konstanz 1992.
- Johann-Dietrich Thyen, Bibel und Koran. Eine Synopse der gemeinsamen Überlieferungen. Böhlau, Köln 1993[2].

Koran-Ausgaben in deutscher Sprache:
- Max Henning, Der Koran, Reclam, Stuttgart 1991.
- Adel Theodor Khoury, Der Koran, Gütersloher Verlagshaus, Gütersloh 1987 (auch als GTB erhältlich!).
- Rudi Paret, Der Koran, Kohlhammer, Stuttgart u.a. 1989.
- Der Koran nach der Übersetzung von Friedrich Rückert, hg.v. Hartmut Bobzin, Ergon, Würzburg 2000[3].

4. Unterrichtsideen

⇨ Bild: *Raschid ad-Din Fadlallah, Jesus und Mohammed reiten auf Esel und Kamel zum Jüngsten Gericht, 1307* (SB, S. 85)
Bearbeitung der Arbeitsvorschläge im SB. Die Deutungsversuche der Sch. können im Gespräch durch Informationen (Titel, evtl. auch Bibelstelle, Biografie, Kontext: Universalgeschichte) ergänzt werden. Fokus des Gesprächs: das Verhältnis der Vertreter der drei Religionen zueinander: Nähe, friedliches Wettrennen?, Neugier, Respekt ...
Mögliche Impulse:
- Was könnten Jesus, Mohammed, der jüdische Beobachter einander fragen/erzählen? (Was würdet ihr sie fragen?) Was passiert in der nächsten Szene/am Ziel des Ritts (Perspektive Gottes einnehmen)? Das Bild – Modell für den Umgang der Religionen?
- Sure 5,48 als Impuls zur Bilddeutung einsetzen.
- Eigene Bilder skizzieren und deuten: Mohammed und Jesus reiten gegeneinander ...
- Zum „Bilderverbot“: Engel, Propheten und Gott dürfen nach islamischer Lehre nicht dargestellt werden. Muslimische Sch. könnten sich religiös verletzt fühlen, wenn der Prophet abgebildet wird. Wie ist es erklärbar, dass der Künstler Mohammed, Jesus und Jesaja(?) hier überhaupt dargestellt hat?

A. Gott entdecken

⇨ Bild: *Koranhandschrift* (SB, S. 86)
Betrachtung anhand der Aufgaben im SB. Konzentrationshilfe: Assoziationen zu Blau, Gold/Licht, Schrift vor dem Unterrichtsgespräch zunächst in meditativer Atmosphäre aufzuschreiben. Der Vergleich mit dem *Fresko des Meisters von S. Clemente de Taull* (SB, S. 41) sollte als zentrale Gemeinsamkeit die über alles Geschaffene hinausweisende Transzendenz (weißer Kreis, Licht vor blauem Hintergrund) und gleichzeitige Zuwendung Gottes zu den Menschen (Hand, Schrift) herausarbeiten. Gottes Offenbarung im Handeln durch Menschen (vgl. Kap. „Gottessymbol Hand", SB, S. 37ff.; in den Materialien entfaltet als Hand des Schöpfers/Hand Christi und seiner Nachfolger) und im schriftlich fixierten Wort zeigt gleichzeitig einen zentralen Unterschied zwischen Christentum und Islam. Eine evtl. deutsche Übersetzung von Sure 2,198–202 (die nicht unbedingt nötig ist) kann als Überleitung zu den folgenden Texten dienen.
Mögliche Vertiefung: Blau, Gold, Schrift in weiteren Materialien des SB, christlichen Kunstwerken etc. suchen und deuten, Eigenschaften Gottes „kalligrafisch" durch Variation von Farbe, Schriftart, Größe, Hintergrund, Schreibwerkzeug ... ausdrücken (vgl. unten, ZM 1).

⇨ Texte: *Gott entdecken* (SB, S. 87)
Die wichtigste Differenz zur christlichen Gottesvorstellung wird in Sure 112 angesprochen, die gegen Gottes besondere Nähe in Jesus und die christliche Trinitätslehre gerichtet ist. Das Unterrichtsgespräch sollte gemeinsame Züge des islamischen und des christlichen Gottesbildes betonen (Ein Gott, Schöpfer, Herr der Welt, den Menschen freundlich zugewandt), gleichzeitig aber das Problembewusstsein dafür schärfen, dass auch beiden Religionen gemeinsame Begriffe wie „Gnade" oder „Barmherzigkeit" im Rahmen des jeweiligen Gottes- und Weltverständnisses verschiedene Bedeutung gewinnen können; man kann auch den jeweiligen sprachlichen Grundlagen (Arabisch, Hebräisch, Aramäisch, Griechisch) nachgehen.

⇨ *Weiterarbeit:*
- Umsetzung der gewonnenen Kenntnisse und Fragen in *Rollenspiele*:
- Mit Muslimen gemeinsam beten im Schulgottesdienst?
- Gemeinderatssitzung: Auftritt der „Tanzenden Derwische", islamische Dichterlesung in der Kirche? Ausstellung christlicher Kunst in der Moschee?
- *Eigene Gotteserfahrungen* formulieren: eigene Gedichte oder Kurztexte verfassen
- *Fragen von* Christen *an* Muslime und Fragen von Muslimen an Christen zum Thema Gott / Heilige Schrift formulieren und – evtl. mithilfe kompetenter Partner (muslimische Mitschüler/innen, Eltern, Pastor/in ...) – beantworten

B. Abraham – Prophet und Vorbild

⇨ Vorbereitung auf die Texte: *Abraham – Prophet und Vorbild* (s.u.)
Sch. tragen bekannte Geschichten oder Redewendungen mit Sonne, Mond oder Sternen zusammen (Sterntaler, Die Weisen aus dem Morgenland, König-David-Sage [SB 5/6, S. 181], ein Star sein, Vier-Sterne-Hotel, Sonnenkönig ...); die Deutung des Symbols (Unerreichbares, Himmlisches, Göttliches) bereitet den Weg dafür, auch die Abrahamgeschichte als Symbolgeschichte zu verstehen.

⇨ Foto: *Sonnenuntergang aus (der Raumstation) Saljut 6* (SB, S. 89)
Sch. überlegen, was 5 Minuten vor- und nachher zu sehen wäre und nennen mögliche Empfindungen und Gedanken der Kosmonauten. Mit der Erarbeitung der ambivalenten Bedeutung der Sonne für die Erde (Quelle von Licht, Wärme, Lebensgrundlage, Dürre, Wüste, Tag und Nacht, Jahreszeiten; hält die Erde auf ihrer Bahn; evtl. sind einigen Sch. auch Phänomene wie Sonnenwind und Polarlicht geläufig) wird die natürliche Abhängigkeit der Menschen von kosmischen Mächten in den Vordergrund gerückt. Die ungewohnte Perspektive verdeutlicht gleichzeitig den menschlichen Erkenntnisfortschritt im Vergleich mit Abraham/Ibrahim. Impuls: Finden

die Kosmonauten die Leute von Ur und Abraham nicht einfach nur lächerlich?
Das Foto vom Sonnenuntergang eignet sich auch zur nachträglichen Problematisierung der Abrahamgeschichte (s.u.). Möglicher Impuls: Ist Abrahams Erfahrung und Deutung durch die heutige Wissenschaft nicht überholt?

⇨ Texte: *Abraham – Prophet und Vorbild* (SB, S. 88f.)
Texterschließung und Deutung gemäß der Aufgaben im SB. Bei schwächeren Lerngruppen evtl. einen tabellarischen Tafelanschrieb vorgeben (Symbole/übertragene Bedeutung) und im Unterrichtsgespräch gemeinsam ausfüllen. Stärkere Lerngruppen können die Deutungsebene in den Vordergrund rücken und nach möglichen Göttern der Gegenwart und ihren Gefahren fragen. Der Text eignet sich auch als Hinführung zur Frage nach dem Verhältnis von Glaube und Wissenschaft im Islam.
Weiterarbeit: Vergleich der Sternensymbolik in Abrahamüberlieferung und der Verheißung an Abraham Gen 15,1–5; dazu evtl. die Abbildung aus der Wiener Genesis (SB 5/6, S. 36) heranziehen.

C. Mohammed – Prophet und Politiker

⇨ *Selbstbeschreibung Mohammeds* von Ibn Ishaq als mögliche Hinführung:

> Den Propheten baten einmal einige seiner Genossen, ihnen von sich selbst zu erzählen. Er kam ihrer Bitte nach und sprach: Ich bin das Gebet meines Vaters Abraham und die frohe Botschaft meines Bruders Jesus. Meine Mutter sah, als sie mit mir schwanger war, ein Licht von sich ausgehen, das ihr die Schlösser Syriens erleuchtete.

(Aus: Ibn Ishaq, Das Leben des Propheten, aus dem Arabischen von Gernot Rotter, Spohr, Kandern 1999, S. 33f.)

Die Sch. können dazu passend ihre Vorstellungen von Persönlichkeit und Lebensgeschichte entwerfen bzw. Fragen formulieren. Das Verhältnis von Judentum, Christentum und Islam kann als Familiengeschichte beschrieben werden (Ähnlichkeit, Neid, Konkurrenz, Feindschaft unter Geschwistern ...). Buchempfehlung hierzu: Nagib Mahfuz: Die Kinder unseres Viertels, Unionsverlag, Zürich 1995.

⇨ Vorbereitung der Berufungsgeschichte *Mohammed – der Prophet* (s.u.):
Information zur vorislamischen Situation in Arabien und zur Jugend Mohammeds aus ZM 2 geben, Bildbetrachtung der *Kaaba* (SB, S. 96); Gespräch: Wie hätte das Bild vor Mohammed ausgesehen (Gemeinsamkeiten betonen, Unterschiede: Bekleidung – schon vorislamisch bezeugt –, ohne Koranverse, Moschee-Umbau fehlt, kleinere Wallfahrergruppen)? Erarbeitung der Bedeutung der Kaaba für die Mekkaner.

⇨ Text: *Mohammed – der Prophet* (SB, S. 90)
Erarbeitung der Berufungsgeschichte anhand der Aufgaben im SB. Zum vertieften Erfassen des Berufungserlebnisses Assoziationen zu Lesen/Nicht-lesen-Können und zum Würgen sammeln. Das Unterrichtsgespräch sollte den Unterschied von (verbalinspiriertem?) Koran und der als Ergebnis jahrhundertelanger Überlieferung und Neudeutung menschlicher Glaubenserfahrungen vorliegenden Bibel akzentuieren.

⇨ Foto: *Der Berg Hira* (SB, S. 91)
Welche Fragen und Eindrücke aus Mekka nimmt Mohammed mit auf den Berg Hira? Welche Fragen und Eindrücke bringt er vom Berg mit? Dabei auch das Bild der *Kaaba* (SB, S. 96) mit dem Foto des Berges Hira kontrastieren. Evtl. ist auch eine Fantasiereise „Der Weg von Mekka zum Berg Hira" möglich.
Weiterarbeit: Ein Bild malen: „Der Berg – Verbindung von Himmel und Erde", Farb- und Formwahl begründen. Bergnamen aus den bekannten Weltreligionen sammeln: Olymp, Atlas, Berg Sinai/Bergpredigt, Morija, Fuji ... Stichpunkte zu Erfahrungen mit sich selbst und mit Gott aufschreiben, die mit dem selbst gezeichneten Berg/den Bergen der Weltreligionen verbunden sind. Eine gute Zusammenstellung von Geschichten in: „Symbole in den Religionen der Welt" (s. 5. Materialien).

⇨ Texte: ... *und Politiker* (SB, S. 92)
Den von Ibn Ishaq stammenden, ersten Text lesen, die dazugehörigen Aufgaben bearbeiten. Alternativ: Im Unterrichtsgespräch können Vorschläge über das mögliche Geschehen zwischen Berufung Mohammeds und Text gemacht und anhand von **ZM 2** überprüft werden. Entwurf einer Tabelle: „Die Araber vor/nach Mohammed" (Glaube, Lebensziele, Zusammenleben untereinander, Verhältnis zu Juden und Christen ...); auch hier ZM 2 heranziehen.
Alternative: Die „Versammlung der arabischen Stammesführer" (vgl. Aufgabenvorschläge im SB) kann auch als *Rollenspiel* gestaltet/gezeichnet (mit Sprechblasen!) werden.

⇨ Abb.: *Mohammed im Kreis seiner Gefährten* (SB, S. 93)
Die Miniatur ist Illustration in einem für Hasan Pascha – 1598–1602 Gouverneur von Bagdad – 1599/1600 angefertigten, türkischen Text, der über das Wirken des Propheten und seiner Nachkommen berichtet. Die vom Bild des thronenden Herrschers abgeleitete Komposition verwendet nicht – wie es typisch wäre – den streng geordneten, hierarchischen Aufbau, sondern gruppiert die Figuren locker, aber übersichtlich, sodass der Blick auf die Zentralfigur Mohammed nicht behindert wird. Diese „gelöste Atmosphäre" lässt den Propheten als Primus inter Pares erscheinen.
Über die Arbeitsvorschläge im SB hinaus gibt es vielfältige Einsatzmöglichkeiten in anderen Unterrichtskontexten. Mögliche Impulse: Merkmale islamischer Kunst herausarbeiten (Schrift, symmetrische, wiederkehrende Ornamente, Blumenmuster als Hinweis auf den Paradiesgarten, Bild wirkt flächig wie ein Teppich); ein Ornament des Bildes großflächig zeichnen oder eigene Ornamente erfinden und einen Koranvers damit verweben; die Darstellung Mohammeds und seiner Gefährten mit christlichen Darstellungen Jesu oder der Heiligen vergleichen; Parallelen zwischen der dargestellten Szene und dem Aufbau der Moscheen am oberen Bildrand suchen (u.U. Reiseerfahrungen der Sch. mit türkischen und arabischen Moscheetypen heranziehen): Minarett/einladende Tür, Zentralkuppelbau als Versammlungsort, Moschee als Ort religiöser und politischer Kommunikation, weniger als Sakralbau, keine Darstellungen Mohammeds oder Gottes ...).

⇨ Text: *Ibn Ishaq, Mohammeds Nacht- und Himmelsreise* (SB, S. 94)
Der Text – der Autor gibt in seiner Beschreibung des Lebens Mohammeds mehrere mündliche Überlieferungen von Nachtreise und Himmelsreise Mohammeds wieder – kann mit Visionen anderer Propheten (z.B. Amos und Jesaja, SB. S. 56ff.) verglichen werden. Er kann dazu anregen, eigene traumhafte „Erfahrungen mit der Erfahrung" (E. Jüngel) der Sch. zur Sprache zu bringen.
Mögliches Vorgehen:
- Spontane Reaktionen der Sch. sammeln; Impuls: Aisha, die spätere Frau Mohammeds: „Der Körper des Propheten wurde in jener Nacht nicht vermisst, sondern Gott ließ nur seinen Geist die Nachtreise machen." (Ibn Ishaq im Kontext der Nachtreise)
- Formulieren eines gemeinsamen Gebets der genannten Propheten, Aufschreiben eigener bedeutsamer Träume (evtl. Austausch mit einem vertrauten Partner), Diskussion: „Träume – Illusion oder Weg zu Gott?"

⇨ Abb.: *Das Innere des Felsendoms* (SB, S. 95)
Bildbetrachtung: Dabei sollte der Kontrast zwischen der dunklen, kargen irdischen Zone und der darüber schwebenden, deutlich abgegrenzten lichten und reich verzierten himmlischen Welt betont werden. Auch dieses Gebäude betont die Transzendenz Gottes und seine Offenbarung durch das Wort.

⇨ *Alternative:*
Ibn Ishaqs Text kann auch, z.B. nach Beschäftigung mit der Berufung Mohammeds und der Wallfahrt nach Mekka, als Ausgangspunkt für die Erarbeitung der *Rolle Jerusalems als heilige Stadt* von Judentum, Christentum und Islam dienen. Neben der Bearbeitung der Aufgaben im SB ist es dann sinnvoll, mithilfe von Zusatzmaterial auch die jüdische und christli-

che Bedeutung Jerusalems zu thematisieren (z.B. SB 5/6, S. 192f., WB 5/6, S. 192, Reiseführer, Lexika [Stichwörter: Jerusalem, Felsendom, Al-Aqsa-Moschee, Salomo, Herodes ...] 1.Kön 6,1–38; 2.Kön 25,8–17; Luk 2,41–52;19,41–48).

Mögliche Arbeitsaufträge:

- Verfasst oder spielt ein Streitgespräch zwischen einem Juden, einem Christen und einem Moslem zum Thema „Wem gehört Jerusalem?"! (alternativ: Besprechung der *mittelalterlichen Legende* – SB, S. 94 – von Abraham, Mose, Jesus und Mohammed auf dem Tempelberg am Jüngsten Tag; Sch. überlegen sich, was sie den Auferweckten sagen könnten)
- Zeichnet eine Vision: „Jerusalem – Stadt des Friedens"!
- „Ein Archäologe aus dem Jahr 3000 zeichnet einen Querschnitt durch den ausgegrabenen Tempelberg": Alte und neue Schichten zeichnen und erläutern lassen. Was findet er in der obersten Schicht?

D. Mekka – das Zentrum der islamischen Welt

⇨ Foto: *Kaaba* (SB, S. 96)
Bildbetrachtung gemäß den Aufgaben im SB. Das Bild kann als Einstiegsmedium (Brainstorming zu Islam, Fragen notieren) oder Überleitung „Mohammed – heutiger Islam" (Weg zum Ursprung und zurück herausarbeiten und deuten) genutzt werden.

⇨ Text: *Azza Ahmed, Aufbruch zur Pilgerfahrt* (SB, S. 97)
Bezüge zwischen Kaaba, Abrahamgeschichte, Biografie Mohammeds (ZM 2) und dem Text entdecken (Gruppenarbeit. Mögliche grafische Gestaltung: Kaaba in die Mitte der Heftseite/der Wandzeitung setzen, Ergebnisse ringsum gruppieren.
Bearbeitung der Arbeitsvorschläge zum Text. Ergänzende Impulse: Eine Welt nach dem Willen Gottes ...; Beitrag des Islam zu den Menschenrechten; ein Moslem in Berlin, Bagdad, Teheran, Kabul kommentiert sein Leben im Licht des Hadsch. Das Unterrichtsgespräch sollte die Diskrepanz zwischen der Sehnsucht nach der Einheit des Ursprungs und der realen Zerrissenheit der heutigen islamischen Welt herausstellen. Zusätzliche Informationen zur Wallfahrt bieten: „Hagar und Ismael" und „Das Opferfest der Muslime" (SB, 5/6, S. 40,46); der Film „Islam 3 – Glaubensleben" der Medienzentralen.
Der Bericht von Azza Ahmed kann mit Filmen und Texten zu anderen lokalen und weltweit bedeutsamen Wallfahrtsorten (Rom, Jerusalem, Lourdes, Benares ...) verglichen werden. Ergänzender Impuls: „Der Weihnachtsgottesdienst – eine Wallfahrt?"

E. Als Muslim in der modernen Welt

⇨ Bild: *Fatih und Avni Bayram* (SB, S. 98)
Das Bild kann Sch. ermutigen, eigene Erfahrungen mit türkischen Mitschülern, Klischeevorstellungen oder Fragen zu formulieren: Teilnahme am Sportunterricht, „türkische Jungs und Mädchen", islamische Kleidung usw. Klischees sollten dabei nicht direkt verurteilt werden. Es ist besser, sie anhand realer Erfahrungen in der Lerngruppe und der Materialien dieses Kapitels zu überprüfen, zu differenzieren oder in einen anderen Verstehenskontext zu stellen (Kennt ihr Türken, die so/die anders als Familie Bayram leben? Welche Vor- und Nachteile sind mit Kopftuch, Geschlechtertrennung, patriarchalischem Familienstil verbunden? Sind die Besonderheiten durch den Islam, die gesellschaftliche Herkunft, Erfahrungen in Deutschland geprägt? Können sich Fatih, Avni, Nizahad, Gülin ... auf den Koran oder das Vorbild Mohammeds berufen?). Wo immer möglich, sollten türkische Mitschüler/innen am Unterrichtsgespräch beteiligt werden und Zusatzinformationen (z.B. aus einem Islamlexikon) herangezogen werden.

⇨ Text: *Nizahad und Gülin* (SB, S. 99)
Er kann, insbesondere bei schwächeren Lerngruppen, zur Vergegenwärtigung in die Ich-Form übertragen werden. Das Unterrichtsgespräch sollte die unterschiedlichen religiösen Lebensstile und die Gemeinsamkeiten zwi-

schen deutschen und türkischen Jugendlichen in den Vordergrund rücken (Selbstbewusstsein, Wunsch nach einem guten Beruf, Suche nach Orientierung und Lebenssinn, Abgrenzung von anderen ...).
Der Text kann als Impuls zur Auseinandersetzung mit der persönlichen religiösen oder nichtreligiösen Erziehung genutzt werden (Einzel-, Gruppen- oder Plenumsarbeit).

⇨ Impulse zur *Auseinandersetzung mit dem „Kopftuch“:*
Welche Rolle spielt Kleidung innerhalb einer Clique? Die Instrumentalisierung von Frauen in der Werbung thematisieren, Gedanken eines türkischen Mädchens dazu formulieren (Ambivalenz herausarbeiten: So darf ich nicht sein – so muss ich nicht sein). Erfahrungen mit nichtislamischen Kopftuchträgern und -trägerinnen aufgreifen: Nonnen, Jude mit Gebetsschal, ältere Frauen in Griechenland, Russlanddeutsche auf dem Weg zum Gottesdienst, deutsche Bauersfrauen ...), Bilder von islamischen Frauen in verschiedenen Ländern zeigen.
Weitere Arbeitsschritte: Kurzreferat (L. oder Sch.) und Diskussion zur säkularen Verfassung in der Türkei im Unterschied zu den meisten anderen islamischen Ländern; die Lebensentwürfe der besprochenen Personen im Licht von *Sure 2,177* (SB, S. 92) beurteilen.

⇨ Miniatur: *Ein Muslim gibt ein Almosen* (SB, S. 100)
Es bietet sich ein Standbild der Szene in Zeitlupe an, um den Empfindungen der Personen nachzuspüren. Die – bei vielen islamischen Miniaturen als Reaktion auf des Bilderverbot (die menschlichen Hautflächen markieren eine kalligrafische Linie, es ist also nicht in erster Linie ein Mensch abgebildet) vorhandene – Spirale, die von der geöffneten Hand des Reichen in mehreren Umdrehungen über Hände, Gesichter und Füße der Hauptfiguren bis zu den Füßen der Mitbewohner am oberen Bildrand und darüber hinaus reicht, kann als Ausdruck der Beziehung zu Gott gedeutet werden. Im Anschluss an die Aufgaben im SB kann als Ergebnissicherung eine erste Definition von „Zakat“ versucht werden (Abgrenzung von „Spende“ und „Steuer“).

⇨ Vor oder nach der Bildbetrachtung: *Der theologische und historische Hintergrund der Zakat.* Haben die Sch. mit **ZM 2** gearbeitet, kann im Unterrichtsgespräch die problematische Situation nach der Hedschra und die Zakat als Antwort darauf erarbeitet werden (Sure 2,177 aus dem SB, S. 92, heranziehen; möglicher Arbeitsauftrag: Welche Missstände müssen in Medina geherrscht haben? Warum haben die Muslime die Zakat später beibehalten? [Festigung der aus vielen Familien, Stämmen, später Völkern bestehenden Gemeinschaft, das Problem von Arm und Reich bleibt ...]).

⇨ *Text von Zekiye* (SB, S. 100)
Nach Bearbeiten der Arbeitsvorschläge kann zur Vertiefung ein Begleitschreiben oder ein Dankesbrief zu einer Geldüberweisung verfasst werden.

⇨ Themen zur *weiteren Diskussion*:
„Die Zakat – ein Weg zu Gerechtigkeit unter den Menschen?“ (Möglichkeiten und Grenzen herausstellen).
Ist ein gemeinsamer Spendenaufruf von islamischen und christlichen Hilfswerken (Sch. der eigenen Schule) angesichts einer Naturkatastrophe denkbar? (evtl. Plakate entwerfen und diskutieren).
Ein fiktives Gespräch zwischen Mohammed, Franz von Assisi und Elisabeth von Thüringen (SB, S. 151ff. und 76f.) verfassen.

5. Materialien und Medien

Zusatzinformationen aus islamischer Sicht:
- Zentralrat der Muslime in Deutschland e.V., Vogelsangerstr. 290, 50825 Köln, Tel. und Fax 0221-2229567 (http://www.islam.de).
- Islamisches Zentrum München, Wallnerstr. 1-5, 80939 München (Broschüre und Plakatserie „Entdecke den Islam“, auch im Internet: http://www.discoverislam.com/).

Audiovisuelle Medien:
- Martin Braner u.a., Islam, 12 Dias, in: forum religion, Medienservice 2/1998.
- Missio (Hg.), bildreihe 6. Islam. Text und Zusammenstellung: Anne Eichinger, München, o.J.
- Religionspädagogisches Seminar der Diözese Regensburg, Der Islam. Folien - Farbbilder - Erklärungen, Regensburg 1993.

Vorlesegeschichten:
- Monika Tworuschka / Udo Tworuschka (Hg.), Symbole in den Religionen der Welt. Für Kinder von 8-14 Jahren, Kaufmann/Butzon & Bercker, Lahr/Kevelaer 1996.

Themenhefte:
- Themenhefte: „Christen und Muslime. Mit den Augen des anderen sehen“, in: ru 4/1992; „Nebeneinander? Miteinander?“, in: ru 3/1996.
- Themenheft „Islam“, in: rhs 6/1998.
- Israel. Projektwoche, hg.v. der Bundeszentrale für politische Bildung, Berliner Freiheit 7, 53111 Bonn (zu: Jerusalem - Stadt dreier Religionen).

Allah in islamischer Kalligrafie

„Bismillah [im Namen Allahs], Allah, Es gibt keinen Gott außer Allah“

(Docteur Mohamed Sijelmassi, Casablanca)

Versuche herauszufinden, was über Gott durch die Kalligrafie jeweils ausgesagt wird!
Schreibe das Wort „Gott“ so, dass eine Eigenschaft Gottes (im Islam oder im Christentum) dadurch zum Ausdruck gebracht wird!

Mohammed (d.h. der Gepriesene) wurde um das Jahr 570 in Mekka geboren. Er entstammte der Familie der Haschimiden, einer verarmten Seitenlinie des berühmten Geschlechts der Koraischiten. Da sein Vater und seine Mutter frühzeitig starben, wurde er von seinem Großvater und später von seinem Onkel Abu Talib erzogen. Nach einer harten Jugend - er musste als Hirt zum Lebensunterhalt der Familie beitragen - trat er als Karawanenführer in den Dienst der reichen Kaufmannswitwe Chadidscha. Diese fand Gefallen an dem schönen und begabten jungen Mann, er erhielt bald eine Vertrauensstellung, und schließlich schlug sie ihm vor, sie zu heiraten. Der fünfundzwanzigjährige Mohammed ging auf dies Angebot freudig ein und lebte in glücklicher Ehe mit der um fünfzehn Jahre älteren Frau.

Als Mohammed von Mekka nach Medina übergesiedelt war, änderte sich sein Leben sehr. Hatte er zuerst als junger Mann unter den Menschen gewohnt, ohne als religiöser Denker aufzufallen, und war dann aus dem Kaufmann der religiöse Denker und Prophet geworden, so entwickelte er sich jetzt zu einem Staatsmann:

Mithilfe der Anhänger, die ihn von Mekka her begleitet hatten, gelang es ihm, sich allmählich zum unbestrittenen Herrn von Medina zu machen. Im Jahr 624 erfocht er mit seinen Anhängern einen Sieg über eine dreifache Übermacht. Von da an trug er den Ruhm eines siegreichen Heerführers. Im Jahre 630 schließlich zog er siegreich in seine Heimatstadt Mekka ein.

Die arabische Halbinsel ist nur sehr dünn besiedelt (Wassermangel). Ihre Bewohner sind noch heute oft Nomaden, die keinen festen Wohnsitz haben (Beduinen). Bevor Mohammed Arabien zu einer Einheit machte, lagen die Volksstämme in ständigem Krieg miteinander. Nur in den drei heiligen Monaten des Jahres ruhten die Waffen. Dann pilgerten viele Leute zu dem Heiligtum der Handelsstadt Mekka. In dem Heiligtum (der „Kaaba") waren viele Holz- und Steinbilder aufgestellt: Sie stellten die Götter dar, an die man glaubte.

Das Leben in der reichen Stadt Mekka war aber keineswegs fromm: Die herrschenden Familien suchten nur immer mehr Besitz an sich zu raffen und halfen den Armen - besonders auch den Witwen und Waisen - wenig.

Durch seine Ehe mit Chadidscha war Mohammed zu einem reichen Kaufmann geworden. Er soll mit Erfolg große Geschäftsreisen ausgeführt haben. Wahrscheinlich wird er bei diesen Reisen auch christliche Predigten gehört haben, in denen auf das kommende Weltgericht hingewiesen wurde. Dadurch wurde Mohammed zu einem stillen, nachdenklichen Mann. Er fastete und betete viel. Als er 40 Jahre alt geworden war, hatte er in einer Höhle bei Mekka ein Erlebnis, das sein ganzes Leben veränderte:

Mohammed war jetzt nicht nur Prophet, nicht nur Verkünder der Befehle Allahs, nicht nur Vorbeter bei den fünfmal täglich stattfindenden Gebeten. Er war jetzt auch oberster Herrscher über Arabien. Dabei wohnte und kleidete er sich sehr bescheiden.

Im Jahr 632 (im 10. Jahr nach seiner Auswanderung von Mekka nach Medina) unternahm Mohammed noch einmal eine Wallfahrt von Medina zur Kaaba in Mekka. Kurz nach der Rückkehr von dieser Wallfahrt erkrankte Mohammed. Er starb am 8. Juni 632 in Medina.

Als Mohammed in Mekka als Prophet auftrat, fand er zunächst wenig Anklang. Seine Botschaft, dass es nur den Einen Gott (arab.: Allah) gibt, passte den meisten Leuten in Mekka nicht. Sie wollten weiter an ihrem Glauben an viele Götter festhalten, der ihnen ja auch viel Geld einbrachte, weil jedes Jahr viele Leute aus ganz Arabien als Pilger zum Heiligtum der Kaaba in Mekka kamen, in dem damals die vielen Götter verehrt wurden (bevor Mohammed das Heiligtum von Götzenbildern reinigte). Es passte ihnen auch nicht, dass Mohammed ihr schlechtes Verhalten gegen die Armen anprangerte.

So gewann Mohammed zunächst nur im engen Familienkreis und unter Sklaven und Beduinen Anhänger.

Als nun im Jahr 619 seine Frau Chadidscha starb und auch sein Onkel Talib, der ihn immer geschützt hatte, entschloss sich Mohammed, mit seinen Anhängern nach Medina auszuwandern. Diese Auswanderung in das 300 km entfernte Medina ist der Anfangspunkt für den großen Erfolg des Propheten Mohammed. Nach dieser Auswanderung - sie heißt auf Arabisch „Hedschra" - die am 6. Juli 622 n.Chr. stattfand, beginnt deshalb auch die islamische Zeitrechnung.

Aus: Johannes Lähnemann, Weltreligionen im Unterricht. Teil II: Islam, Vandenhoeck & Ruprecht, Göttingen 1996[2], S. 227–230 (gekürzt).

Ordne die Abschnitte!
Ordne auch die Materialien im Schulbuch zeitlich ein!

Wie erhöht der Islam die Stellung der Frau?

WIE ERHÖHT DER ISLAM DIE STELLUNG DER FRAUEN?

Dem Koran nach sind Männer und Frauen vor Gott gleich. Die Frauen werden nicht wegen der Übertretung im Zusammenhang mit dem „verbotenen Baum“ getadelt, und ihre Beschwerlichkeiten bei Schwangerschaft und Geburt gelten auch nicht als Strafe dafür.

Der Islam sieht eine Frau, ob alleinstehend oder verheiratet, als eigenständiges Individuum an, mit dem Recht selbst Eigentum und Vermögen zu besitzen und darüber zu verfügen. Der Bräutigam übergibt der Braut ein Hochzeitsgeschenk zu ihrer eigenen persönlichen Verwendung, und sie kann ihren eigenen Familiennamen beibehalten, statt den ihres Ehemannes anzunehmen. Die Rollen von Männern und Frauen sind einander ergänzend und zusammenwirkend. Rechte und Verantwortlichkeiten beider Geschlechter sind insgesamt angemessen und ausgewogen.

Sowohl Männer als auch Frauen haben sich auf einfache, bescheidene und ehrsame Weise zu kleiden. Besondere traditionelle Frauenbekleidung, wie man sie in manchen muslimischen Ländern antrifft, entstammt oft eher örtlichem Brauchtum statt religiösen Grundsätzen. Ebenso spiegelt die Behandlung der Frauen in manchen Gegenden der muslimischen Welt kulturelle Sitten wieder, die mit den wahren islamischen Lehren nicht immer übereinstimmen oder ihnen sogar zuwiderlaufen.

Der Prophet Muhammad sagte: *„Derjenige von den Gläubigen ist am vollkommensten im Glauben, der am besten im Umgang und am freundlichsten zu seiner Frau ist.“*

Entdecke den Islam!

Aus: „Entdecke den Islam“, hg.v. Islamisches Zentrum München, München 1999. (Broschüre und Plakatserie, auch im Internet: http://www.discoverislam.com/)

Von Wundern erzählen

1. Theologische und didaktische Aspekte

Das NT erzählt von den Wundertaten Jesu. Diese Erzählungen bilden einen wesentlichen Teil der Überlieferung, u.a. auch aufgrund ihrer Häufigkeit, keine andere Überlieferungsform kommt so oft vor. Diese Erzählungen grundsätzlich als historische Berichte aufzufassen, wie es in der biblizistischen, aber auch in der rationalistischen Auslegung geschieht, verstellt den Zugang zu den in ihnen enthaltenen Glaubenserfahrungen. Mit Gerd Theißen und Ingo Baldermann sollen sie hier als *Hoffnungsgeschichten* angesehen werden. Theißen (S. 256ff.) unterscheidet einerseits „Exorzismen", „Therapien" und „Normenwunder" (Jesus hat – seiner Meinung nach – diese Wunder getan) und „Rettungswunder", „Geschenkwunder" und „Epiphanien" andererseits. Letztere schreiben Jesus übermenschliche Fähigkeiten zu. Sie setzen den Osterglauben voraus. Die Geschichtlichkeit der Heilungen und Exorzismen Jesu wird dadurch bestätigt, dass auch Jesu Gegner diese bezeugen (Mk 3,22). Außerdem finden sich Hinweise auch in anderen Gattungen (z.B. Mt 4,23f.; Lk 11,20). Hier, in der Wortüberlieferung, entspricht das Wunderverständnis dem Selbstverständnis Jesu. Nur hier ist es z.B. mit seiner Verkündigung des Reiches Gottes verknüpft. In den eigentlichen Wundererzählungen hingegen verblasst das Charakteristische der Verkündigung Jesu. Es handelt sich um „vom Osterglauben geformte Dichtungen des Urchristentums" (Theißen, S. 275). Als solche sind sie nicht nur symbolisch zu deuten als Träger einer theologischen Einsicht, sondern „die Wunder Jesu wollen zunächst einmal konkrete, materielle, heilende Hilfe bringen" (S. 282f.). Sie sind ein Protest gegen die menschliche Not: „Wo immer man diese Geschichten erzählt, wird man sich nicht damit abfinden, dass es für zu viele zu wenig Brot gibt, dass es für viele Kranke keine Heilung gibt, dass es für viele Gestörte keine Heimat in unserer Welt gibt!" (S. 283). Es wird heute kaum noch bestritten, dass Jesus paranormale Kräfte hatte, mit denen er körperlich und seelisch leidende Menschen geheilt hat. Theißen (S. 282) deutet diese Fähigkeit als Wundercharisma, d.h. als eine „spontan auftretende Macht ..., die sich nicht technisch ausnutzen (lässt), da sie nicht berechenbar auftritt, sondern an charismatische Personen und deren Interaktion mit anderen Menschen gebunden ist". Jesus selbst hat diese Begabung mit seiner Botschaft vom nahenden Gottesreich verknüpft: Er sah in seinen Heilungen den rettenden Willen Gottes wirken. Hierin besteht die Einzigartigkeit der Wunder des historischen Jesus: „Nirgendwo sonst finden wir einen Wundercharismatiker, dessen Wundertaten das Ende einer alten und der Beginn einer neuen Welt sein sollen. ... Die Gegenwart wird so im Kleinen zu einer Zeit des Heils" (Theißen, S. 279). Jesu Gegner haben ihm vorgeworfen, mit dem Teufel im Bunde zu stehen (Mk 3,22). Von hellenistischen Magiern unterscheidet Jesus jedoch, dass er nicht auf magische Manipulationen (Beschwörungen,

Zauberformeln etc.) vertraut. Seine Wunder geschehen immer im Rahmen einer personalen Zuwendung. Der Zuspruch an Geheilte, „dein Glaube hat dich gerettet“, geht vermutlich auf Jesus zurück. Auch ist sein Charisma nicht immer und überall wirksam (Mk 6,1–6), während ein Magier seine Kunst situationsunabhängig anwenden kann. Außerdem lehnt Jesus im Gegensatz zu Magiern ein Beglaubigungswunder strikt ab (Mk 8,11f.).

Im Folgenden sollen die hier im Mittelpunkt stehenden neutestamentlichen Wundergeschichten exegetisch erläutert werden. Als Beispiel für eine Heilungsgeschichte wurde die *Heilung der Schwiegermutter des Petrus* (Mk 1,29–31) ausgewählt. Sowohl Günter Scholz (S. 14f.) als auch Gerd Theißen (S. 281) gehen davon aus, dass hier ein historischer Hintergrund vorliegt. Theißen weist zur Begründung auf die indirekte namentliche Nennung der Geheilten hin. Scholz schließt aus der fehlenden theologischen Pointe auf ein charismatisches Geschehen. Allerdings habe der Text typisierenden Charakter, es sei nicht von einem genau fixierbaren Ereignis auszugehen. Der *Seewandel Petri* (Mt 14,22–33) gehört zum Sondergut des Mt. Er fügt die Episode in die Erzählung vom Seewandel Jesu (Mk 6,45–52) ein. Die folgende Darstellung basiert auf der Exegese von Günter Scholz (S. 80–96). Er weist nach, dass hier eine „Seenotrettungsgeschichte“ (Mk 6,47a.48a.50f.) und eine „Epiphaniegeschichte“ (Mk 6,47b.48b.49a.50) kombiniert wurden (S. 81–84). Die Ursache sieht er darin, dass die ursprüngliche Epiphaniegeschichte als „existenziell nicht mehr bedeutsam“ erschien und „nur noch als majestätischer Machterweis Jesu verstanden zu werden drohte“ (S. 84). Durch die Kombination werde deutlich, „dass Jesu Kommen immer ein Not wendendes und Existenz rettendes Geschehen ist und auch umgekehrt: dass eine Bewahrung in großer Gefahr als ein ‚Kommen‘ Jesu interpretiert werden kann“ (S. 93). Die kerygmatische Funktion der Wundergeschichte sieht Scholz in der Symbolik des Wassers begründet: Jesus wandelt auf dem Wasser – d.h. Jesus hat als der Auferstandene den Abgrund und den Tod überwunden (S. 92). Er kommt auf die Jünger in ihrer Glaubensblindheit zu und tröstet sie. Für die urchristliche Gemeinde heißt dies, dass der Auferstandene wirklich lebt und sie in dieser Gewissheit selbst den Tod überwinden wird. Mt erweitert die Mk-Vorlage um den Seewandel Petri. V. 28–30a lehnen sich inhaltlich eng an V. 22–27 an. V. 30–31a sind durch „in Handlung umgesetzte Psalmbilder“ geprägt (S. 94): Das „Einsinken“ und „Schreien“ stammen aus Ps 69,3f.15; das „Rette mich“ aus Ps 69,2. Jesu ausgestreckte und rettende Hand weist zurück auf Ps 18,17f.36 und Ps 144,7. Der Seewandel Petri verweist auf die Nachfolgeexistenz. Die offene Frage in V. 31 ermöglicht es dem Leser, sich in Petrus selbst wieder zu erkennen. Die Bildersprache der Psalmen ist ihm vertraut, sodass er den Seewandel nicht mirakulös missversteht. Wie sein Herr möchte der Nachfolgende „auf den Wassern“ des Todes „wandeln“. Ihm gilt die Verheißung („Komm“, V. 29), und er macht die Erfahrung, dass der Glaube trägt (V. 29), aber er gerät genau wie Petrus durch Furcht und Zweifel in Glaubensnot, „denn er hat in Wahrheit die Welt noch nicht überwunden“ (S. 95). Ursula Früchtel (S. 108) deutet die „Tiefe des Petrus“ als „jene, in die man fällt, wenn man sich selbst überschätzt“. Petrus sei gar nicht mehr in Not. Er fordere Jesus heraus, indem er ihm eine Bedingung stellt (V. 28). Er verlange ein „Exklusivwunder“ (ebd.), nämlich wie Christus über den Abgrund gehen zu können. Dadurch distanziere er sich von der Gemeinschaft der Jünger. Dass Petrus versinkt, deutet Früchtel als eine Ermahnung an Petrus bzw. an die Urgemeinde: „Der Herr steht seinen Jüngern bei in der Not. Er lässt sich aber kein Wunder abtrotzen“ (ebd.).

Das *Brotvermehrungswunder* taucht als Speisung der 5000 bei Mt, Mk, Lk und Joh und als Speisung der 4000 bei Mt und Mk auf. Nach Ursula Früchtel (S. 36) ist das Besondere an Mk 6,30–44, dass es sich um eine narrative Entfaltung des Kontrastsymbols „Mangel – Fülle“ handele. Das Motiv der Wüste („öder Ort“, V. 31 u.ö.) wird mit dem Motiv des „guten Hirten“ (V. 34) verknüpft. Aufgrund dieser, in der Erzählung selbst enthaltenen Deutung des Wunders, ist diese Fassung besonders für den Unterricht geeignet. Es fällt auf, dass das Wüsten-Motiv zu Widersprüchen innerhalb der Erzählung führt: Jesus und die Jünger fahren mit dem Schiff (!) in die Wüste bzw. in die Ödnis (V. 32). Das Volk, vor dem Jesus und die Jünger fliehen, um Ruhe zu finden, und das ihnen hinterherläuft, ist merkwürdigerweise schneller als das Schiff (V. 32f.). In V. 36 ist von Gehöften und Dörfern die Rede. Passt das zum „öden Ort"? Der „öde Ort" wird schließlich zum Ort des „grünen Grases" (V. 39). Offensichtlich liegt hier also „nicht ein ‚Bericht' über ‚Reales'" vor, „sondern Erzählung, die auf symbolisches Geschehen verweist" (Früchtel, S. 497). Der Disput zwischen Jesus und den Jüngern verdeutlicht die Mangelsituation: Jesus fordert sie auf, dem Volk zu essen zu geben (V. 37), aber indem sie auf das mangelnde Geld hinweisen (ein Denar entsprach etwa dem Tageslohn eines Arbeiters), wird ihr Unverständnis offenkundig. Ab V. 38 wird deutlich, dass der „gute Hirte" in der Lage ist, den Mangel zu beheben. Die Ödnis wird zum „grünen Gras" (V. 39), auf dem sich das Volk in Tischgemeinschaften lagern soll. Hier klingt Ps 23 an: „Er weidet mich auf einer grünen Aue" (V. 1); „du deckest mir einen Tisch im Angesicht meiner Feinde" (V. 5). Der Mangel ist aufgehoben, alle werden satt (V. 42). Aber Jesus sättigt nicht nur leiblich, sondern auch geistig. Er hilft in seinem Erbarmen denen, die keinen Hirten haben (vgl. Hes 34), indem er sie lehrt (V. 34) und ihnen neue Gemeinschaft ermöglicht (V. 39). Die übrig bleibenden zwölf Körbe (V. 43) weisen auf die Anzahl der Apostel hin. Es sind sehr große Körbe gemeint, die auf dem Rücken getragen werden können, um Saatgut zu transportieren. Die Jünger, die hier (V. 30) „Apostel" genannt werden und gerade von ihrer Missionstätigkeit zurückkehren (vgl. Mk 6,7–13), müssten jetzt eigentlich verstehen, was ihre Aufgabe als Apostel ist: weiterzugeben, was Jesus ihnen gibt. „Sie leben von seiner Fülle. Und: Sie haben den Menschen zu dienen und (sie) nicht mit leeren Händen wegzuschicken" (Früchtel, S. 498). Während Früchtel das neutestamentliche Speisungswunder aus alttestamentlichen Motiven ableitet, erkennt Scholz (S. 100ff.) in der Mahlhandlung das „Zentrum" der Erzählung, was an der rudimentär vorhandenen Abendmahlsliturgie (V. 41) zu erkennen sei. „Die historische Symbolhandlung Jesu bei seinem letzten Mahl und deren literarischer Niederschlag in Mk 14,22 (ff. parr) (habe) erheblichen Einfluss auf die wunderhaft narrative Ausgestaltung der Urform der Speisungserzählung ausgeübt" (Scholz, S. 106). So sei in Mk 6,30–44 die Abendmahlsymbolik wirksam: Jesus Christus ist das „wahre Lebensbrot" (S. 108).

Wer mit Sch. des 7./8. Schuljahrs neutestamentliche Wundergeschichten behandelt, steht vor der Schwierigkeit, einerseits den Gehalt der einzelnen Geschichten erschließen zu wollen, andererseits jedoch von den Sch. zu Recht gefragt zu werden: Was ist wirklich geschehen? Hatte Jesus übernatürliche Kräfte? Diese Fragen können nur mit einem großen inhaltlichen und methodischen Aufwand beantwortet werden, was aber von den eigentlichen Geschichten wegführt. Will man verhindern, dass die Sch. mit zunehmendem Alter die Wundergeschichten als unrealistisch oder langweilig ablehnen und sich damit auch von der Bibel und dem Glauben abwenden, so muss es gelingen, die Geschichten selbst für die Sch. zum Sprechen zu bringen. Die Frage nach ihrer Historizität sollte daher im Einvernehmen mit den Sch. zunächst zurückgestellt und die Eigenart der Texte mit ihrem besonderen Wirklichkeitsverständnis respektiert werden. Eine weitere, für die Sch. oft belastende Implikation der historischen Frage ist die Theodizee: Wenn Jesus Wunder wirken konnte, warum hat er dann nicht allen Menschen geholfen? Wenn Gott durch Wunder in das Leben der Menschen eingreifen kann, warum müssen dann immer noch so viele leiden? Hieran wird deutlich, dass es gerade für Sch. dieser Altersstufe wichtig ist, zu einem angemessenen Wunderverständnis zu gelangen. Dies kann jedoch nur aus den Wundergeschichten selbst gewonnen werden. Mit guten Absichten wird oft versucht, den Sch. von vornherein ein symbolisches Verständnis nahe zu legen. Sobald die Sch. aber merken, dass ihnen die Wundererzählungen als Verpackung einer dogmatischen oder moralischen Aussage angeboten werden, verlieren sie das Interesse an der Geschichte. Sie ist dann für sie „nur" etwas symbolisch Gemeintes, also ohne Bezug zu ihrer konkreten Realität. Die symbolische Auslegung soll hier nicht abgewertet werden. Sie *vorschnell* als „Lösung" anzubieten kann aber den Zugang verstellen. Baldermann (S. 77) bezeichnet die Wundergeschichten als „Hoffnungsgeschichten", „die erzählt sein wollen". Sie „sind eben nicht symbolisches Verpackungsmaterial für theologische Aussagen .... Die Frage ist, wie wir so ins Erzählen dieser Geschichten hineinkommen, dass sie wirklich reden." Baldermann bezieht sich auf die Grundschule. Seinem Gedanken folgend, versucht das vorliegende Kapitel, die Texte als Erzählungen für Sch. des 7./8. Jahrgangs ernst zu nehmen. Die Wundererzählungen sollen durch kreative und analytische Aufgaben sowie durch kontrastierende Medien erschlossen werden, sodass die Sch. (hoffentlich) eigene Erfahrungen darin wieder finden und neue, für sie relevante Erfahrungen damit machen können. Sollen die Texte ernst genommen werden, so bedeutet das aber auch, dass ihre fantastischen Züge nicht eliminiert oder relativiert werden dürfen, sondern ihr Charakter als Wunschgeschichten offen gelegt werden muss. Hans Zirker versucht, die exegetischen Erkenntnisse Theißens didaktisch umzusetzen: Der Verdacht der Sch., dass die historische Gestalt Jesu in den biblischen Geschichten übersteigert wird (so auch Theißen), müsse bestätigt und die Wundererzählungen müssten als Wunschgeschichten gelesen werden (Zirker, S. 241). Sie entspringen nicht einer beliebigen, individuellen Fantasie, sondern sie sind aus den Erfahrungen mit Jesus von Nazareth, seinem Leben, Sterben und Auferstehen, hervorgegangen. Scholz (S. 26) hebt hervor, dass die Ursache der Entstehung im „präsentisch-eschatologischen Existenzverständnis" der Gemeinde zu finden ist. Zirker (S. 234) fasst das Fantastische als „Repräsentationsform des Glaubens" auf: „Der Glaube muss in solchen Geschichten reden, weil er sonst nicht zeigen kann, wie seine Hoffnung über das menschlich Verfügbare und Machbare hinausgeht". Pädagogischen Vorbehalten gegenüber solchem „Wunschdenken" stellt Zirker (S. 242) entgegen, dass es sich nicht um „leichtfertige, gar zu naive und realitätsblinde Wünsche" handele. Vielmehr übergehen „die fantastischen Geschichten von Jesu Wirken ... die Härte unserer Wirklichkeit nicht; das Wunderbare, das sie erzählen, ist immer nur punktuelles Ereignis, nur Episode". Angeregt von diesen Überlegungen (methodische Hinweise gibt Zirker leider nicht), wurden für das SB zwei Wundererzählungen mit stark fantastischen Zügen sowie Beispiele aus der fantastischen Jugendliteratur ausgewählt. Dies scheint mir nicht nur von der Sache, sondern auch von der Motivation der Sch. her sinnvoll. Sch. dieser Altersstufe haben erfahrungsgemäß Spaß daran, sich in fremde Welten hineinzuversetzen, daran teilzuhaben und darin zu agieren (Fantasy-Literatur, Video-Spiele). Gerade deshalb ist es aber auch wichtig, dass den Sch. klar wird, dass die neutestamentlichen Wunschgeschichten nicht einer individuellen Fantasie entsprungen sind, sondern aufgrund der Erfahrung mit Jesus von Nazareth und der konkreten, alltäglichen Notsituation der ersten Christen entstanden sind.

2. Intentionen

Die Sch. sollen

- dazu angeregt werden, negativen Erfahrungen aus ihrem eigenen Leben und aus dem Leben der Menschen zur Zeit Jesu (z.B. Ungerechtigkeit, Gewalt, Krankheit, Mangel) positive Bilder (Wünsche) entgegenzuhalten; sie sollen die Fähigkeit, sich etwas zu wünschen, als Voraussetzung der Veränderung erkennen
- ihre Kenntnisse über das Handeln Jesu (Umgang mit Randgruppen, Kranken, Sündern) und die Verkündigung Jesu (Reich-Gottes-Botschaft) auffrischen bzw. diese Aspekte in den Grundzügen kennen lernen
- einen zentralen Aspekt des historischen Jesus kennen lernen: Jesus hat viele Menschen mit körperlichen oder seelischen Krankheiten geheilt und diese Heilungen als Anbruch des Reiches Gottes gedeutet
- in Mt 14,22–33 die Notsituation des Petrus (zwischen Angst und Vertrauen) und die Bedeutung Jesu (Retter, Freund) verstehen und diese Erfahrungen auf ihr eigenes Leben anwenden
- Mk 6,30–44 im Hinblick auf die Notsituation des Volkes (Hunger, Orientierungslosigkeit) und die Überforderung der Jünger deuten und mithilfe der alttestamentlichen Bezüge die Erzählabsicht erschließen: Jesus ist der „erhoffte Hirte", der seinem Volk wieder Nah-

rung in Fülle, Orientierung und Gemeinschaft schenkt
- durch den Vergleich mit außerbiblischen Texten und Bildern die besondere Funktion der fantastischen Ausdrucksmittel in den Wundererzählungen erschließen: übersteigernde Schilderung der Macht Jesu als Ausdruck der Hoffnung auf Hilfe in existenziellen Notsituationen und als Ausdruck des Glaubens, dass das Gegebene nicht die letzte Wirklichkeit ist; sie sollen aber auch erkennen, dass das NT Jesus nicht als Zauberer oder Deus ex Machina darstellt
- durch die Beschäftigung mit den Wundergeschichten als Hoffnungsgeschichten Ermutigung zu verantwortlichem Handeln erfahren.

3. Literatur zur Vorbereitung

- Ingo Baldermann, Einführung in die biblische Didaktik, Wissenschaftliche Buchgesellschaft Darmstadt, 1996.
- Hans-Joachim Blum, Biblische Wunder heute. Eine Anfrage an die Religionspädagogik, Katholisches Bibelwerk, Stuttgart 1997.
- Jörg Frey, Zum Verständnis der Wunder Jesu in der neueren Exegese, in: ZPT (EvErz) 1/1999, S. 3–14.
- Ursula Früchtel, Mit der Bibel Symbole entdecken,Vandenhoeck & Ruprecht, Göttingen 1994².
- Günter Scholz, Didaktik neutestamentlicher Wundergeschichten, Vandenhoeck & Ruprecht, Göttingen 1994.
- Gerd Theißen/Annette Merz, Der historische Jesus, Vandenhoeck & Ruprecht, Göttingen 1997².
- Klaus Wegenast, Wundergeschichten im Unterricht – ein religionspädagogisches Doppelproblem, in: ZPT (EvErz) 1/1999, S. 32–46.
- Hans Zirker, Jesusgeschichten als phantastische Literatur, in: ZPT (EvErz) 35/1983, S. 228–243.

4. Unterrichtsideen

A. Wünsche

⇨ Foto: *„Engel“* (SB, S. 104)
Mögliche Impulse: Wie wirkt das Bild auf euch? Hat es für euch eine Bedeutung? Denkt euch die Flügel zunächst weg: Was hat die Person gerade erlebt? Was denkt/fühlt sie? Was wünscht sie sich? Was verändert sich in der Bildaussage durch die Flügel? Was verbindet ihr mit der Vorstellung von einem Engel? Was würde die Frau tun, wenn sie wirklich ein Engel wäre? Was würde Gott (heute) durch Engel bewirken wollen?

⇨ *Weiterarbeit:* Erzähle einen Traum, in dem der „Engel“ vorkommt. Beschreibe einleitend, wer den Traum träumt (Alter, Geschlecht, Beruf ...)! Alternative: Gestalte mit bildnerischen Mitteln eine Traum-Szene (evtl. Gestalt aus Fotokopie ausschneiden und in die Collage/das Bild einkleben)! Mögliche Aspekte: Ineinander von trister Wirklichkeit und (Wunsch-)Traum, Gottes Wirken in unserer Wirklichkeit.

⇨ Liedtext: *Die Toten Hosen, Wünsch dir was* (SB, S. 105)
Texterschließung auf dem Hintergrund der Bildbetrachtung (Foto, SB, S. 104, vgl. Arbeitsvorschläge). Das Foto drückt einerseits Traurigkeit (graue, leblose Umgebung), andererseits Hoffnung auf Veränderung (Flügel) aus. Dem entspricht im Liedtext einerseits „Das Hier und Heute ist ein alter, böser Traum“ und andererseits „Gut siegt über Böse; jemand lenkt unsere Wege; Ewigkeit; Vergebung; Gleichheit; Gerechtigkeit; Frieden; Freundschaft; Liebe; Anstand und Moral“. Dem Wünschen wird hier verändernde Kraft zugeschrieben (Refrain). Gerade der ironische Hinweis auf den Heiligen Geist und den Weihnachtsmann macht das deutlich.

Weiterarbeit: Schreibe einen Wunschzettel mit Wünschen, die man nicht mit Geld erfüllen kann.

B. Jesus heilt Kranke

⇨ Bild: *Sieger Köder, Jesus bringt Heil, 1995* (SB, S. 103)
Das Bild leitet über von den bisher thematisierten Erfahrungen der Sch. zu den biblischen Wundergeschichten. Bildbeschreibung: Aufbau (Zentrum, Farben, Personengruppen, Vordergrund), Einzelheiten der Personen, Bildaussage. Mögliche Impulse für die Deutung: Was rufen, fühlen, denken die einzelnen Personen? Was sagt das Bild über die Anhängerschaft Jesu aus? Welche Erwartungen und Wünsche hatten diese Menschen? An welche Geschichten aus der Bibel erinnert dich das Bild? *Weiterarbeit*: Versetze dich in die Lage einer der Personen und schreibe auf, was sie sich wünscht!

⇨ Bild: *„Die Heilung der Schwiegermutter des Petrus"* / Text: *Mk 1,29–31* (SB, S. 106)
Das Bild ist eine Buchmalerei aus dem Evangeliar der Hitda von Meschede, Köln um 1000–1020): Christus (Nimbus mit Kreuz) empfängt, wie ein König thronend, die kranke Frau. Er ergreift ihre kraftlose linke Hand, während ihre rechte Hand (so wie die eines Jüngers im Hintergrund) staunend, bittend, das Unfassbare greifen wollend, nach oben gerichtet ist. Ihr Kopf ist geneigt, der Blick auf den Boden gerichtet, aber ihre Körperhaltung ist aufrecht, d.h. sie ist schon geheilt. Nach der Bildbeschreibung den Text erschließen, Unterschiede Text – Bild benennen und deuten. Das Bild deutet Jesus als Christus, den Herrn, der sich in seiner Majestät der kranken Frau helfend zuwendet (Handhaltung) und sie aufrichtet, ihr neue Kraft und Würde verleiht. Abschließend: freie Phase zum Thema (Wunder-)Heilung.

⇨ *Alternative:* Einstieg in die Thematik über die *Umrissskizze der Hände* (ZM 1). Sch. erhalten ZM 1. Aufgaben: 1. Beschreibe die Handhaltung! Versuche, sie nachzustellen! 2. Ergänze den Bildausschnitt zu einer vollständigen Szene! Überlege dafür, welches Format hier passend ist, und klebe den Ausschnitt entsprechend auf ein Blatt Papier! 3. Trage in die Handflächen ein, welche Empfindungen, Erwartungen, Gedanken und Wünsche jeweils vorhanden sind! Die Sch.-Arbeiten (Aufgabe 2) können mit dem Original verglichen werden. Die Weiterarbeit (Aufgabe 3) setzt die Erschließung von Mk 1,29–31 voraus (evtl. Arbeitsblatt vergrößert kopieren oder Sch. fertigen eine eigene, textgemäße Skizze an).

⇨ *Weiterarbeit:* Formt in Partner- oder Gruppenarbeit ein Standbild, das eine Berührung zeigt, bei der einer den anderen „aufrichtet" (vgl. Mk 1,31). Mögliche Aspekte der Besprechung: Welche Körperteile werden berührt? Beschreibt eure Empfindung während der Berührung! Wurde die Mehrdeutigkeit in „aufrichten" erkannt und dargestellt?

⇨ Text: *Otfried Preußler, Krabat und Tonda* (SB, S. 107)
Stellt die Szene als Standbild nach! Was erfährst du über die Beziehung zwischen Krabat und Tonda? Welche Wirkung geht von der Handauflegung aus? Kann jeder das, was Tonda macht? L. sollte erst im Verlauf des Gesprächs darauf hinweisen, dass Tonda über Zauberkräfte verfügt, die er für den schwachen Krabat einsetzt. Die Geste des Handauflegens, verbunden mit dem Zuspruch „Nicht aufgeben, Krabat ...", ist aber auch als Form der Zuwendung und des Mutmachens zu deuten. Von einer „normalen" Geste kann eine „unglaubliche" Wirkung ausgehen.

⇨ Text: *Mk 3,1–6* / Abb.: *Ausschnitt aus dem Isenheimer Altar* (SB, S. 48)
Vertiefung der Theodizeefrage im Zusammenhang des Themas „Gottessymbol Hand" (SB, S. 37ff.): Warum heilt Jesus nicht alle Menschen? Warum hilft er sich nicht selbst?

C. ... und er ging über das Wasser (Mt 14,22–33)

⇨ Texte: *Joanne K. Rowling, Harry Potter* (SB, S. 108f.) / *Mt 14,22–33*
Den Harry-Potter-Auszug zuerst für sich behandeln! Um den anschließenden Vergleich

mit Mt 14,22–33 zu entlasten, sollten die im zweiten Arbeitsvorschlag angeführten Fragen zunächst nur auf die Harry-Potter-Geschichte angewendet werden. Textvergleich hinsichtlich des Weges, den Petrus und Harry antreten. Mögliche Aspekte: Der Weg führt beide auf eine andere Wirklichkeitsebene. Harry verlässt die Welt der Muggel, um in die Welt der Zauberwesen einzutreten. Petrus verlässt seine/unsere gewohnte Erfahrungswelt, in der es unmöglich ist, auf dem Wasser zu gehen. Für Harry ist der Weg die einzige Möglichkeit, ein besseres Leben zu führen und seine Identität zu finden. Petrus ist durch die Erscheinung erschreckt. Er will gleichzeitig seinen Glauben (Mut) unter Beweis stellen und die Erscheinung überprüfen. Beide treten den Weg in einer Notsituation an. Beide zeigen Angst und Unsicherheit. Bei Harry siegt der Mut, bei Petrus die Furcht. Petrus braucht einen Retter, Harry schafft es allein. Petrus ist ausschließlich auf Jesus angewiesen, Harry darauf, den Trick zu erfahren, der ihn wie die anderen auf Gleis neundreiviertel bringt. Dabei ist die Frau als Helferin, anders als Jesus für Petrus, austauschbar. Harry und Petrus müssen den Mut aufbringen, das Notwendige zu tun. Für wen wurden die beiden Geschichten erzählt? Wem können sie helfen? Welchen Schluss findet ihr besser: die Rettung *in die* Zauberwelt *hinein* oder die Rettung *in(nerhalb)* der „richtigen" Welt (durch Gottes Eingreifen)?

Ein außergewöhnlicher Weg

	Harry	Petrus
Ziel	Gleis neundreiviertel → Hogwart	Jesus
Verlauf und Ende	1. Auskunft der Frau 2. Harry besiegt seine Angst und läuft auf die Absperrung zu 3. Ohne Aufprall passiert er die Schranke	1. geht auf dem Wasser 2. Angst → sinkt 3. Jesus rettet ihn
Was man für diesen Weg braucht	Helfer, magisches Wissen, Mut	Glauben/Vertrauen zu Jesus

⇨ Karikatur: *Ivan Steiger, 1987* (SB, S. 109)
Ivan Steiger veranschaulicht, was „Glaube" im Sinne von „Vertrauen" bedeutet: Abgründe zu überwinden, einen tragfähigen Grund unter die Füße zu bekommen. Die Karikatur kann entweder nach *Gleis neundreiviertel* (s.o.) als Brücke zum Bibeltext (mögliche Impulse: Beschreibt die Karikatur die Situation Harrys? Was ist hier anders?) oder nach dem Textvergleich (s.o.) als Vertiefung eingesetzt werden.
Alternative: In diesem Rahmen kann es hilfreich sein, „Glaube" zu thematisieren. Die Karikatur zunächst ohne das Wort präsentieren (auf Fotokopie unkenntlich machen, dann OHP-Folie erstellen). Mögliche Impulse: Wie gelangt die Figur über den Abgrund? Welche Lebenssituationen könnten gemeint sein? Nachdem die Karikatur als Ganze gezeigt wurde, kann der Begriff „Glaube" umschrieben und z.B. gegen „Wissen" abgegrenzt werden. Evtl. Luthers Erklärung zum ersten Gebot im großen Katechismus heranziehen.

⇨ Bild: *Rolf Händler, Überfahrt II, 1987* (SB, S. 110)
Acht Personen sitzen dicht gedrängt im vorderen bzw. hinteren Teil eines Ruderbootes. Die hellen Gesichter bilden einen Kontrast zu den sonst eher tristen und dunklen Farben des Wassers und des Himmels, wirken aber auch eher fahl und leblos. Die Gesichtszüge sind nur angedeutet, wirken verschwommen. Die meisten Personen haben große, zum Teil weit aufgerissene Augen. Die Münder sind geschlossen. Bei der Frau in der Mitte wirkt der

Mund zusammengekniffen. Der kleine Kopf links neben ihr erweckt den Eindruck eines Totenschädels. Von vier Personen sind Hände bzw. Arme zu erkennen. Am unteren und am oberen Bildrand erheben zwei Personen (Männer?) jeweils ihre rechte halb geöffnete Faust vor das Gesicht. Die Geste wirkt ratlos und ohnmächtig. Die Frau in der Mitte lässt ihre Arme kraftlos sinken, birgt auf ihrem Schoß aber eine Katze. Am rechten Bildrand ist eine Hand zu erkennen, die in der Umarmung eines Kindes Trost spendet. Die aufragenden Ruder werden nicht benutzt. Der schmale Streifen Himmel im oberen Viertel des Bildes verdunkelt sich von links nach rechts. Wie beim Wasser überwiegen hier Grün-, Grau- und Blautöne. Auf der linken Bildhälfte ist auf dem Wasser ein Licht zu erkennen, das an einen Sonnenuntergang erinnert. Am rechten Rand scheint sich der Himmel aufzuklären, scheinen die dunklen Wolken zu verschwinden. Wie passt beides zusammen? Die „Überfahrt" scheint für diese Menschen ein letzter Ausweg zu sein. Sie sind dem Wasser, es ist dunkel und undurchsichtig, ausgeliefert. Sie wirken verängstigt, erstarrt, hilflos, ohnmächtig. Es ist fraglich, ob sie ihr Ziel erreichen, ob das Boot sie in eine bessere Zukunft trägt und sie wieder festen Boden unter die Füße bekommen.

⇨ Text: *Wolfgang Poeplau, Wer das könnte* (SB, S. 111)
Über das Wasser zu gehen, bedeutet mit Vertrauen und Hoffnung neue Wege zu gehen und die alten Ängste zu überwinden. Es handelt sich um einen Wunsch („wer das könnte", Konjunktiv II). Über dessen Erfüllbarkeit trifft der Sprecher keine Aussage. Anknüpfend an den dritten Arbeitsvorschlag auch die gegenteilige Erfahrung erläutern; beides im Tafelbild festhalten. Bezug zum Bild (vierter Arbeitsvorschlag): Vielleicht haben sich die Menschen im Boot auf den Weg gemacht, um ihre Hoffnungslosigkeit zu überwinden, um „alte Gesetzmäßigkeiten" zu brechen. Möglicherweise sind sie aber auch so verängstigt, dass sie nicht auf ein glückliches Ende hoffen können.

Über das Wasser gehen	Im Wasser versinken
– abgrundtiefes Vertrauen	– Angst
– Hoffnung, die trägt und hält	– Zweifel
– Angst und Zweifel überwinden	– Hoffnungslosigkeit
– mit alten Gesetzmäßigkeiten brechen	
– nie Versuchtes wagen	
– gehen, wo man nicht gehen kann	
– leben, wo man nicht leben kann	
– hoffen, wo alles hoffnungslos scheint	

⇨ *Alternative* zu den Arbeitsvorschlägen im SB: Einstieg mit einer Schreibmeditation. Die Sch. erhalten, bevor sie das Gedicht als Ganzes kennen lernen, auf einem großen Plakat Auszüge des Textes, z.B. die dritte oder vierte Strophe, oder einzelne Aussagen wie „wer das könnte ...", „abgrundtiefes Vertrauen", „eine Hoffnung, die trägt". In Kleingruppen notieren sie schweigend ihre Gedanken zu den Aussagen auf dem Plakat. Im anschließenden Unterrichtsgespräch die Sch.-Kommentare vorlesen und so das Gedicht erläutern; evtl. als Abschluss gemeinsam einen Paralleltext verfassen.

D. ... und alle wurden satt (Mk 6,30–44)

⇨ Bild: *Hanna Lömker-Rühmann, Lasst uns an den Grenzen Tische decken, 1987* (SB, S. 112)
In dem Bild stehen reale Elemente (Vordergrund: Mauer/Tisch, Serviette, Gefäße, Obst) und irreale (Hintergrund, Linien, Farbe) neben einander. Gleichzeitig wird der Kontrast zwi-

schen Leblosigkeit und Natur (frisches Obst) gestaltet. Von der abgebildeten Nahrung kann kaum jemand satt werden. Das Bild deutet aber an, dass derjenige, der hier isst und trinkt, Stärkung für einen weiten Weg durch eine trostlose Landschaft empfängt und auf diesem Weg schließlich den Horizont (was ist dahinter?) überschreiten kann. Mögliche Impulse: Was und wie wird hier „aufgetischt"? Wo/wann und für wen findet das Mahl statt? Würdet ihr gerne an diesem gedeckten Tisch Platz nehmen? Nach oder während der Betrachtung können eigene Essgewohnheiten der Sch. sowie ihnen bekannte Formen des ritualisierten Essens (Abendmahl) angesprochen werden.

⇨ Text: *Mk 6,30–44* (SB, S. 113)
Die Textanalyse setzt bei den Sch. einen „langen Atem" voraus. Außerdem ist eine leibliche Mangelsituation bei den meisten Sch. als eigene Erfahrung kaum vorauszusetzen. Es ist also besonders wichtig, sie neugierig auf den Text zu machen und zum genauen Lesen anzuhalten:

- Einstieg durch *szenisches Lesen.* Sch. lesen den Text zunächst leise und dann mit verteilten Rollen (Erzähler, Jesus, Apostel) laut vor. Anschließend *freie Phase*: Sch. bemerken evtl. schon jetzt die inhaltlichen Widersprüche des Textes.
- *Spielszene* als Einstieg: L. erläutert eine imaginäre Situation: Die Klasse befindet sich auf einer mehrstündigen Wanderung, bei der sie sich in einem Waldstück verlaufen hat. L. hat noch sechs Brötchen. Er bittet vier „Mitarbeiter", diese an die hungrigen ca. 20 Mitschüler zu verteilen. Anschließend Frage an die Mitarbeiter: Wie habt ihr euch bei dieser Aufgabe gefühlt? Frage an die Klasse: Was ist in euch während des Verteilens vorgegangen? Wie habt ihr euch verhalten / geäußert? Wie beurteilt ihr das im Nachhinein? Welche Lösung gibt es für das Problem der Mitarbeiter? Mögliche Aspekte: Überforderung der Mitarbeiter, das Wenige gerecht zu verteilen und gleichzeitig die Mitschüler sättigen zu wollen; deren Neid („Die anderen haben mehr als ich!"), Einforderung einer absolut gleichmäßigen Verteilung („Die Stücke sind nicht gleich groß!"); evtl. Überlegungen zu einer anderen Art von „gerechter" Verteilung („Wer braucht die Nahrung am nötigsten? Wer hat selbst noch etwas in der Tasche?"). Anschließend die Situation der Jünger im Text erarbeiten.
- Erschließung der *alttestamentlichen Bezüge* (notwendiger Arbeitsschritt zur Erschließung der Aussageabsicht): *Metaphern-Assoziation* zu „öder Ort" und „grünes Gras". Nach den Sch.-Äußerungen ergänzt L., was Mk bei den Lesern seiner Zeit als Assoziation voraussetzen konnte: Ps 23,1–3.5; evtl. Hes 34,2.5.23. Sch. ergänzen zum Motiv des guten Hirten V. 34 (zu Ps 23 vgl. SB 5/6 und WB 5/6, S. 126). L. weist auf V. 41 (Abendmahlsliturgie) hin; falls notwendig, schriftlich mit Mk 14,22 vergleichen.
- *Vergleich zum Bild SB, S. 112*: Gemeinsamkeiten: Ineinander von realen Erzähl- bzw. Bildelementen (z.B. Hunger) und irrealen (Brotvermehrung); Knappheit der Nahrung; der „öde Ort" (V. 31f., 35); Speisung geht einher mit der Predigt (V. 34), d.h. die Menschen erfahren mehr als leibliche Sättigung, es wird ihnen ein Weg (zu Gott) gewiesen.
- *Gruppenarbeit:* Schreibt ein *Drehbuch* für die Verfilmung der Erzählung (z.B. innerhalb eines Jesus-Spielfilms). Ergänzt eure Hinweise zu Kameraeinstellung, Ort, Personen, Handlung und Dialog durch eigene Skizzen der jeweiligen Szene!
- Erzähle die Geschichte aus der Sicht der Apostel!

⇨ *Tischgebet* (SB, S. 113, EG 840, Regionalteil Niedersachsen): Zusammenhang von Empfangen/Danken und Teilen vertiefen. *Weiterarbeit:* In manchen Familien wird vor und/ oder nach dem Essen gebetet. Diskutiert, ob ihr das sinnvoll findet! Formuliert ein eigenes Tischgebet!

⇨ Text: *Das halbe Brot* (Kap. „Mehr als alles – Sehnsucht und Sucht", SB, S. 29): Vertiefung des Aspektes Teilen / Geben / Sinnfindung / Hoffnung.

E. Jesus – ein Zauberer?

⇨ Abgrenzung Jesu von einem Zauberer; mögliche Impulse für den *Einstieg*: Was ist ein Zauberer? Wie/wodurch zaubert er? Gibt es echte Zauberer? Was würdet ihr gerne (ver-) zaubern? Das Gespräch sollte sich auf den Zauberer beziehen, der (angeblich) über magische Kräfte verfügt, und diese durch Beschwörungsformeln, Zauberstab etc. einsetzt, um seine Umwelt in seinem Sinne zu beeinflussen.

⇨ *Karikatur* (SB, S. 114)
Zunächst die Identität der Personen klären. Mögliche Impulse: Erkläre, wie der Zeichner auf die Idee für diese Szene gekommen sein könnte! Kinder und Jugendliche wünschen sich oft „Wunderkräfte". Warum?! Der Zeichner fasst den Seewandel Jesu als dauerhafte Fähigkeit auf und überträgt sie scherzhaft auf das Kind Jesus. Der Wunsch, sich mit Zauberkräften gegen die Übermacht von Eltern und Erwachsenen durchsetzen zu können, ist den Sch. leicht verständlich. Daran kann sich die Frage anschließen, worin sich die von dem erwachsenen Jesus erzählten Wunder von diesem „kindlichen Seewandel" unterscheiden (s. Arbeitsvorschläge). Auf die erarbeiteten Wundererzählungen zurückgreifen; parallel das Tafelbild erstellen (später ergänzen, s.u.).

⇨ Texte: *Mk 6,1–6; 8,11f.* (SB, S. 114)
Die Leute in Nazareth kennen Jesus von klein auf. Dieser Zimmermannssohn soll ein Wundertäter sein? Das glauben sie nicht. Die Pharisäer, die Gegner Jesu, fordern ein machtvolles Zeichen. Auch sie glauben nicht an Jesus. Weiterführender Impuls: Was erfahren wir hier über die Besonderheit Jesu als Wundertäter? Jesus kann nicht immer und überall Wunder wirken. Der Glaube der Menschen ist die Voraussetzung seiner Wunder. Die Demonstration seiner Macht durch ein „Zeichen" lehnt er ab. Es kommt ihm nicht darauf an, die Menschen zu beeindrucken, sondern ihnen zu helfen (Tafelbild ergänzen):

<u>Was ist das Besondere an den Wundern Jesu?</u>

- Jesus <u>hilft</u> anderen Menschen
- Jesus hilft anderen Menschen in einer <u>schweren Notlage</u> (z.B. Angst, Seenot, Hunger)
- Jesus verwendet <u>keine Zauberformeln</u> o.Ä.
- Jesu Wunder setzen <u>Glauben</u> voraus
- Jesus will durch die Wunder <u>nicht seine Macht demonstrieren</u>

F. Wundergeschichten – Hoffnungsgeschichten

⇨ *Zum Festhalten* (SB, S. 118) / *Das Wort Wunder* (ZM 2)
Zur Festigung bzw. Überprüfung sollten vor dem letzten Abschnitt folgende Fragen beantwortet werden: 1. Jesus hat Menschen von körperlichen und seelischen Leiden geheilt. Wie hat er selbst diese Heilungen gedeutet? 2. In welcher äußeren und inneren Situation befanden sich die ersten Jünger Jesu, als sie nach seinem Tod von seinen Worten und Taten weitererzählten? 3. Auf welche Art und Weise haben sie ihre Hoffnung, dass sich durch Jesus das Leben verändern kann, zum Ausdruck gebracht? *Das Wort Wunder* dient als Überleitung zu der Frage, welche Konsequenzen sich aus dem neutestamentlichen Wunderbegriff ergeben und ob/wie heute ein „Wunder" geschehen kann. Mögliche Impulse: 1. Erläutere die Aussagen soweit nötig durch Beispiele! 2. Überlege, welche der Aussagen auf neutestamentliche Wundergeschichten zutreffen!

⇨ Bild: *Eve B., 11 Jahre* (SB, S. 116)
Zunächst die Stimmung des Bildes ansprechen (Titel finden!). Dann Gestaltungsmittel beschreiben (Farben, Einzelheiten wie z.B. Tiere). Weitere Impulse: Wer (welche der abgebildeten Personen) könnte das Bild gemalt haben? Versetze dich in eine der Personen hinein und schildere einen typischen Tagesablauf! L. gibt Informationen zum Bild: Es gehört zu einer Ausstellung „So erleben Kinder Multiple Sklerose (MS)". MS ist eine unheilbare Krankheit, die die Nervenbahnen im Gehirn und im Rückenmark befällt. Die Folge sind u.a. Störungen des Gehvermögens, der Bewegungsabläufe der Arme und Hände. *Weiterarbeit:* Schreibe eine Wundergeschichte zu diesem Bild! Mögliche Aspekte bei der Besprechung der Sch.-Arbeiten: Auf welchen Wirklichkeitsebenen handeln die Geschichten? Geschieht das Wunder „innerlich" (etwa: neuer Lebensmut) oder konkret (die MS-Kranke kann sich wieder normal bewegen)? Welche Rolle spielen Jesus bzw. Gott, andere Menschen dabei? Gemeinsamkeiten und Unterschiede zu den Gestaltungsmitteln der biblischen Wundererzählungen!

⇨ Lied: *Alle Knospen springen auf* (SB, S. 117)
Ohne den Begriff Wunder zu verwenden, beschreibt das Lied Veränderungen, die oft als unmöglich angesehen werden, weil sie z.B. der menschlichen Natur oder den gesellschaftlichen Bedingungen widersprächen. Die Parallelisierung mit dem Aufspringen der Knospen und dem Tagesanbruch lässt die Hoffnung aufkommen, dass diese Veränderungen tatsächlich geschehen werden. Nach dem Singen des Liedes sollte der Text auf den Wunderbegriff bezogen werden (s. Arbeitsvorschläge; evtl. ZM 2 einbeziehen). Weitere Impulse: Deute die erste Strophe auf die in den folgenden Strophen genannten Veränderungen! Welche Veränderungen hältst du persönlich für möglich? Was können die Menschen dazu beitragen?

⇨ Text: *Wolfdietrich Schnurre, Und was ist mit den Wundern?* (SB, S. 116)
Das Kind wirft die Frage nach der Deutung des Begriffs Wunder auf. Die Antwort des Vaters bleibt rein innerweltlich, stellt aber wahrscheinlich gerade deshalb für das Kind eine große Herausforderung dar, das diese sehr wohl versteht („Herzklopfen").

5. Materialien und Medien

- Sigrid und Horst Klaus Berg, Himmel auf Erden. Wunder und Gleichnisse. Biblische Texte verfremdet 11, Kösel/Calwer, München/Stuttgart 1989.
- Brich mit dem Hungrigren dein Brot, Arbeitsheft zum Mahlbild des Misereor-Hungertuches „Hoffnung den Ausgegrenzten" von Sieger Köder, hg.v. Misereor e.V. (fon: 0241/4420, fax: 0241/442188; postmaster@misereor.de).
- Religion heute. Thema: Wunder, 18/1994.
- Alfons Weiser, Was die Bibel Wunder nennt, Katholisches Bibelwerk, Stuttgart 1988[7] (außerbiblische Wundererzählungen).

ZM 1

Hitda-Codex, Heilung der Schwiegermutter Petri, Hessische Landes- und Hochschulbibliothek, Darmstadt (fol. 77r, Handschrift 1640), Ausschnitt.

ZM 2

Das Wort Wunder

Kinder und Jugendliche wurden in einem Interview aufgefordert zu erzählen, was ihnen zu dem Wort „Wunder“ einfällt. Hier einige Antworten:

- „Wunder ist, was wissenschaftlich nicht nachweisbar ist.“ (Sandra, 15)
- „Ein Wunder wäre, wenn Gott mal runterkommen würde und sich allen Menschen zeigen würde oder wenn ich einmal Schutzengel sein dürfte.“ (Tim, 8)
- „Dinge, die unbeschreiblich sind, wo man denkt, das kann gar nicht sein, wo man halt denkt, das ist halt jetzt so fantastisch, dass es irgendwie so nicht der Realität entsprechen kann.“ (Carmen, 17)
- „... z.B. dass einer, der gelähmt war, jahrelang, dann einfach so wieder aufstehen kann.“ (Vera, 16)
- „Also ich finde, dass z.B. die Erde ein Wunder ist, die Entstehung der Pflanzen und so, dass halt aus so einem kleinen Samenkorn so viel entstehen kann, also die Natur halt.“ (Susanne, 15)
- „Wunder sind Sachen, die von Menschen nicht erklärt werden können.“ (Daniel, 15)
- „Wunder sind für mich ein Problem. In Büchern steht, dass Gott Wunder wirkte und andererseits, dass es für alles eine Erklärung gibt.“ (Ursula, 13)
- „Also es gibt z.B. Wunder, auf die ich hoffe, dass sie irgendwann einmal passieren ... z.B. dass es keinen Krieg mehr gibt.“ (Britta, 15)

Aus: Hans-Joachim Blum, Biblische Wunder heute, © Verlag Katholisches Bibelwerk, Stuttgart 1997.

Kreuzeserfahrungen

1. Theologische und didaktische Aspekte

Religionspädagogen nähern sich dem Thema Kreuz häufig mit Vorbehalten. Ist es möglich, das Geheimnis des Kreuzes mit heutigen Sch., zumal denen der Sekundarstufe I, zu erschließen? Wie kann ich erklären, dass der Gottessohn „für uns", gar „für unsere Sünden" sterben „musste"? Wie kann ich verständlich machen, dass uns gerade daraus „Heil" erwächst? Die theologische und didaktische Bedeutung dieses Symbols ist unumstritten. Wie aber kann „das" christliche Symbol für 13- bis 14-Jährige lebendig werden, sodass es ihnen eine Hilfe sein kann, ihre religiösen Vorstellungen zu klären und sich gegebenenfalls ihres Glaubens zu vergewissern? Wie kann das Kreuz als Symbolisierung einer befreienden, mit Gott versöhnenden und zum Leben führenden Erfahrung heutigen Sch. erschlossen werden, ohne die darin enthaltene Aufforderung zur konkreten Nachfolge angesichts des vielfachen Leids von Menschen zu vernachlässigen?

Das Kreuz ist als Symbol sehr viel älter als das Christentum. Die einzelnen Ausformungen in den unterschiedlichen Kulturen und Religionen weisen eine kaum überschaubare Bedeutungsvielfalt auf; z.B. bedeutet das Henkelkreuz als ägyptische Hieroglyphe „Leben", das Taukreuz war altamerikanischen Völkern ein Symbol für Regen; das Hakenkreuz gilt den Buddhisten als Paradiesschlüssel, den Skandinaviern als Hammer Thors. Im Judentum gilt das Kreuz vorchristlich als eschatologisches Siegel, das diejenigen kennzeichnet, die im Endgericht gerettet werden (vgl. Ez 9,1–10,7). Als Kraft- und Schutzzeichen wird es in der Orantenstellung (vgl. u.) des Mose in Ex 17,8–16 sichtbar: Im Kampf gegen König Amalek ist Israel so lange siegreich, wie über sein Heer in Gestalt der ausgebreiteten Arme des Mose das Kreuz aufgerichtet ist. Eine moderne Deutung der Kreuzform (Riedel, S. 41f.) hebt die Offenheit (freies Ausgreifen der vier Kreuzarme) und die richtungs- und wegweisende Gestalt für die vier Himmelsrichtungen hervor. Das Kreuz gilt gleichzeitig als „Koordinatenkreuz für die Stellung des Menschen in seinem Lebensraum" und als „Integrationszeichen für spannungsreiche Gegensätze" wie Himmel und Erde, Raum und Zeit.

Das Verhältnis zwischen den vorchristlichen und christlichen Deutungen des Kreuzes wird in der gegenwärtigen Symboldidaktik unterschiedlich betrachtet. Während Biehl von einem „Neuansatz" (Biehl II, S. 33) spricht, versucht Baudler, „das christliche Kreuz organisch in die Geschichte außerchristlicher Kreuzformen einzuzeichnen" (S. 26). Biehl betrachtet das Kreuz Jesu nicht im Rahmen einer Zeichenhermeneutik, sondern einer Ding- und Ereignishermeneutik und geht von der paulinischen Kreuzestheologie, also vom „*Wort* vom Kreuz" aus (vgl. auch Biehl II, S. 53ff. zur Hermeneutik des Archetypischen und des Geschichtlichen). Baudler (S. 24) sichtet umfangreiches archäologisches Material, geht also vom Zeichen Kreuz an sich aus und versucht, anhand dieses „wohl ... älteste(n) ... religiöse(n) Symbol(s) der Menschheit“ sich in das religiöse Denken und Fühlen weit zurückliegender Zeiträume hineinzutasten, um zu zeigen, dass sich „Heilsgeschichte *in* Weltgeschichte“ ereignet (S. 26) und um neue Perspektiven für den interreligiösen Dialog zu gewinnen.

Im Unterschied zur existenziellen und ethischen Deutung des Kreuzes ist die *soteriologische* heutigen Schülern schwer zu vermitteln. Häufig wird sie deshalb ausgeklammert (vgl. Jörg Ohlemacher, Kreuzestheologie in Schulbüchern für den evangelischen Religionsunterricht. Eine Problemanzeige, in: Glaube und Lernen 2/1996, S. 160–171). Auf die Bandbreite soteriologischer Deutungen kann hier nicht eingegangen werden. Die persönliche Klärung dieses zentralen Aspekts ist jedoch für den Unterrichtenden notwendig. Deshalb soll im Folgenden der Deutungsansatz Georg Baudlers (Das Kreuz. Geschichte und Bedeutung, Patmos, Düsseldorf 1997) im Überblick vorgestellt werden. Baudler bietet eine überzeugende Lösung der Opferproblematik und ermöglicht es, didaktisch und sachlich bei der Form des Kreuzes anzusetzen (Schutz, Orientierung, Offenheit). Das vorliegende Kapitel beabsichtigt jedoch keine vollständige Umsetzung dieses Konzepts. Baudler (S. 22) geht von der Frage aus, wie es möglich ist, dass ein Folter- und Hinrichtungsinstrument zum Heilszeichen geworden ist. Er belegt, dass das Kreuz nicht ausschließlich als ein von Menschen erdachtes Tötungsgerät fungiert hat, sondern „lange bevor es zum Folter- und Hinrichtungsgerät wurde, ein Symbol war, an dem der Mensch Orientierung und Geborgenheit suchte“. Neolithische Kreuzesdarstellungen mit anthropomorphem Charakter deutet Baudler als „Stilisierung der Nahrung und Fruchtbarkeit gewährenden Muttergottheit mit ausgebreiteten Armen“ (S. 78). Im Laufe der Geschichte wurde dieses „Mutterkreuz“ zum Opferkreuz pervertiert. Auch die römische Kreuzigung als Todesstrafe betrachtet Baudler als eine Form des Opfers (S. 173). Sowohl der griechische (stauros) als auch der lateinische (crux) Begriff für Kreuz haben die ursprüngliche Bedeutung „Holz“ bzw. „Marterholz“, „Hinrichtungspfahl“. Dieser war ursprünglich ein Opferpfahl, der symbolisch für den Baum steht, dem ursprünglichen Ort des Menschenopfers (S. 184, 192f.). Im Jesuskreuz änderte dieses Opferkreuz seinen Charakter: Das „Mutterkreuz in seiner elementar befreienden und erlösenden Botschaft“ strahlt auf. Das Kreuz ist hier nicht mehr ein Opferkreuz, durch das „Gott“ als Tötungsgewalt verehrt wird, sondern „die Kreuzarme des Opfer- und Foltergeräts erschienen in Jesu Sterben, seinen blutigen Tod umgreifend, als die ausgebreiteten Mutter- und Vaterarme, wurden sichtbar als Gottes Arme und als Symbol der bedingungslosen und gewaltfreien Zuwendung Gottes zum Menschen“ (S. 194). Baudler räumt zwar ein, dass der Sühnopfergedanke sporadisch auch in den Evangelien und bei Paulus vorkommt, zeigt jedoch, dass er nicht deren Kern ausmacht. Dem die Kirchengeschichte und die Volksfrömmigkeit prägenden Erlösungsmodell des Anselm von Canterbury (1033–1109) gesteht Baudler eine gewisse zeitgebundene Berechtigung zu. Hiernach habe Christus durch seinen Opfertod am Kreuz stellvertretend die Sünden der Menschheit gesühnt, dadurch Gott und Mensch versöhnt und die vor der Ursünde bestehende Ordnung, in der Gott dem Menschen Heil und Segen spendet, wiederhergestellt. Vom heutigen Verstehenshorizont aus müsse jedoch, so Baudler, die Opferdenkform als ein Gräuel vor Gott angesehen werden, in der der Mensch nur seine „ursündliche Gewaltfaszination“ (S. 241) auslebt. Nach Jesu Gottesverständnis ist „Gott gewaltfreie Liebe“ (S. 248). In Jesu „Gehorsam bis zum Tod (Phil 2,8)“ zeigt sich seine Treue zu sich selbst und zum gewaltfreien Gott (S. 248). So wird die Art und Weise des Sterbens Jesu, wie sie vor allem in den synoptischen Evangelien erzählt wird, zum entscheidenden Faktor: „Im Kreuzestod, in der Art, wie Jesus diesen Tod auf sich nahm und starb, in der Ausdrucksgestalt dieses Todes, ging uns der sinngebende Daseinsgrund menschlichen Lebens als unbedingte Liebe auf, sodass sich Gott durch und in diesem Tod in seinem Wesen als ‚Liebe erwiesen‘ hat. Darum geschah sein Tod zu unserem Heil, ‚uns zugunsten‘ (hyper hemon)“ (S. 261). Die ersten Anhänger Jesu überwanden die jahrmillionenalte Opferdenkform. Die Verkündigung Jesu von einem bedingungslos liebenden Gott ermöglichte es ihnen (S. 218). In der Folge jedoch verdunkelte die alte Denkweise immer wieder die Heilsbedeutung des Kreuzes.

(Zur Geschichte des Kreuzzeichens im Christentum: Baudler, S. 266–344; Biehl II, S. 45–52; Weber, S. 72–76.)

Die Deutung des Todes Jesu im NT ist nicht einheitlich. Die christologische Offenheit spiegelt sich in der Vielfalt der Ansätze wider (vgl. Samuel Vollenweider, Diesseits von Golgatha, in: Glaube und lernen 2/1996, S. 126; vgl. Baudler, S. 239). Im Folgenden sollen die für die ausgewählten Schwerpunkte relevanten biblischen Bezüge dargestellt werden (vgl. insgesamt: Rainer Lachmann, Die Passion Jesu in religionsdidaktischer Sicht, in: Michael Wermke, Hg., Tod und Auferstehung Jesu Christi, S. 46–58; Karlheinz Sorger, Die Passion Jesu in den Evangelien, ru 1/1988, S. 2–6; Baudler, S. 194–215). Bei Mk und Mt steht das Leiden Jesu im Mittelpunkt. Jesus stirbt mit den Worten des 22. Psalms: „Mein Gott, mein Gott, warum hast du mich verlassen?“ (Mk 15,34). Als Leidender ist Jesus „Gottes Sohn“ (Mk 15,39). Auch für die Jünger gilt: Das Heil ist nicht ohne Leiden zu haben. So wird Jesus hier zum Identifikationsangebot an alle, die unabwendbar leiden müssen, und an die, die gegen das Leid in der Welt kämpfen. Baudler (S. 210) weist darauf hin, dass im Schrei Jesu am Kreuz (Mk 15,34.37 par Mt 27,46.50; Lk 23,46) die „kreatürliche Not des sterblichen Menschen“ im Gegensatz zur „heldenhafte(n) Opfergesinnung“ zum Ausdruck gebracht wird. Die Kreuzestheologie des Apostels Paulus konzentriert sich auf das „für uns“ des Todes Jesu in seinem Doppelsinn des „uns zugute“ und „anstelle von uns“ (vgl. 1.Kor 1,13; 11,24; 2.Kor 5,14f.; Röm 8,32; Gal 1,4). Diesen „existenziellen Dreh- und Angelpunkt“ (Lachmann, S. 49) entfaltet er, indem er verschiedene alttestamentliche Bilder zu Hilfe nimmt, um Gottes befreiendes und erlösendes Heilshandeln zum Ausdruck zu bringen (Stellvertretung: Gal 3,13; 2.Kor 5,19–21; Passalamm: 1.Kor 5,7; Lösegeld: 1.Kor 6,20; 7,23). Im Kreuzestod Jesu liegt die Sühne für unsere Sünden, können wir uns mit Gott versöhnen lassen. Der Grund des christlichen Glaubens liegt aber in Christus als dem Gekreuzigten, dem Schwachen und Ausgelieferten (1.Kor 1,22–25).

Sowohl in den Evangelien als auch für Paulus gehören Kreuz und Auferstehung zusammen. Die Erfahrung, dass die Sache Jesu weitergeht, befreit seine ersten Anhänger von der einschüchternden Macht des Todes, die liebende Zuwendung Gottes zu den Menschen bleibt ihnen gewiss. Für Paulus ist die Erscheinung des lebendigen Christus der entscheidende Wendepunkt. So wird von der Erfahrung des Auferstandenen her das Leiden und Sterben Jesu gedeutet.

Das Symbol Kreuz ist für die Sch. mit dem Christentum verbunden, allerdings auf einer eher erfahrungsarmen Ebene. Konfrontiert mit dem Wort „Kreuz“, mit einem lateinischen oder griechischen Kreuz assoziieren Sch. sehr schnell Christentum, Jesus, Kirche. Oft findet man auf Religionsmappen ein selbst gestaltetes Kreuz. Diese Dimension des Symbols erscheint den Sch. selbstverständlich. Darüber hinaus wird das Kreuz auch als persönliches Bekenntnis und als Schutzzeichen benannt und akzeptiert (Halskettchen, Tattoos). Geradezu symptomatisch für die Situation des RU erscheint aber die häufig zu beobachtende Hilflosigkeit, diese Bedeutungsebene inhaltlich zu füllen. Hier stellt sich didaktisch die Aufgabe der *Resymbolisierung* (Biehl I, S. 191–193): Die zu Formeln erstarrten Inhalte müssen zum Leben zurückgeführt, d.h. auf Erfahrungen bezogen werden.

Die Schwierigkeit eines symboldidaktischen Kapitels zum Thema Kreuz besteht darin, dass hier ein Zugang über die Bedeutung der Form nur schwer möglich ist (s.o.). Deshalb kommt es darauf an, zunächst durch intensive Wahrnehmung, das Symbol in seiner Form bewusst zu machen und das Vorverständnis als christliches Symbol zu klären. Ein inhaltlicher Schwerpunkt muss auf der geschichtlichen Dimension in zweierlei Hinsicht liegen: Zum einen kann über das Sterben Jesu nicht gesprochen werden, ohne um die Besonderheit seines Lebens und seiner Verkündigung wenigstens in Ansätzen zu wissen. Zum anderen darf, gerade dann, wenn die soteriologische Bedeutung erschlossen werden soll, die grausame Wirklichkeit des Kreuzestodes nicht zur Seite geschoben werden. Dieser Hintergrund als Folter- und Todesinstrument ist den Sch. der Sek I oft nur in Ansätzen bekannt.

Die *existenzielle Bedeutung* des Kreuzes als Symbol für Leid wird durch den Teilaspekt „Kinder im Krieg“ erschlossen. Leid, Ohnmacht, Schwäche, vielleicht auch Unterdrückung kennen Sch. der Sek I z.T. aus eigener Erfahrung. Um aber auch die ethische Dimension des Kreuzes zu erfassen, soll der Blick auf das Leid anderer gelenkt werden. Die ausgewählten Materialien können und sollen durch aktuelle ergänzt werden. Hier bietet sich Gruppen- und Projektarbeit an, die möglichst in eine Präsentation der Ergebnisse vor Mitschülern oder Eltern münden sollte. In dieser Unterrichtsphase sollen die Sch. für fremdes Leid sensibilisiert werden, sie sollen die Ohnmacht und die Hilflosigkeit dieser Kinder nachzuempfinden versuchen. Die Aufforderung, stellvertretend Klage zu erheben, soll ihnen helfen, das Leid sprachlich zu bewältigen. Wichtig ist aber auch, Wege aus der Ohnmacht aufzuzeigen und – soweit die Bereitschaft besteht! – zu unterstützen (z.B. durch Spendenaktion, Patenschaft o.Ä.).

Wenngleich hier der Schwerpunkt auf die existenzielle Deutung des Kreuzes gelegt wird, darf die *soteriologische Dimension* nicht vernachlässigt werden. Sie wird von den Sch. auch mehr oder weniger bewusst eingeklagt. Dass leidende Menschen im leidenden Christus Trost finden, ist Sch. dieser Altersstufe eingängig, auch wenn sie sich nicht zu den „Armen und Unglücklichen" (*Der Christus aus dem Ozean*, SB, S. 128–130) zählen. Mit der sich in Christus zeigenden Nähe Gottes zu den einfachen Menschen, seiner Solidarität mit den Schwachen erschließt sich den Sch. hier ein wesentlicher Aspekt des Kreuzsymbols. Darüber hinaus soll versucht werden, altersangemessen und mit der notwendigen Interpretationsoffenheit das befreiende Handeln Gottes, wie es die Jünger in der Auferstehung erfahren haben, nachvollziehbar zu machen (*Sieger Köder, Auferstehungskreuz*; *Kurt Marti, Bekenntnis*, SB, S. 131). Ein wichtiges Ziel ist es, das Kreuz Jesu als Hoffnungssymbol zu begreifen, d.h. die Sch. dazu zu ermutigen, Leid und Mitleid auszuhalten, sich ihm zu stellen, nicht die Augen davor zu verschließen, um sich angenehmeren Dingen zuzuwenden, sondern die christliche Verantwortung für den Nächsten zu übernehmen (ethische Dimension des Kreuzes). Dieses Ziel soll durch handlungsorientierte Unterrichtsideen (Kreuzweg der Kinder) und durch eine abschließende Reflexionsphase (Leid ertragen – Leid überwinden), die bewusst den Rückbezug zum Kreuz Christi herstellt, erreicht werden.

2. Intentionen

Die Sch. sollen
- auf die Form des Kreuzes in seinen verschiedenen Ausprägungen und alltäglichen Erscheinungen aufmerksam werden; dabei auf die Frage stoßen, welche Bedeutung das Symbol Kreuz für Christen hat
- den geschichtlichen Hintergrund der Kreuzigung Jesu kennen lernen (Kreuzigung als Todesstrafe, Anklagegründe)
- in Grundzügen das biblische Zeugnis über Jesu Leben und Botschaft sowie über seine Passion kennen lernen bzw. wiederholen
- das Kreuz als Symbol für Leid am Thema „Kinder im Krieg" erschließen; dabei für das Leid anderer sensibilisiert und ermutigt werden, sich für diese Menschen einzusetzen
- das Kreuz als Symbol für die Nähe Gottes zu den Menschen und für seine Solidarität mit den Schwachen erkennen
- das Kreuz als Symbol für den befreienden und zu Gott führenden Glauben der Christen erfahren
- Möglichkeiten zur Überwindung von Leiderfahrungen reflektieren.

3. Literatur zur Vorbereitung

- Georg Baudler, Das Kreuz. Geschichte und Bedeutung, Patmos, Düsseldorf 1997.
- Peter Biehl unter Mitarbeit von Ute Hinze / Rudolf Tammeus, Symbole geben zu lernen. Einführung in die Symboldidaktik anhand der Symbole Hand, Haus, Weg, Neukirchener, Neukirchen-Vluyn 1991[2] (kurz: Biehl I).
- Peter Biehl unter Mitarbeit von Ute Hinze /

Rudolf Tammeus / Dirk Tiedemann, Symbole geben zu lernen II, zum Beispiel: Brot, Wasser und Kreuz. Beiträge zur Symbol- und Sakramentendidaktik, Neukirchener, Neukirchen-Vluyn 1993 (kurz: Biehl II).
- Glaube und Lernen 2/1996, Thema: „Diesseits und jenseits von Golgatha. Das Kreuz Jesu Christi im Disput", Vandenhoeck & Ruprecht, Göttingen.
- Artikel „Kreuz/Kreuzigung Jesu", aus: Rainer Lachmann / Gottfried Adam / Werner H. Ritter, Theologische Schlüsselbegriffe: biblisch, systematisch, didaktisch, Vandenhoeck & Ruprecht, Göttingen 1999.
- Ingrid Riedel, Formen. Kreis, Kreuz, Dreieck, Quadrat, Spirale, Kreuz, Stuttgart 1985.
- ru – Zeitschrift für die Praxis des Religionsunterrichts, Thema: „...gelitten unter Pontius Pilatus", 1/1988, Calwer, Stuttgart.
- Gerd Theißen / Annette Merz, Der historische Jesus, Vandenhoeck & Ruprecht, Göttingen 1997².
- Hans-Ruedi Weber, Und kreuzigten ihn. Meditationen und Bilder aus zwei Jahrtausenden, Vandenhoeck & Ruprecht, Göttingen 1982².
- Michael Wermke (Hg.), Tod und Auferstehung Jesu Christi. Theologische und religionspädagogische Annäherungen (Arbeitshilfen Gymnasium 8), Rehburg-Loccum 1997.

4. Unterrichtsideen

A. Das Kreuz entdecken

a) Wahrnehmung des Symbols

⇨ *Möglichkeiten:*
- *Wahrnehmungs- und Gestaltungsübung:* Aus Zweigen und Bast ein Kreuz bauen (evtl. in Partnerarbeit). Auch ohne genaue Anweisung bauen Sch. meist ein lateinisches Kreuz. Anschließend über Schwierigkeiten sprechen, dabei die Form mehr und mehr exakt beschreiben. Schriftliche Aufgabe: Gegenstandsbeschreibung des selbst gebauten Kreuzes.
- Mit den Sch. bekannte *Kreuzformen besprechen*, evtl. durch weitere Formen ergänzen. Literatur (s. 3.): Riedel, S. 46f.
- *Brainstorming* „Kreuz" (evtl. auf der Grundlage von Sch.-Fotos): Beiträge nach „Kreuze im Alltag" und „Kreuz als christliches Symbol" sortieren.

b) „Die Dinger sind im Moment wahnsinnig in"

⇨ *Abbildungen* (SB, S. 121)/*„Die Dinger sind im Moment wahnsinnig in"* (ZM 1)
Einstieg in das Unterrichtsgespräch durch den Vergleich der Bilder; Texterschließung: Finde heraus, welche Meinungen zum Kreuz als Halsschmuck hier vertreten und wie diese begründet werden! Gründe (Schmuck, Bekenntnis, Schutz) und Gegengründe (Symbol des Todes) für das Kreuz als Halskettchen erschließen bzw. ergänzen lassen; Stellungnahme der Sch.

⇨ *Weitere Möglichkeiten:*
- Sch. sammeln Kreuz-Abbildungen aus Zeitschriften etc., fertigen *Collagen* an.
- Sch. bringen *eigene Kreuze* in verschiedener Form mit; berichten von deren Bedeutsamkeit für sie (Familientradition, Erinnerung an Konfirmation, Segnung des Kreuzes durch einen Pastor ...).

c) Das Kreuz als Heils- und Schutzzeichen

⇨ Ein Sch. wird aufgefordert, mit seinem Körper ein lateinisches Kreuz nachzubilden. Wann/wo kommt diese *Körperhaltung* vor? (Segenshaltung des Pastors; freudige Begrüßung; Aufforderung, jemandem entgegenzugehen; Versöhnungsangebot; Trost etc.)

⇨ Abb.: *Betende Maria, vergoldete Glasschale, Rom, 4. Jh.* (SB, S. 121)
Bildbeschreibung und -deutung. L.-Information: Maria ist als Orantin dargestellt. Sie zeigt die antike Gebetshaltung: ausgebreitete Arme, freie Haltung; Symbol für Offenheit und Vertrauen gegenüber Gott. Die Haltung

ist für verschiedene Kulturen vorchristlich belegt. Für Christen auch Erinnerung an das Kreuz Jesu (Tertullian: „So formen wir unsere Gestalt nach dem Herrenleiden und bekennen uns, wenn wir beten, zu Christus, dem Gekreuzigten"); mit Ausweitung des Christentums durch heutige Gebetshaltung verdrängt. Literatur: Riedel, S. 61. Alfons Rosenberg, Kreuzmeditation. Die Meditation des ganzen Menschen, Kösel, München 1976.

⇨ *Luthers Morgen- oder Abendsegen* (in diversen EG-Ausgaben), *Geste des Sichbekreuzigens*: Abwehr von bösen Kräften/Dämonen, Stärkung des Glaubens, Mittel gegen Versuchung, Dank, Bekenntnis des Glaubens.

⇨ Im Text *Generalvertreter Ellebracht begeht Fahrerflucht* (Kap. „Nächstenliebe", SB, S. 16/18) die Kreuzsymbolik erschließen.

B. Das Kreuz Jesu

⇨ Abb.: *Kreuzigungsskizze* (SB, S. 123)
Bildbeschreibung; Funktion der Gesäßstütze erwägen; Texterschließung; Bezüge zur biblischen Passionsgeschichte.

⇨ Text: *Das Kreuz Jesu* (SB, S. 122)
Erschließung der Informationen durch die Aufgabenvorschläge im SB. Auf die Grausamkeit und Entwürdigung dieser Art von Todesstrafe hinweisen, evtl. mit heutiger Praxis der Todesstrafe vergleichen. L. sollte sich des v.a. in Mt enthaltenen Antijudaismus bewusst sein (Mt 27,25: „Sein Blut komme über uns und unsere Kinder."). Die Evangelien zeigen die Tendenz, entgegen der historischen Situation, die römische Staatsgewalt von der Verantwortung für den Tod Jesu freizusprechen und stattdessen die Juden kollektiv zu verurteilen. Sobald diese Problematik im Unterrichtsgespräch auftaucht, sollte den Sch. der Charakter der Evangelien als Glaubenszeugnisse, die nicht unbedingt an historischer Genauigkeit interessiert waren, erklärt werden. Literatur: Weber, S. 71; Lachmann / Adam / Ritter, S. 208f.; Theißen, S. 387–410.

⇨ Bild: *Kreuzigung und Auferstehung, Illustration des Codex Rabula* (SB, S. 119)
Diese als Kapiteleinstiegsbild gewählte Darstellung sollte nicht (!) als Einstiegsmedium verwendet werden. Vorbereitende Hausaufgabe: Mk 15 und 16 lesen. Der erzählende Charakter der Darstellung ermöglicht es, wichtige Einzelheiten der Passionsgeschichte zu wiederholen bzw. zu sichern. Bezüge zur Passionsgeschichte nach Mk klären (Schwammhalter, weinende Frauen, um den Rock würfelnde Soldaten); ergänzend auf weitere Einzelheiten hinweisen (lanzenstechender Soldat, Joh 19,34; Maria und Johannes, Joh 19,26). Gestalt des Gekreuzigten: trägt goldgestreifte Tunika (colobium); großer Nimbus; scheint am Kreuz zu schweben; horizontal ausgebreitete Arme; geöffnete Augen; Deutung: der Gekreuzigte als Herr und als Sieger über den Tod. Hintergrund: Berge, Sonne und Mond drücken die kosmische Dimension des Geschehens aus. Anschließend Betrachtung des unteren Bildteils; Klärung der Einzelheiten: Grabwächter (Mt 28,4); Maria (Nimbus) vor dem offenen Grab; Engel verkündet die Botschaft von der Auferweckung Jesu (Mt 28,5–7); Begegnung der Frauen mit dem Auferstandenen (Mt 28,9). Literatur: Baudler, S. 316f.; Weber, S. 6, 72, 74.

⇨ Text: *Kurt Marti, am holz* (SB, S. 123)
Zusätzliche Impulse zu den Arbeitsvorschlägen im SB: Warum und von wem wurde Jesus gehasst? (Festigung des Sachwissens) Was wisst ihr über Leben und Botschaft Jesu? Wie fühlten sich vermutlich die Anhänger Jesu nach seinem Tod? (evtl. Hausaufgabe, um später darauf zurückgreifen zu können).

C. Kreuzeserfahrungen heute: Kinder im Krieg

⇨ Foto: *Junge aus Kambodscha* (SB, S. 124)
Sch. erwägen mögliche Gründe für die „Kreuzigung" (Strafe, Abschreckung, Schwächere quälen, evtl. Verspottung des Christentums). L. erläutert: Dieser Junge aus Kambodscha wurde in einem Flüchtlingslager in Thailand an das Kreuz gebunden und einen Tag lang der glühenden Sonne ausgesetzt, weil er einem Roten Khmer Nahrung gestohlen hatte

(in den 70er-Jahren herrschte in Kambodscha ein erbitterter Bürgerkrieg zwischen den kommunistisch orientierten Roten Khmer und den Anhängern der Regierung). Weitere Impulse: Was bedeutet (Bürger-)Krieg für Kinder? Inwieweit sind Kinder im Vergleich zu Erwachsenen besonders betroffen (Ohnmacht, Wehrlosigkeit)?

⇨ Text: *Eveline Erlsbacher, in den hohlwegen* (SB, S. 124)
Erarbeitung durch die Aufgabenvorschläge SB. Gegensatz „weg zum kreuz" (angst, nackte füße, erfrorene spur, schnee, gräber) und Kindheit (tanzen, heiterkeit, lachen, licht, klein) im Unterrichtsgespräch klären; Aussageabsicht benennen: auf Leid von Kindern aufmerksam machen, falsche Kinderfreundlichkeit („jahrhundert des kindes") anklagen. Symbol Kreuz im Kontext deuten: Tod, Leid. Bezug zum Foto (s.o.) herstellen: „Bestrafung" des kambodschanischen Jungen als ein konkretes Beispiel für einen „weg zum kreuz" eines Kindes; weitere Beispiele finden (Flucht, Hunger, Krankheit, Bombenangriffe, zerstörte Schulen und Häuser ...).

⇨ Text: *Millionen Landminen ...* (SB, S. 125)
Beispiele besprechen, Sachinformationen erschließen; aktuelle Zeitungsberichte sammeln, Wandzeitung herstellen; Sch.-Referat: „Internationale Kampagne zur Ächtung von Landminen" (Informationen bei TERRE DES HOMMES, UNICEF u.a., s. 5. Materialien).

⇨ Bild: *Ratko, 14 Jahre, „Vater, gehe nicht in den Krieg"* (SB, S. 126)
Sch. betrachten das Bild ohne Kenntnis des Titels: Körperhaltung und Größenverhältnisse (Mann entfernt sich vom Kind, Kind fleht um etwas); Farben (im Zentrum leuchtendes Gelb, dunkle Schatten, Figuren eher dunkel, nach außen hin zunehmende Dunkelheit; In- oder Nebeneinander von positiven und negativen Gefühlen); Waffen (?) des Vaters (Kreuzsymbolik?). Nach Bekanntgabe des Titels die seelischen und praktischen Folgen der Vaterlosigkeit besprechen; anschließend den Text von Žana (SB, S. 127) lesen.

⇨ Texte: *Kinder berichten vom Krieg* (SB, S. 127)
Die Beispiele sowie die Gestaltung der Vorher-Nachher-Bilder (s. Arbeitsaufträge SB) sollen den Sch. Gelegenheit geben, sich in die Situation der betroffenen Kinder hineinzuversetzen und die Folgen der Gewaltanwendung nachzuempfinden. Die politischen, ethnischen und religiösen Ursachen des Krieges im ehemaligen Jugoslawien müssen angesprochen, können hier jedoch nicht im Einzelnen geklärt werden. Wichtig ist jedoch, die Sch. nicht in ihrer Ohnmacht und Hilflosigkeit zu belassen, sondern ihnen Möglichkeiten zum Schutz der Kinder im Krieg aufzuzeigen: ZM 2 *„Wie kann man den Kindern ..."*. Weiterführung des Themas: Informiere dich bei Hilfsorganisationen (Bsp.: BROT FÜR DIE WELT, TERRE DES HOMMES, SOS-Kinderdörfer, Adressen s. 5.) über Maßnahmen zum Schutz von Kindern im Krieg! (Gruppenreferat).

D. Das Kreuz als Zeichen der Nähe Jesu zu den Schwachen

⇨ Text: *Anatole France, Der Christus aus dem Ozean* (SB, S. 128–130)
Zu Beginn den Sch. Gelegenheit geben, die Fremdheit (legendenhafte Züge) der Erzählung zu benennen. Verständnisfragen (Absolution, Josef von Arimathäa) sowie Zeit und Ort der Handlung klären. Hauptpersonen benennen: Pfarrer Truphème, Jean und Desiré Lenoël als Vertreter der armen Fischer, Pierre Caillou(!). Texterschließung durch die gegebenen Aufgaben (Stillarbeit); Bedeutung Jesu für Pfarrer Truphème: Jesu Segen für, Mitleid mit und Nähe zu den armen Fischern, unendliche Barmherzigkeit.
Weitere Impulse: Welchen Zweck sollen die ersten drei Kreuze erfüllen? Warum „will" Jesus nicht an diesen Kreuzen bleiben? Was hat Truphème am Schluss gelernt? Was bedeutet der „arme Christus" den Fischern in St. Valéry? Ergebnisse im Tafelbild festhalten:

Zimmermann in St. Valéry	Kreuz aus massivem Eichenholz	Verehrung Christi durch immer größere Kostbarkeiten
Zimmermann in Abbeville	Kreuz aus schimmerndem schwarzen Holz	
Goldschmied in Paris	Kreuz aus Gold und Edelsteinen	
Wrackteile eines untergegangenen Fischerbootes		Kreuz Christi als Zeichen für das Leid aller Menschen. „Christus ist der Gott der Armen und Unglücklichen", ist ihnen nahe und tröstet sie.

Abschließend Rückgriff auf die ersten Eindrücke (Fremdheit); Hinweis auf symbolischen Charakter dieser und vergleichbarer Erzählungen (z.B. Märchen).

⇨ Bild: *Manuel Reanda, Kreuz des Friedens, Guatemala 1992* (Kap. „Bruder Franziskus", SB, S. 163): Aktualisierung der Thematik: Christus steht auf der Seite der Unterdrückten und Armen in Guatemala.

⇨ Kenntnisse über *Leben und Botschaft Jesu* sind sehr wichtig, denn die Bedeutung von Kreuz und Auferstehung kann nicht vermittelt werden, ohne wenigstens ansatzweise auf die Botschaft Jesu einzugehen. Dabei sollte hier seine Zuwendung zu den Randgruppen im Mittelpunkt stehen. Die Ausführlichkeit dieses Abschnitts richtet sich nach dem Vorwissen der Sch. Alternativen zur im Folgenden vorgestellten *Pantomime* sind Reich-Gottes-Gleichnisse (z.B. Mt 20,1–16) oder „Jesus und Zachäus" (Lk 19,1–10).

⇨ *Pantomime:*
Man benötigt: Sieben Mitspieler, Tisch, Tafel, Tür, evtl. Tischdecke und Teller. Auf jeweils einem Kärtchen erhält ein Spieler seine Anweisung, die er unbedingt für sich behalten muss:

Erste Karte: (zweimal austeilen)	1. Du sitzt am Tisch. 2. Neu Dazukommende nimmst du freundlich auf.
Zweite Karte: (zweimal austeilen)	1. Du stehst an der Tür. 2. Zu dir Kommende weist du ab. Du denkst abschätzig über die, die sich um den Tisch gesellen.
Dritte Karte:	1. Du stehst an der Tafel, entfernt vom Tisch. 2. Du gehst los, wenn drei Leute am Tisch sitzen. Dann näherst du dich etwas zögerlich dem Tisch und hoffst, Platz nehmen zu dürfen.
Vierte Karte:	1. Du stehst vor der Tafel, entfernt vom Tisch. 2. Du gehst los, wenn vier Leute am Tisch sitzen. Du gehst dann zu den an der Tür Stehenden, versuchst, Kontakt zu ihnen zu bekommen; je nach ihrer Reaktion bleibst du oder begibst dich zum Tisch, um es dort zu versuchen.
Fünfte Karte: (Start)	1. Du stehst vor der Tafel, entfernt vom Tisch. 2. Du näherst dich ohne Zögern dem Tisch und hoffst, Platz nehmen zu dürfen.

Impulse nach dem Spiel: Was wurde pantomimisch dargestellt? Wie haben sich die Beteiligten vermutlich gefühlt? Stillarbeit: Stelle inhaltliche Bezüge zu Mk 2,15–17 her! Begründe die jeweiligen Verhaltensweisen! Evtl. liefert L. Informationen über „Sünder" und „Zöllner". Ergebnis: Jesus nimmt die religiösen und gesellschaftlichen Außenseiter in seine Gemeinschaft auf, gibt ihnen das Gefühl, angenommen zu sein.

E. Das Kreuz als Lebens- und Hoffnungszeichen

⇨ Bild: *Sieger Köder, Auferstehungskreuz (Tabernakel in der Franziskuskapelle des Kinderdorfes Ellwangen)* (SB, S. 131)
Zunächst Anknüpfung *„am holz"* (SB, S. 123, s.o.): Ordnet die Schlüsselbegriffe des Gedichtes dem Leben bzw. dem Sterben Jesu zu! Ergebnisse im Tafelbild festhalten. Kurze Wiederholung: Situation der Jünger nach Jesu Tod (Hausaufgabe). Bildbetrachtung und -deutung der Einzelheiten: Abdruck des Körpers; Farbe: Licht, Hoffnung, Leben, Heiligkeit; zerrissene Fesseln; Hand (Gottesname in Hebräisch: „Jahwe": „Ich bin der ich bin da."). In der Auferweckung Jesu handelt Gott; Befreiung vom Tod; Hoffnung auf neues Leben (Tafelbild ergänzen). Vertiefung: Beurteile das Kreuz von Sieger Köder. Passt es zu Jesus?

⇨ *Vertiefung:* Sachinformation „Tabernakel" (in einer katholischen Kirche ein Behälter für geweihte Hostien). Bedeutung des Abendmahls bzw. der Eucharistie: Christus ist „für uns", d.h. „uns zugute", gestorben, Vergebung der Sünden.

Leben Jesu	Sterben Jesu	Auferstehung Jesu
Gottvertrauen Gnade Liebe	Gnadenlosigkeit Schmerz Hass Holz	Befreiung vom Tod Gott handelt
→ Neuanfang im Leben	→ Ende der Hoffnung	→ Hoffnung auf neues Leben nach dem Tod

⇨ Texte: *Glaubensbekenntnis von Kurt Marti* (SB, S. 131; ZM 3)
Das Unterrichtsgespräch sollte hier bisherige Ergebnisse bündeln und vertiefen: Reich-Gottes-Botschaft Jesu als Hinrichtungsgrund, Gottes Solidarität in Jesus mit den „Bedrängten und Unterdrückten" (s.o. *Der Christus aus dem Ozean, Kreuzeserfahrungen heute*). Parallele zu *Sieger Köder*: Befreiung. Begriff inhaltlich füllen (Sch.-Erfahrung bzw. -wünsche): Befreiung von Unterdrückung, Tod, Schuld, Angst, Hass. Zum Verständnis des letzten Verses ist evtl. die Kenntnis des gesamten Glaubensbekenntnisses notwendig (ZM 3). Vertiefung: Welche Folgen hat dieses Bekenntnis zu Jesus für den Sprecher? Ändert sich sein Leben dadurch? Einerseits Hoffnung, Trost, Erleichterung; andererseits Ermutigung, sich für die „Bedrängten und Unterdrückten" selbst einzusetzen.

⇨ *Gestaltungsübung:* Gestalte ein Kreuz, das zum Ausdruck bringt, welche Bedeutung dieses christliche Symbol für dich hat! Material und Technik darfst du frei wählen! Möglicherweise kannst du dich an den Tafelkreuzen (SB, S. 162f.) orientieren. (Zusammenarbeit mit dem Kunstunterricht bietet sich hier an!)

F. Leid ertragen – Leid überwinden

⇨ Bild: *Käthe Kollwitz, „Saatfrüchte sollen nicht vermahlen werden", 1942* (SB, S. 132)
Eine der letzten Arbeiten der Künstlerin. Aus ihrem Tagebuch: „Das ist nun einmal mein Testament: ‚Saatfrüchte sollen nicht vermahlen werden.' ... Diese Forderung ist wie ‚Nie wieder Krieg!' kein sehnsüchtiger Wunsch, sondern Gebot, Forderung." Der Sohn Peter Kollwitz hatte sich im Ersten Weltkrieg freiwillig gemeldet. Er fiel im Oktober 1914. Der Enkel Peter fiel 1942 in Russland. Der Titel der Lithografie (Begriff „Saatfrüchte" klären!) – ein Wort Goethes – bezieht sich auf das Schicksal Peters und seiner jungen Freunde. Mögliche Schwierigkeit bei der Bildbetrach-

tung: Sch. identifizieren die „Mutter“ nicht als Frau (große, grobe Hände, kräftige Arme). L. muss Hintergrund erläutern (Kollwitz wählte Motive vorwiegend aus dem Arbeitermilieu). Andeutung eines Kreuzes (Arme der Mutter / Körper bzw. Umhang?), unter dem die verängstigten Kinder wie in einer Höhle Schutz suchen: Die Mutter will die Kinder vor dem Tod bewahren, indem sie sich selbst der Todesgefahr aussetzt. Aussageabsicht: Kinder als die Träger des Lebens dürfen nicht in den Krieg hineingezogen werden, sonst geht das Leben nicht weiter. Bezug zum Kreuz Christi: In beiden Fällen ein stellvertretendes, selbstloses und der Gewalt entsagendes Opfer „für uns“ bzw. für andere, ein Opfer als Folge eines engagierten Lebens. In diesem Sinne ordnet Leonardo Boff der Opfervorstellung vom Tod Jesu bleibenden Wert zu: Nur solches Leben sei wirklich menschlich, das „sich selbst hingibt“, „sich im anderen verwirklicht“ (nach Reinhard Dross, S. 11). Rückbezug zum Abschnitt „Kinder im Krieg“: Wie kann man/ wer kann Kinder im Krieg schützen?
Literatur: Ilse Kleberger, „Eine Gabe ist eine Aufgabe“: Käthe Kollwitz, Klopp, Berlin 1980; Reinhard Dross, Orientierung zum Verständnis des Todes Jesu bei Leonardo Boff, in: ru 1/1988, S. 11f.

⇨ Abb.: *„Ich habe keine anderen Hände als die euren“* im Kap. „Gottessymbol Hand“ (SB, S. 49): s. die didaktisch-methodischen Anregungen dazu oben, S. 47.

⇨ Text: *Die Suche nach dem Senfkorn* (SB, S. 133)
Arbeitsvorschlag als schriftliche Arbeit oder als Hausaufgabe, dadurch gedankliche Erschließung der Erzählung. Im Unterrichtsgespräch die Aussageabsicht klären: Es gibt kein Haus ohne Leid, es gibt kein „Zauber-Senfkorn“, das eigenes Leid wegzaubert. Dennoch bewirkt das „Zauber-Senfkorn“ etwas: Die Frau lernt, ihr Leid auszuhalten, darüber hinwegzukommen, indem sie sich anderen zuwendet und für ihr Leid offen ist.

⇨ Text: *Dietrich Bonhoeffer, Christen und Heiden* (SB; S. 133)
Unterrichtsgespräch auf der Basis der Texterschließung durch die Arbeitsvorschläge im SB. Die Erwartungen der Menschen an die Hilfe Gottes scheinen durch die Ohnmacht und Schwäche Gottes enttäuscht zu werden. Hier Bezug zum Kreuz Jesu, des Gottessohnes, herstellen! Wie kann ein „Gott“, der am Kreuz hingerichtet wird, helfen? Glaube der Christen: „Die Schwachheit Gottes ist stärker, als die Menschen sind“ (1.Kor 1,25). Christen halten das Leid Gottes, das Leid in der Welt aus. Durch den Kreuzestod Jesu haben Christen und Heiden einen Beistand, sie erfahren Stärkung (Sättigung) und Hoffnung auf einen Neuanfang (Vergebung).

⇨ Gestaltungsübung: In der katholischen Kirche besteht seit langem die Tradition, den Leidensweg Jesu in 14 Stationen von der Verhaftung bis zum Kreuz nachzugehen. Gestaltet einen *„Kreuzweg der Kinder“*, indem ihr das Leid der Kinder in der Welt auf 14 Postern darstellt und so stellvertretend für sie (An-)Klage erhebt. Evtl. können die Sch. in ihre Gestaltung die selbst gebauten Kreuze aus der Einstiegsphase einbeziehen.
Mögliche inhaltliche Schwerpunkte: Leben in einem Flüchtlingslager; Kriegsflüchtlinge in Deutschland; Kindersoldaten; Schule und Ausbildung im Krieg; Kriegserfahrungen der eigenen Großeltern; Kriegs-„Spiel“-Zeug; aktuelle kriegerische Auseinandersetzungen und ihre Folgen für die Kinder. Voraussetzungen: Bereitschaft der Sch., selbstständig zu arbeiten; genügend Unterrichtszeit (Projektunterricht in Verbindung z.B. mit Erdkunde oder Deutsch).

5. Materialien und Medien

- Ich träume vom Frieden. Bilder vom Krieg von Kindern aus dem ehemaligen Jugoslawien. Mit einem Vorwort von Sir Peter Ustinov, UNICEF / Bertelsmann, München 1994.
- Frieden ist machbar. Schülerheft und Lehrerhandbuch. Véronique Meunier / Mia Versmissen. Unicef/Editions De Boeck-Wesmael, Bruxelles 1994. Dt. Version: Belgisches Komitee für UNICEF, Bruxelles (kostenlos ausleihbar).
- Informationsblatt „Kinder im Krieg und auf der Flucht. Jeder zweite Flüchtling ist ein Kind“. Deutsches Komitee für UNICEF, Höninger Weg 104, 50969 Köln, Tel.: 0221/936500, Fax: 0221/93650279 (kostenlos).
- Albtraum ohne Ende. Kinder im Krieg, hg.v. TERRE DES HOMMES Deutschland e.V., Osnabrück 1999. Zu beziehen unter: terre des hommes, Tel.: 0541/1010, Fax: 0541/707273 (kostenlos).
- Kinder als Opfer von Krieg und Verfolgung, hg.v. Cultur Cooperation e.V., Nernstweg 32–34, 22765 Hamburg, Tel.: 040/394133, Fax: 040/3909866 (Kinderzeichnungen aus dem Krieg).
- Krieg ist kein Kinderspiel. Kindersoldaten, hg.v. BROT FÜR DIE WELT und Lutherischer Weltbund, Stuttgart 1997. Bezug: Abteilung Weltdienst, Diemershaldenstr. 48, 70184 Stuttgart (kostenlos).
- „Kindheit im Krieg“. Infopaket für Lehrerinnen und Lehrer, hg.v. SOS-Kinderdorf e.V., München 1999. Zu beziehen: SOS-Kinderdorf e.V., Renatastraße 77, 80639 München (kostenlos).
- Christusbilder. Zwischen Provokation und Tradition. Folien, Farbbilder, Erklärungen. Text und Bildauswahl: Siegfried Gruber. Religionspädagogisches Seminar der Diözese Regensburg 1997 (0941/5699–238).
- Christusbilder der Nähe Gottes. Einführung: Hans Küng, Josef Sudbrack, av-edition, München 1981 (Dia-Reihe).

ZM 1

»Die Dinger sind im Moment wahnsinnig in«

Kreuze als Halsschmuck auch bei Moslems beliebt

Ob gradlinig oder sanft geschwungen, ob es als eisernes Kreuz an die Kette gelegt wird oder am engen, schwarzen Samtband leichten Druck auf den Kehlkopf ausübt - zu einer Glaubensfrage wird das für die Kreuz-Trägerinnen nicht. Die 20-jährige Elisabeth, die jeden Tag Kreuze in allen Größen, aber der einen unverwechselbaren Geometrie an modebewusste Kundinnen verkauft, hat selbst vier verschiedene zu Hause: „Ich finde die Form so schön, mit Religion hat das für mich wirklich überhaupt nichts zu tun." Auch für die 18-jährige Josephine hat das Kreuz keinen symbolischen, sondern nur noch modischen Wert, „denn die Dinger sind im Moment einfach wahnsinnig in".

Nur wenige Zentimeter unter den gekreuzten Riesenteilen am Lederband lugt oft ein nackter Bauchnabel hervor; rutscht der Blick noch tiefer, dann wedeln einem häufig geblümte Hosenbeine mit gigantischer Weite entgegen. Vor allem durch die Anhänger der Flower-Power-Hippie-Klamotten gelangt das Kreuz zu neuen Ehren. Ein anderes Lieblingsstück aus den Siebzigern würde Kurt-Helmuth Eimuth, der Leiter der evangelischen Arbeitsstelle für Religions- und Weltanschauungsfragen, gerne an den Jugendlichen sehen. „Mir wäre die Friedenstaube als Kette lieber, weil das Kreuz ja nicht das Symbol der Auferstehung, sondern des Todes ist."

Der Modetrend zum Kreuz ist aber dennoch in seinem Sinne. Er wittert darin eine Zeitströmung, die die Religion durch die Hintertür wieder in die Gesellschaft schleuse. „Denn", so sein Fazit als Mann der Kirche, „der Heilige Geist weht, wohin er will."

Aus: Frankfurter Rundschau, 28.5.1993.

ZM 2

Wie kann man den Kindern, die zu Kriegsopfern wurden, helfen?

UNICEF hilft zuerst den Frauen und Kindern, indem sie ihnen Impfstoffe, Medikamente und vitaminreiche Nahrung bringt und die Wasserzufuhr in mehreren Regionen Bosniens wieder herstellt. Außerdem verteilt UNICEF zusätzliche Nahrungsmittel in Flüchtlingslagern, Schulen, Waisenhäusern und Krankenhäusern.

UNICEF hilft Kindern, die durch die Gräueltaten, die sie miterleben mussten, traumatisiert wurden, mit Programmen, die ihnen dabei helfen, ihre Ängste zu überwinden. Man muss einen Weg finden, damit sie wieder Vertrauen in sich selbst und in das Leben finden. Dank Zeichnungen, Gedichten und Rollenspielen gelingt es ihnen, das auszudrücken, was sie fühlen.

Zu lernen, mit seiner Vergangenheit zu leben, gehört zu einem Hauptteil der Schulprogramme.

UNICEF arbeitet mit den Ministern der verschiedenen Republiken zusammen. In Kroatien haben zum Beispiel Lehrer eine besondere Ausbildung mitgemacht, mit der sie Traumata erkennen können. Daraufhin helfen sie den Kindern, diese Zustände abzubauen. Sie bringen auch den Eltern oder anderen Familienmitgliedern bei, wie sie ihren Kindern helfen können, ihr Selbstvertrauen zurückzugewinnen.

> Rune Stuvland ist Kinderpsychologin für UNICEF: „Man muss um jeden Preis vermeiden, dass sich die Kinder in sich und ihre Verletzungen zurückziehen. Wenn wir ihnen gar keine Hilfe anbieten, dann werden sie die Bilder des Schreckens und den Schmerz behalten. Sie werden kein normales Leben mehr führen können."

Aus: Frieden ist machbar. Schülerheft, Véronique Meunier / Mia Versmissen, UNICEF / Editions De Boeck-Wesmael, Bruxelles 1994.

Ein Glaubensbekenntnis

Ich glaube an Gott
der Liebe ist
den Schöpfer des Himmels und der Erde

Ich glaube an Jesus
sein menschgewordenes Wort
den Messias der Bedrängten und Unterdrückten
der das Reich Gottes verkündet hat
und gekreuzigt wurde deswegen
ausgeliefert wie wir der Vernichtung des Todes
aber am dritten Tag auferstanden
um weiterzuwirken für unsere Befreiung
bis dass Gott alles in allem sein wird

Ich glaube an den Heiligen Geist
der uns zu Mitstreitern des Auferstandenen macht
zu Brüdern und Schwestern derer
die für Gerechtigkeit kämpfen und leiden

Ich glaube an die Gemeinschaft der weltweiten Kirche
an die Vergebung der Sünden
an den Frieden auf Erden für den zu arbeiten Sinn hat
und an die Erfüllung des Lebens
über unser Leben hinaus.

Kurt Marti, Schweizer Pfarrer und Dichter

Aus: Kurt Marti, Für eine Welt ohne Angst, Peter Hammer Verlag, Wuppertal, 1985.

Bedingungslose Annahme – die Sache mit der Rechtfertigung

1. Theologische und didaktische Aspekte

Martin Luthers Rechtfertigungslehre gilt als das Herzstück evangelischen Glaubens. Worum geht es dabei? Gott gewährt dem Menschen nicht aufgrund irgendeines Verdienstes das Heil, sondern schenkt ihm dieses zuvorkommend und bedingungslos. Nicht aus eigener Kraft kann der Mensch vor Gott bestehen, sondern Gott nimmt den Menschen ohne Ansehung seiner Werke vollkommen an.

Hintergrund für Luthers reformatorische Entdeckung war die religiöse Grundvorstellung der damaligen Zeit, die von der Angst vor dem Gericht Gottes gekennzeichnet war und davon ausging, dass der Mensch nur durch fromme Werke vor diesem Gericht bestehen könne. Diese Angst und diese Denkvoraussetzungen trieben Luther 1505 zu seiner Entscheidung, Mönch zu werden. Während seiner immer intensiver werdenden Bibelstudien wurde er von der Frage gequält: „Wie kriege ich einen gnädigen Gott?"

Ausgangspunkt für seine Entdeckung war die Neuinterpretation von Röm 1,17 „Die Gerechtigkeit wird im Evangelium offenbart". Luther las hier plötzlich nicht mehr einen Hinweis auf die nach Strafe verlangende, unbarmherzige Gerechtigkeit Gottes, die die Unzulänglichkeiten des Menschen schmerzlich offenbart, sondern die befreiende Verheißung, dass Gott dem Menschen seine eigene Gerechtigkeit bedingungslos allein aus Gnade („sola gratia") schenkt. Nur indem der Mensch auf die ihm zugesprochene Gerechtigkeit Christi vertraue („sola fide"), nicht indem er angstvoll auf seine eigenen Werke setze, könne er seines Heils gewiss sein. Allein Christus und kein von Menschen erfundener Heilsweg ermögliche die Versöhnung zwischen Gott und Mensch („solus Christus").

Als „Pforte zum Paradies" beschreibt Luther diese neue Einsicht 1545 rückblickend in der Vorrede zum ersten Band seiner lateinischen Schriften (SB, S. 141), als Erkenntnis, mit der die gesamte Schrift ein neues Gesicht erhält. Freilich verstand Luther sich selbst nur begrenzt als „Entdecker": Eine von Paulus schon erkannte Grundwahrheit des christlichen Glaubens meinte er wieder ans Licht gebracht zu haben. Und ob die „reformatorische Entdeckung" so plötzlich stattfand, wie Luther sie aus der Erinnerung in der „Vorrede" beschrieb, bleibt zweifelhaft. Die meisten Forscher sprechen von einem allmählichen Vorgang, der sich zwischen den Jahren 1514 und 1518 in Schüben vollzog.

Zu der Veröffentlichung der reformatorischen Erkenntnis sah sich Luther letztlich durch den Ablassstreit veranlasst. Durch die verheerenden seelsorgerlichen Auswirkungen des vom Mainzer Erzbischof Albrecht von Brandenburg betriebenen Ablasshandels (SB, S. 139) erschrocken, stellte Luther am 31. Oktober 1517 mit seinen 95 Thesen die theologischen Grundlagen desselben infrage. An dieser zunächst rein theologischen Auseinandersetzung zwischen der römischen Kurie und einem bisher unbekannten Augustiner-Eremitenmönch am Rande des Heiligen Römischen Reiches entzündete sich das weltgeschichtliche Ereignis der Reformation. Dass die Rechtfertigungslehre nach 480 Jahren immer noch der zentrale Punkt ist, an dem evangelisches und römisch-katholisches Selbstverständnis auseinander gehen, zeigt die umstrittene Vorgeschichte der nur mühsam zustandegekommenen „Gemeinsamen offiziellen Feststellung" der römisch-katholischen Kirche und des Lutherischen Weltbundes zur Rechtfertigungslehre (31. Oktober 1999 in Augsburg).

Trotz ihrer unbestrittenen theologischen Bedeutung scheint die Rechtfertigungslehre keinen festen Platz im evangelischen Religionsunterricht zu haben (sie erscheint hauptsächlich innerhalb kirchengeschichtlicher Einheiten über „Martin Luther" oder „Die Reformation"). Verschiedene Vorbehalte gegenüber der Tragweite der Bedeutung der rechtfertigenden Aussagen für den modernen Menschen – hier den Sch. – mögen dafür den Hintergrund bilden. Stellt nicht schon das Vokabular der Rechtfertigungsbotschaft eine für den heutigen Menschen – besonders den Sch. – schwer zu überwindende, semantisch-sprachliche Barriere auf? Zielt die lutherische Lehre heute nicht aufgrund eines mangelnden Sündenbewusstseins ins Leere? Ist es überhaupt möglich, sie als Lehre der Freiheit „im Horizont moderner Erfahrungen mit individuellen Selbstverwirklichungsansprüchen" (Dressler) Sch. plausibel zu machen? Versteht sich der moderne Mensch schließlich nicht als ganz und gar autonomes Wesen, das sich nur aus sich selbst begründet, sich also keinem Gott mehr verbunden weiß?

Zweifellos ist die Frage nach dem gnädigen Gott nicht mehr eine Frage unserer Zeit. Wir leben nicht mehr unter der Voraussetzung des Denkens, dass man sich vor dem Richterstuhl Gottes zu verantworten habe. Das Grundbedürfnis nach Annahme der Person bleibt jedoch als menschliche Konstante bestehen, denn beurteilende und richtende Instanzen sind aus dem Leben des Menschen keineswegs verschwunden (Adam). Nicht mehr vor Gott, dafür umso mehr vor seinen Mitmenschen und vor sich selbst meint der heutige Mensch sich rechtfertigen zu müssen. Leistung auf allen Gebieten des Lebens scheint ihm ein geeignetes Mittel zu sein, sich diese Annahme, diese Anerkennung zu verschaffen. „Wir müssen unser Leben selbst verdienen: durch Leistung ohne Ende. Das führt sehr leicht zum Leistungskult, zum Kult des Erfolges; zum alleinigen Bestätigungsrepertoire, auf das wir unser Leben bauen und vertrauen!" (Lachmann). Die Unerbittlichkeit dieses Leistungsgottes erlebt jeder, der die geforderten Leistungen nicht oder nicht mehr erbringen kann. Schon bei Sch. kann ein schlechtes Zeugnis ein existenzieller Einbruch bedeuten. Hier hat die Rechtfertigung allein aus Glauben heute ihren Platz – sie stellt klar, dass der Mensch sich nicht durch seine Leistung definiert, sondern dadurch, dass der Mensch ein „Kind Gottes" ist, dass Gott ihn angenommen hat.

Die Werbung unserer Konsumgesellschaft hat diesen Anerkennungswunsch der Menschen schon lange als verkaufssteigerndes Mittel erkannt: In vielen Anzeigen und Spots wird die immer noch geltende Sehnsucht des Menschen nach Annahme, nach Vertrauen, nach Verlässlichkeit zum Ausgangspunkt der Botschaft. Die Verheißung eines „neuen, unbeschwerten Menschseins" wird an ein Produkt, an einen Verheißungsträger gebunden, ja man möchte fast sagen an ein „Gnadenmittel", das glücklicherweise „käuflich" ist, sodass der Mensch „seines neuen Menschseins nicht verlustig geht und nicht aus der Gnade herausfällt" (Bizer). Das Bedürfnis nach Annahme scheint durch den Glauben an ein Produkt, an eine Weltanschauung erfüllbar zu werden. Die Konfrontation mit der rechtfertigenden Botschaft Luthers kann auch hier befreiend wirken. Denn im Gegensatz zu den Verheißungen der Werbung verlangt der Glaube an Gott keine Gegenleistungen. Der Mensch braucht sich „um Wert, Sinn und Zukunft" seiner Person „in Zeit und Ewigkeit nicht zu sorgen" (Bizer).

Die hier vorgestellten Materialien kreisen alle um die Rechtfertigungslehre. Im ersten Teil wollen sie in die reformatorische Theologie Luthers einführen. Das *Gleichnis vom verlorenen Sohn* (SB, S. 144f.) kann den Sch. verdeutlichen, dass Rechtfertigung nicht nur theoretische Lehre des 16. Jahrhunderts, sondern von Jesus vollzogene Botschaft war. Die zusammengestellten Analogien und Konfrontationen aus dem heutigen modernen zwischenmenschlichen Bereich (SB, S. 147f.), aus der Pop-Kultur (SB, S. 143) oder

Beispiele aus der Werbung können dazu beitragen, Sch. die Bedeutung dieses befreienden Geschehens zu veranschaulichen.

2. Intentionen

Die Sch. sollen
- die Angst des spätmittelalterlichen Menschen vor dem Gericht Gottes vor dem Hintergrund der damaligen Lebensbedingungen kennen lernen und verstehen
- die Frage „Wie kriege ich einen gnädigen Gott?" als die Ausgangsfrage für Martin Luthers Erkenntnis der Rechtfertigung aus Glauben benennen
- Martin Luthers Rechtfertigungslehre in elementarer Form verstehen und erklären
- das Gleichnis vom verlorenen Sohn (Lk 15) als Beispiel für die biblische Verkündigung von der unverdienten Liebe Gottes zu den Menschen zur Kenntnis nehmen
- moderne, verfremdende „Rechtfertigungslehren" etwa in der Pop-Kultur mit derjenigen Luthers vergleichen
- Analogien rechtfertigenden Handelns im zwischenmenschlichen Bereich kennen lernen, seine Wirkung auf Menschen analysieren und mit der Vorstellung Luthers in Beziehung setzen
- Verheißungen der Werbung, die an ein Produkt gebunden, die Annahme und Bejahung der Person in Aussicht stellen, analysieren und kritisch auf ihre Tragfähigkeit befragen.

3. Literatur zur Vorbereitung

- Bernhard Dressler, Freiheit und der Zwang zur Selbstverwirklichung - Rechtfertigungstheologische Fragen im Blick auf die moderne Lebenswelt. Loccumer Pelikan 3/1994, S. 7-13.
- Eberhard Jüngel, Der menschliche Mensch. Die Bedeutung der reformatorischen Unterscheidung der Person von ihren Werken für das Selbstverständnis des neuzeitlichen Menschen, in: Ders., Wertlose Wahrheit, München 1990.
- Rainer Lachmann, Grundsymbole christlichen Glaubens. Eine Annäherung, Vandenhoeck & Ruprecht, Göttingen 1992, S. 87-106.
- Rainer Lachmann / Gottfried Adam / Werner H. Ritter, Theologische Schlüsselbegriffe. Biblisch - systematisch - didaktisch, Vandenhoeck & Ruprecht, Göttingen 1999 (Artikel „Rechtfertigung").
- Martin Luther und die Reformation in Deutschland. Ausstellung zum 500. Geburtstag Martin Luthers. Veranstaltet vom Germanischen Nationalmuseum Nürnberg in Zusammenarbeit mit dem Verein für Reformationsgeschichte, Insel, Frankfurt a.M. 1983.
- Walter Sparn, Artikel „Recht sein um Christi willen", in: Helmut Frank (Hg.), Katechismus 2000. Ein Glaubenslexikon zum 2000. Geburtstag Jesu, Evangelischer Presseverband für Bayern e.V., Feuchtwangen 1999, S. 105f.
- Heinz Zahrnt, Martin Luther in seiner Zeit - für unsere Zeit. Süddeutscher Verlag, München 1983.

4. Unterrichtsideen

A. Leben und Denken im Spätmittelalter

⇨ Text: *Stephan 1349* (SB, S. 136/138)
Diese Erzählung aus der Sicht des Franziskanermönches spielt im Jahr 1349, gerade als die Pestwelle das Zentrum Europas erreichte. Das Leben Stephans ist von seinen religiösen Vorstellungen nicht zu trennen. Die Erzählung ist wegen der ansteigenden Spannung gut für eine Vorlesestunde geeignet; die Sch. können so beim Hören in die historische Welt eintauchen. Anschließend können sie zusammentragen, welche religiösen Vorstellungen Stephans ihnen noch im Gedächtnis sind.

⇨ Abb.: *Gewirkter Grabteppich, um 1450* (SB, S. 137)
Der Teppich zeigt Christus am Tage des Jüngsten Gerichts. Die Szene wird durch den auf dem Regenbogen thronenden, richtenden Christus beherrscht, der auf seine Wundmale zeigt, während die ihn umgebenden Engel die Leidenswerkzeuge halten. Die Lilie und das Schwert, die sich aus seinem Mund wegstrecken, symbolisieren Annahme und Verdammung. Maria und Johannes der Täufer knien fürbittend zu seinen Füßen. Die Toten werden darunter nach Vorstellung der Zeit von zwei Posaunenengeln auferweckt und müssen sich nun dem Gericht Gottes stellen.
Um wen es sich bei den Toten handelt, lehren die beiden Wappen, unten links das der Nürnberger Ratsfamilie Volckamer, rechts das Wappen der ebenfalls zur Nürnberger Oberschicht gehörenden Familie Schürstab. Ein Ehepaar Volckamer-Schürstab scheint also dieses Bahrtuch gestiftet zu haben, um sich und seinen Verwandten den Schutz Christi und der Heiligen in den Tagen zwischen Tod und Begräbnis auf direkte Weise zuteil werden zu lassen.

Mögliche Aufgaben zur (zunächst selbstständigen) Erarbeitung durch Sch.:

- Das *obere Bilddrittel* zeigt Christus. – Wie wirkt seine Haltung auf dich? – Worauf sitzt er und was hat das mit dem zu tun, was er gerade tut? – Auf Mundhöhe strecken sich von Christus eine Lilie und ein Schwert weg. Sie sind Zeichen der Annahme (Lilie) und der Verdammung (Schwert), welche Christus ausspricht. Zeichne beide Symbole ab!
- Im *mittleren Bilddrittel* siehst du rechts Johannes den Täufer und links Maria. Welche Haltung haben beide eingenommen? Welchen Zusammenhang siehst du zum oberen Bildteil?
- Was geschieht mit den Menschen im *unteren Bilddrittel* und was könnten sie rufen?
- Was hat der Christus auf diesem Grabteppich mit den euch bekannten Christusbildern gemeinsam, was unterscheidet ihn davon? – Welchen Sinn hatte wohl so ein Grabteppich?

Weiterarbeit: Verzahnung mit *Stephan 1349* (s.o.): Welcher Zusammenhang zwischen der Lebenssituation Stephans und der Endzeitvorstellung des Teppichs wird sichtbar?
Mögliche Zusammenfassung (Tafelbild):

> Der Wandteppich spiegelt die Vorstellungswelt der spätmittelalterlichen Menschen wider. Der Tod steht ihnen ständig vor Augen, da ihr Leben von vielen Seiten bedroht ist: Kindersterblichkeit, Missernten, regelmäßig wiederkehrende Pestwellen sind Beispiele dafür. Sie fragen sich besorgt, was aus ihnen werden soll, wenn sie plötzlich sterben müssen. Gott stellen sie sich nämlich als einen richtenden Gott vor, einen Gott, vor dem man Angst haben muss. Sie fragen sich, was sie tun müssen, um vor dem Gericht Gottes bestehen zu können und nicht die Strafen des Fegefeuers und der Hölle erleiden zu müssen. „Wie kriege ich einen gnädigen Gott?" war auch die Kernfrage des Mönches Martin Luther, die zu seiner entscheidenden Erkenntnis führte.

Vertiefung: Gestaltet in Gruppenarbeit eine Collage, auf der zu sehen ist, wovor Menschen heutzutage Angst haben, und vergleicht sie mit Bild und Text!

⇨ Text/Abb.: *Ablass* (SB, S. 139)
Bei dem Holzschnitt handelt es sich um protestantische Polemik des frühen 17. Jahrhunderts. In ihrer Symbolik knüpft diese nicht an überlieferte Bildtopoi an, sondern schafft ihre eigenen Traditionen, deren Deutung noch nicht abgeschlossen ist. Die Grundelemente des Ablasses werden davon nicht berührt.

Zur selbstständigen Erarbeitung oder als Nachbereitung von Text und Holzschnitt könnte der Lückentext ZM 1 ausgeteilt werden:
Abschließendes Tafelbild:

Der Ablass

Sünden der Menschen
⇓
Gott vergibt die Sündenschuld im Bußsakrament, es bleiben aber die Sündenstrafen, die die Menschen abbüßen müssen

Ablass: Die Kirche erlässt einen Teil der Sündenstrafen nach empfundener Reue und nach Verrichtung eines vorgeschriebenen guten Werks (Bußleistung)

Im Spätmittelalter:
- Bußleistung durch Geldzahlung ersetzt
- Unterschied zwischen Sündenschuld und Sündenstrafe verwischt; Sündenvergebung scheint somit käuflich zu werden
⇒ Kritik Luthers / Anlass zur Reformation

⇨ *Stationenlernen*:
„Wege zu Gott im Spätmittelalter“
Thema: Weitere Wege zu Gott neben dem Ablass wie das Stiften von Messen, die Teilnahme an Wallfahrten, die Entscheidung für ein monastisches Leben und die Verehrung der Hostie sowie Heiligenreliquien
An jeder Station liegen ein Bild und/oder ein kurzer Text zum einem Thema. Diese werden im Zirkelverfahren mit Zeituhr reihum zwar von allen Sch. in Gruppen kurz zur Kenntnis genommen, aber pro Gruppe werden nur die Materialien einer Station intensiver bearbeitet; dann werden die Ergebnisse den anderen vorgestellt.

B. Luthers Rechtfertigungslehre

⇨ Rechtfertigungsbild: *Sebastian Dayg, 1511* (SB, S. 140)
Das farbige Retabel (auf dem Marienaltar im Münster zu Heilsbronn) besteht aus zwei Teilen, von denen hier nur der linke zu sehen ist, was angemessen erscheint, da es sich um ein didaktisches Bild handelt. Als vorreformatorische Darstellung ist es Teil mittelalterlicher Frömmigkeit, aber es weist zugleich deutlich auf die rechtfertigende Botschaft der Reformation hin. Wegen der Symbolhaftigkeit bietet sich ein sukzessives Erarbeiten an (evtl. zunächst mit einer OHP-Folie), zunächst linke, dann rechte Seite. Ein die Beschreibungen und Deutungen sammelndes Tafelbild könnte wie oben auf der folgenden Seite dargestellt aussehen.
Im Anschluss daran bietet sich ein Vergleich mit dem Grabteppich an. Das Ergebnis könnte lauten (Tafelbild):

Auf dem Dayg-Bild hat Christus sozusagen die Seiten getauscht. Während das die Menschen bedrohende und ängstigende Schwert auf dem Grabteppich von Christus ausgeht, steht er nun selbst diesem Schwert gegenüber und ist ihm nackt und hilflos ausgeliefert. Damit nimmt er die Strafe auf sich, die dem Menschen zukommen müsste. Der Mensch braucht nun keine Angst mehr vor dem richtenden Gott zu haben. Der Mensch ist *gerechtfertigt* vor Gott.

⇨ Martin Luthers Lebensumstände und die Entdeckung seiner Rechtfertigungslehre sind aufs Engste miteinander verflochten. Hier ei-

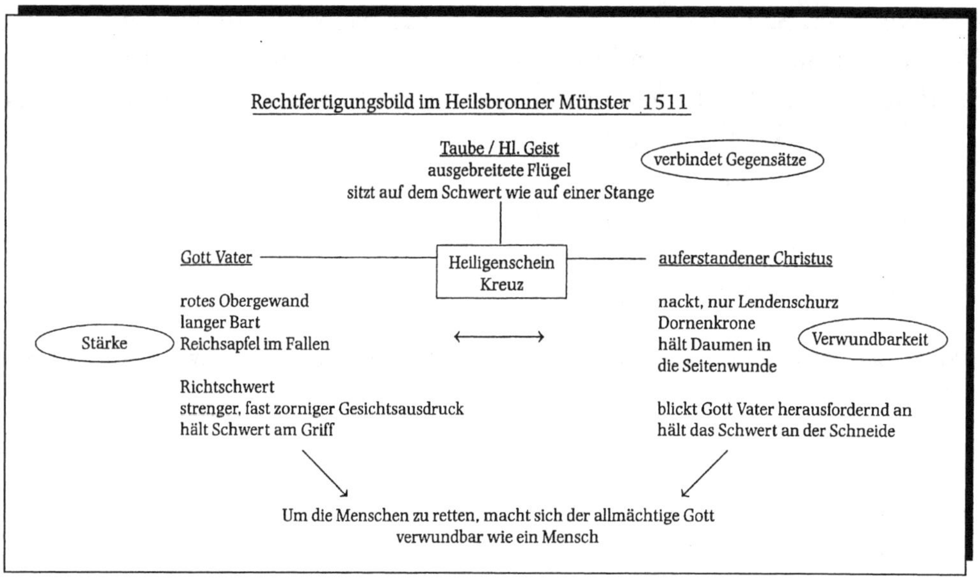

nige Ideen, wie die *Vita Luthers* den Sch. bekannt gemacht bzw. Bekanntes aufgefrischt werden könnte:

- Mit wenigen einfachen, aber sehr überlegten Worten und vielen Abbildungen aus dem Katalog zur Ausstellung „Martin Luther und die Reformation" im Germanischen Nationalmuseum in Nürnberg (1983) erklärt ein Faltprospekt (Leporello) für Schüler chronologisch Luthers reformatorisches Wirken. Dieses Faltblatt kann für 1,50 DM in Klassenstärke bestellt werden (Adresse s.u., 5. Materialien). Ein ausgezeichnetes Material!
- Das Religionsbuch „LebensZeichen 5/6" (s.u., 5.) bietet die wichtigsten Ereignisse jeweils zusammen mit einem passenden grafischen Zeichen. Gibt man den Sch. auf einem Blatt nur die Zeichen in richtiger Reihenfolge, können sie die ungeordnet dazugereichten Ereignisse in Gruppen spielerisch den Zeichen zuordnen (Puzzle) und aufkleben. Als Vertiefung eignet sich das lebensgeschichtliche Legespiel zur „Lutherrose" in: Wermke, s.u., 5. Materialien, S. 47.
- In sehr anspruchsvollen Lerngruppen könnte der äußerst fundiert von Arnulf Zitelmann verfasste Jugendroman „Widerrufen kann ich nicht. Lebensgeschichte des Martin Luther" (s.u., 5. Materialien) entweder gemeinsam (in Teilen) gelesen oder als Referat vorgestellt werden.
- Ein Preisausschreiben zur Person Luthers hat die Integrierte Gesamtschule Ehringshausen veranstaltet, die Egebnisse sind im Internet nachzulesen (www.reliweb.de, Stichwort: Luther).

⇨ Text: *Martin Luthers Turmerlebnis* (SB, S. 141)
In diesem fast tagebuchartigen Text – eine rückblickende Darstellung in der Vorrede zu Bd. 1 der lateinischen Schriften von 1545 – beschreibt Luther ausführlich seine reformatorische Entdeckung, das so genannte „Turmerlebnis", ein klassischer theologischer Text, der Sch. jedoch aufgrund seines persönlichen, emotionalen Inhalts anspricht. Schon beim ersten Lesen fällt ihnen auf, wo sich der Wendepunkt des Textes befindet und dass Luther ihn theologisch beschreibt („Da erbarmte sich Gott meiner").
Arbeitsauftrag im Anschluss: Unterstreiche mit einer Farbe, was für Luther charakteristisch war *vor* seiner Entdeckung, mit einer anderen Farbe, was *danach* wesentlich war!
Die doppelte Wende, nämlich die veränderte theologische Sicht von „Gerechtigkeit Gottes" (vorher: gerechter, aber unbarmherziger, strafender Gott; danach: barmherziger, gnädiger Gott), die zu einer befreienden Sicht des eigenen Lebens (biografische Wende) führt, kann jetzt von den Sch. mit Textstellen benannt werden (evtl. an der Tafel gegenüberstellen). Ein abstrahierendes Tafelbild dazu könnte so aussehen:

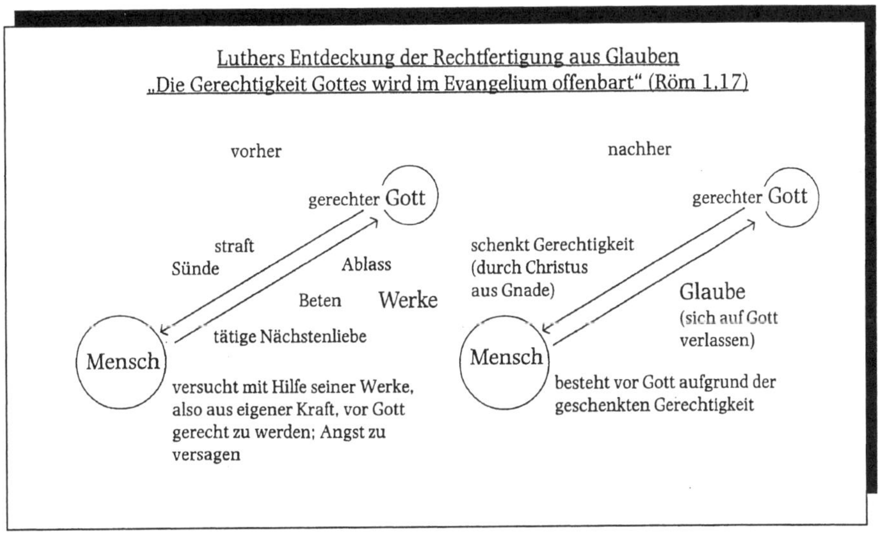

⇨ Lied: *Nun freut euch, lieben Christen g'mein, 1523* (EG 341; SB, S. 142)
Die theologische und persönliche Entdeckung Luthers ist auch Thema dieses Gesangbuchliedes. Deshalb ist es sehr gut geeignet, um das Turmerlebnis noch einmal zu wiederholen und zu vertiefen. Gleichzeitig kann den Sch. deutlich werden, dass die Reformation über Kirchenmusik und Gesangbuchlieder, die zum ersten Mal in der Volkssprache verfasst wurden, Verbreitung fand.
Methodische Vorschläge: Lutherlied den Sch. mit durchmischter Strophenfolge geben. Aufgabe ist es dann, in Gruppenarbeit die richtige Reihenfolge der Strophen herzustellen (Tipp: Luthers „Turmerlebnis“ ist Gegenstand des Liedes).
Anschließend können die Sch. ihre Reihenfolge mit der Luthers im SB vergleichen und für jede Strophe die (beiden) wichtigsten Zeilen unterstreichen; danach Austausch im Plenum. Als HA können die Sch. in den Gesangbüchern, die zu Hause vorliegen, weitere Lutherlieder ausfindig machen. Wer findet die meisten? Welche sind die bekanntesten? Welche waren ursprünglich in Latein und wurden in die Volkssprache übersetzt, weil die Reformation sie neu verwendete?

⇨ Liedtext: *Die Toten Hosen, Paradies* (SB, S. 143)
In diesem Lied der CD „Opium fürs Volk“ wird dagegen protestiert, dass der Zugang zum Himmel, zum Paradies, abhängig sei von unserem sittlichen Verhalten und guten Benehmen zu Lebzeiten. Das Leben wird als Prüfung gesehen, die Duckmäuser und Frömmler noch am ehesten bestehen können. Das Ich im Liedtext kommt deshalb zu dem Schluss, der refrainartig wiederholt wird: „Ich will nicht ins Paradies, wenn der Weg dorthin so schwierig ist.“ Das Lied geht von einem karikierten christlichen Glauben aus, der vom Leistungsgedanken durchdrungen ist, und kehrt diesem Leistungsweg den Rücken. Leistungskritik führt hier jedoch nicht zur Entfaltung der Rechtfertigungslehre. Im Gegenteil: Weil das Lied sich das Christentum nur gesetzlich vorstellen kann, bleibt es der Rechtfertigungslehre verschlossen.
Die Sch. hören das Lied zunächst ohne den Liedtext; sie erklären, worum es in dem Lied geht; danach unterstreichen sie im Text, welche Voraussetzungen erfüllt sein müssen, um in den Himmel zu gelangen; sie präzisieren die Liedaussage.
Abschluss durch eine kreative Schreibaufgabe: Verfasse einen Brief, den Martin Luther an Leadsänger Campino schreibt, nachdem er das Lied „Paradies“ gehört hat!
Dieser Brief kann als eine Art Lernkontrolle am Ende des Abschnitts über die historische Rechtfertigungslehre dienen. Deshalb ist es u.U. sinnvoll, das Lied erst nach der Besprechung von *Lk 15* und *Luthers Freiheitsschrift* (s.u.) zu behandeln.

⇨ Text: *Martin Luther, Von der Freiheit eines Christenmenschen, 1520* (SB, S. 146)
Die Rechtfertigung, ein scheinbar rein geistlicher Vorgang, wird in diesem Text zu einer sehr ethischen Angelegenheit: Gerade weil

Gott mich umsonst liebt, kann auch ich meinen Nächsten ohne Vorbehalte lieben und ihm dienen.

Mögliche Aufgaben zur Erarbeitung und Vertiefung:

- Martin Luther spricht hier von einer Kette von Vorgängen. Fertigt eine Grafik, die dies veranschaulicht und die wichtigsten Begriffe Luthers beinhaltet!
- Vergleicht mit den Gedanken von Luthers „Turmerlebnis". Welche Bedeutung hatten gute Werke dort, welche haben sie hier? Was ist der Unterschied?
- Seht euch die Karikatur auf der Seite an. Wie versteht ihr sie? Welcher Zusammenhang mit Luthers Text lässt sich herstellen?
- Welche „guten Werke" von Christen haltet ihr heute für dringlich und geboten?

C. Vom verlorenen Sohn (Lk 15,11–32)

⇨ Text: *Vom verlorenen Sohn (Lk 15,11–32)* (SB, S. 144)

Diese Geschichte gehört zu den bekanntesten Gleichnissen des NT. Der Zugang zum Gleichnis erfolgt hier über die Arbeit mit zwei ganz unterschiedlichen Bildern aus der Kunstgeschichte zum Text (Bosch und Rembrandt). In den Vordergrund gerückt wird damit die unendliche, bedingungslose Liebe des Vaters, die nur die Person des Sohnes an sich ansieht, alles vorherige Tun und Scheitern außer Acht lässt und sich über die Rückkehr des Sohnes übermäßig freut.

Vor der Interpretation der Bilder sollte allerdings die Handlung des Gleichnisses erarbeitet sein, da gerade Boschs Bild sonst unverständlich bleiben muss.

Folgende Aufgaben zum Text sind denkbar:

- Text lesen und erste Bemerkungen sammeln und Fragen beantworten
- Welche Person der Geschichte ist euch am sympathischsten? Kurze schriftliche Begründung (Einzelarbeit)
- Sch. zeichnen oder spielen Szenen der Geschichte
- Handlung und Erfahrungen des Gleichnisses werden in einem Tafelbild festgehalten (vgl. dazu: Goecke-Seischab, s.u., 5. Materialien, S. 107)
- Gleichnis aus der Sicht des älteren Bruders neu erzählen.

⇨ Bild: *Hieronymus Bosch, Der verlorene Sohn, um 1510* (SB, S. 145)

Das Bild zeigt einen zerlumpten Landstreicher, der sich zwar noch einmal zu der Schweineherde zurückwendet, von der er zu kommen scheint, aber schon auf ein Gatter zueilt, das einen neuen unsichtbaren Weg freigibt. Hier ist der Augenblick der Geschichte des verlorenen Sohnes festgehalten, in dem dieser zur Besinnung kommt, in dem er beschließt, dem Elend, das ihm die Luft zum Atmen nimmt, zu entfliehen. Allerdings ist die Wende dem Bild nach noch nicht ganz vollzogen; es ist noch unentschieden, wohin der Sohn am Ende gelangen wird. Er flieht vor dem bedrohlichen Unheil, der Entschluss, zum Vater zurückzukehren, ist aber noch nicht gefasst. Dafür spricht die subtile Symbolik der Zeit, die im Folgenden tafelbildartig zusammengefasst ist (das Freudenhaus spielt hierbei eine untergeordnete Rolle und wird deshalb nicht in Einzelheiten gedeutet):

Hieronymus Bosch: Der verlorene Sohn – Symbolik des Bildes

	Was sieht man?	Deutung
	– Freudenhaus im Hintergrund	– Triebhaftigkeit, Lust
	– Blick zurück zur Schweineherde	– Flucht vor Not und Unheil
bisheriges Leben	– Löffel am Rucksack	– Symbol der Maßlosigkeit und der Verfressenheit
	– ungleiche Schuhe	– Zeichen der Armut
	– Katzenfell am Korb und Schweinefuß, der vorn aus der Jacke herausschaut	– Zeichen des Elends

	- Dolch - Verband an der linken Wade - Hut, fern von sich gehalten - Gattertor - weggestreckter Arm bildet mit dem Baum ein Kreuz und einen Galgen auf dem Hügel im Hintergrund	- Sexualsymbol - Zeichen des Vertrieben-worden-Seins - Unbehütetsein, „auf jeden hereinfallen" - Beginn eines neuen Weges - Unheil, Tod vor sich
Wie geht's weiter?	- heller Vogel (Specht) auf dem Baum - Eule links oberhalb des Spechts - Rind hinter dem Gatter - Specht noch einmal auf dem Gatter	- Symbol Christi (Erlösung) - das Böse, die Hölle, Verdammnis - nächste Gefahr? - Hoffnung für den neuen Weg?

Das gesamte runde Bild scheint durch die Schattengebung ein nach außen gewölbter Spiegel zu sein, also dem Betrachter zu sagen: Das bist du! Hier siehst du dein eigenes Schicksal!

Unterrichtsideen:
Die Sch. tragen bei der genauen Betrachtung die verschiedenen Symbole zusammen, die dann gemeinsam geordnet und gedeutet werden. Sie können dann leicht den Zeitpunkt der biblischen Geschichte, den das Bild einfängt, bestimmen. Sie legen dem Sohn Worte in den Mund, die seiner Situation entsprechen (dazu können die Umrisse des Sohnes auf ein Arbeitsblatt kopiert werden). Die Sch. können Situationen überlegen, in denen es Menschen heute vergleichbar gehen könnte. Wie sähe da ein möglicher Weg der Rettung aus?
Die Deutung des Bildes als Spiegel kann anschließend erfolgen und an den Erfahrungen der Sch. gemessen werden.

⇨ Bild: *Rembrandt, Die Heimkehr des verlorenen Sohnes, um 1668 (Ausschnitt)* (SB, S. 135)
Zu sehen ist ein Mann in abgerissener Kleidung (zerlumptes, ehemals jedoch wohl besseres Gewand - Verzierung am Halsausschnitt -, notdürftig mit Strick über den Hüften zusammengehalten, fahle, ausgeblichene Farbe, barfuß, ein Pantoffel und ein zerlumpter Schuh ohne Absatz am rechten Fuß - auf dem Vollbild -), der vor einem weißhaarigen, reich gekleideten Greis auf die Knie fällt und seinen Kopf an dessen Brust fallen lässt. Die bewegte biblische Geschichte vom Vater und seinen Söhnen kommt hier zum Stillstand in der annehmenden Geste des Vaters, in der die äußerlichen Zeichen der Freude sich nach innen wenden, sich in Gesicht und Körperhaltung des Vaters konzentrieren. Er legt dem Verlorengeglaubten schwer, verzeihend und begütigend die eine Hand auf die Schulter, umfasst ihn liebevoll mit der anderen am Rücken und heißt ihn so willkommen. Verzeihen und Annahme ohne Bedingungen liegen in dieser Geste.
Im Gegensatz zum Sohn ist der Vater herrschaftlich gekleidet (roter Umhang, der im warmen Licht aufleuchtet, langes, braunes Untergewand mit Biesen geschmückt, Ärmel spitzenbesetzt). Das leuchtende Rot des Umhangs, die Farbe des Blutes und des Herzens, steht seit der Antike für Liebe und Zuwendung. Dieser Umhang scheint den verlorenen geglaubten Sohn symbolisch wie ein schützendes Dach zu umwölben. Es spricht nicht nur die menschliche Wärme des Bildes an, sondern der Betrachter fühlt sich geradezu hineingenommen in die Szene, die Sicherheit ausstrahlt, die gut tut.
Mögliche Arbeitsvorschläge:
- Beschreibung des Bildes
- Gedanken von Vater und Sohn in der dargestellten Situation aufschreiben und mit denen von dem verlorenen Sohn auf Boschs Bild vergleichen
- Was sagen die Hände des Vaters (z.B. „du gehörst zu mir ...")?
- Bild mit der biblischen Geschichte in Beziehung setzen: Was erfährt man in der

biblischen Geschichte über das Bild hinaus über das Verhalten des Vaters angesichts der Rückkehr?
- Was betont das Bild umgekehrt?
- Jesu Zuhörer (Rahmenhandlung) werden nach dem Hören des Gleichnisses gesagt haben: Was du uns über den Vater gesagt hast, soll wohl auch für Gott gelten. Was sagt denn dieses Gleichnis über Gott?

⇨ *Vertiefung:* Andere Bibelstellen, die von „Rechtfertigung" sprechen
Die Sch. suchen sich aus einem Katalog von Bibelstellen eine aus, die sie besonders anspricht (z.B. Mt 11,28–30; Joh 10,10; Lk 17,33; Hes 18,23; Joh 3,17; Ps 103,13; Röm 3,28; Röm 15,7; Lk 18,9–14; Mt 18,3 usw.), schreiben den Text schön ab und wickeln ihn in ein Stofftaschentuch oder einen schön zurechtgeschnittenen Stoffrest und packen ihn verknotet in ihre Hosentasche ein – „zum Mitnehmen und Erinnern".

D. Rechtfertigung heute

a) „Rechtfertigung" durch den Mitmenschen

⇨ Text: *Jörg Zink, Was ich dir wünsche* (ZM 2)
Dieses Gedicht kann Brückenfunktion haben zwischen den Rechtfertigungserfahrungen früher (s.o.) und heutigen Analogien. Die Sch. überlegen sich zunächst schriftlich, was sie sich für ihr späteres Leben besonders wünschen („Du hast drei Wünsche frei!"). Die gesammelten Wünsche werden dann daraufhin befragt, welche von ihnen selbst erarbeitet werden und welche einem nur geschenkt werden können. Daran schließt sich dann die Aussage des Gedichtes an, das zwar kein Leben ohne Leid wünscht, aber eines, das getragen ist von jemandem, ein Leben, das immer wieder „Gnade" spürt. Die Sch. können überlegen, welche ihrer Wünsche zu dem Begriff „Gnade" passen könnten. Das Gedicht ist vielleicht auch für einen Vortrag auf einer kleinen Feier des Reformationstages geeignet. Dazu passt dann auch der Kanon der Ideenecke *Das meiste lässt sich verdienen ...* (SB, S. 149).

⇨ Text: *Gudrun Pausewang, Trotzdem* (SB, S. 147f.)
Für die Großmutter dieser Geschichte zählt nicht das, was ihr Enkel Herbert getan hat, sondern wer er ist. Ihre bedingungslose Liebe zu ihm fürchtet gesellschaftliche Missbilligung nicht. Der Enkel kann das vorbehaltlose Eintreten seiner Großmutter für ihn anfangs nicht nachvollziehen, er muss sich erst selbst verzeihen.
Arbeitsaufträge:
- Lest die Geschichte anfangs nur bis „Der ist ja gemeingefährlich". Überlegt euch im Rollenspiel, wie Herberts Familie auf die Nachricht von seiner Tat reagiert haben wird!
- Lest die Geschichte zu Ende. Was wird Herbert wohl nach dem Besuch seiner Großmutter gedacht und gefühlt haben? Verfasst einen Tagebucheintrag!
- Vergleicht mit der Geschichte vom verlorenen Sohn. Was ist gleich, was ist anders?
- Diskutiert in der Klasse, wie Herberts Leben wohl weiter verlaufen sein wird!
- Ist hier von „Gnade" im Sinne des Gedichts von Jörg Zink die Rede?

b) „Rechtfertigung" durch das Produkt

⇨ *Werbeanzeigen*, die den „Himmel auf Erden" versprechen
Die Sch. sammeln zum Abschluss aus Zeitschriften Werbeanzeigen, die Angenommensein, Selbstwertgefühl, Sicherheit an ein Produkt knüpfen. Diese sind zahlreich zu finden! Bestes Beispiel ist immer noch die Werbeanzeige von „du darfst-Margarine". Die Werbeanzeigen werden von den Sch. vorgestellt und im Plenum dann kritisch auf ihre Versprechungen hin interpretiert (ein weiteres sehr gutes Beispiel in: Ulrike von Fritschen, s. 5. Materialien, S. 30 und Folie 10)

5. Materialien und Medien

Einzelmaterialien:

- Gemeinsame Erklärung zur Rechtfertigungslehre. Augsburg, 31. Oktober 1999. Anregungen für den Unterricht, hg.v. RPZ Heilsbronn, Nördlingen 2001 (zu bestellen bei: RPZ Heilsbronn, Postfach 1143, 91556 Heilsbronn, 15,- DM).
- Ulrike von Fritschen, Bedingungslose Annahme - Die lutherische Rechtfertigungslehre im Spiegel moderner Erfahrungen, in: Rudolf Tammeus (Hg.), RU praktisch. 8. Schuljahr, Vandenhoeck & Ruprecht, Göttingen 1998; Folien zu RU praktisch. 7.-10. Schuljahr, Göttingen 1999.
- Martin Luther und die Reformation. Eine Orientierungshilfe für Schüler. Heilsbronn o.J. (Leporello zur Ausstellung „Martin Luther und die Reformation" im Jahre 1983 im Germanischen Nationalmuseum). Zu bestellen beim Institut für Lehrerfortbildung, Religionspädagogisches Zentrum der Evang.-Luth. Kirche in Bayern, Postfach 11 43, 91556 Heilsbronn, Tel.: 09872/509-143 (1,50 DM).
- Margarete Luise Goecke-Seischab / Frieder Harz, Bilder zu neutestamentlichen Geschichten im Religionsunterricht: Einführung in die Bilddidaktik und Ikonographie christlicher Kunst mit 8 kommentierten Bildbeispielen für Grundschule und Orientierungsstufe, Kaufmann, Lahr 1994, S. 93-114.

Filme (Auswahl):

- Martin Luther, Spielfilm, USA 1954, 105 Min., sw.
- Der Reformator, Spielfilm, BRD 1968, 100 Min., sw.
- Martin Luther, Serie. Dokumentarfilm, Teil 2: Der Beginn der Reformation in Wittenberg, Deutschland 1991, 15 Min., f.
- Martin Luther - Stätten und Stationen seines Lebens, Dokumentarfilm, Teile 1/2. BRD 1983, je 30 Min., f.
- Allein der Glaube. Reformation (Reihe „2000 Jahre Christentum"), Video, 45 Min., f, Deutschland 2000 (nur ersten Teil des Videos zeigen; www.2000-jahre-christentum.de bietet bald weitere Informationen).

Unterrichtswerke und -hilfen in Auswahl:

- LebensZeichen 5/6. Ein Unterrichtswerk für den evangelischen Religionsunterricht in der Sekundarstufe I, hg.v. Birgit Besser-Scholz, Vandenhoeck & Ruprecht, Göttingen 1993.
- Den Glauben feiern. Feste im Kirchenjahr, hg.v. Horst Hanisch u.a., Diesterweg/EVA, Frankfurt/M./Leipzig 1994 (Kap. Reformationstag).
- Michael Wermke (Hg.), Den Reformationstag gestalten II. Texte, Materialien, Ideen, Entwürfe. Eine Hilfe für die Arbeit in Schule und Gemeinde (Loccumer Pelikan, Sonderheft Nr. 4/5), 1996.

Vorlesegeschichten:

- Erzählbuch zur Kirchengeschichte. Bd. II. Von der beginnenden Neuzeit bis zur Gegenwart, hg.v. Dietrich Steinwede. Kaufmann / Vandenhoeck & Ruprecht, Lahr / Göttingen 1987.

Jugendbuch:

- Arnulf Zitelmann, „Widerrufen kann ich nicht". Die Lebensgeschichte des Martin Luther. Beltz & Gelberg, Weinheim 1996[9].

ZM 1

In der Mitte des Holzschnittes befindet sich eine mit Schlössern verhängte ________________, die offensichtlich als Sammelbehälter für die Münzen dient, die in der auf ihr stehenden Schale zusammenkommen. Zwei Männer nähern sich vom linken Bildrand eifrig, um ihrerseits Geld in die Schale zu legen, damit sie die ________________, die der Dominikanermönch ________________ in der Hand hält, entgegennehmen können. Von ihrem Kauf erhoffen sich die beiden Menschen vermutlich ________________. Der Kaufpreis wird abhängig sein von ________________. Man kann davon ausgehen, dass die beiden Männer der ________________ dafür dankbar sind, dass sie ihnen die Möglichkeit bietet, den Aufenthalt im ________________ zu verkürzen oder sogar zu ersparen. Die vorliegende Darstellung verspottet den Reiter aus späterer Sicht offensichtlich, indem sie sein Reittier mit dem Kopf eines ________________ bestückt und über seinem Kopf einen ________________ kreisen lässt. Die letzten beiden Verse des Spruches auf dem Druck lauten ________________. Sie weisen spöttisch auf die Vorstellung hin, dass man, indem man ________________ zahlt, sich das ________________ sichern kann.

Esel, Schatztruhe, So bald der Gülden [Gulden] im Becken klingt / Im huy die Seel im [in den] Himmel springt; Ablassurkunde, Erlass eines Teils ihrer Sündenstrafe, Fegefeuer, der Höhe der Sündenstrafe, Johann Tetzel, Kirche, Geld, Schlüssel, Seelenheil, Geier.

Was ich dir wünsche

ZM 2

Ich wünsche dir nicht
ein Leben ohne Entbehrung,
ein Leben ohne Schmerz,
ein Leben ohne Störung.
Was solltest du tun
mit einem solchen Leben?

Ich wünsche dir aber,
dass du bewahrt sein mögest
an Leib und Seele.
Dass dich einer trägt und schützt
und dich durch alles,
was dir geschieht,
deinem Ziel entgegenführt.

Dass du unberührt bleiben mögest
von Trauer,
unberührt
vom Schicksal anderer Menschen,
das wünsche ich dir nicht.

So unbedacht
soll man nicht wünschen.

Ich wünsche dir aber,
dass dich immer wieder
etwas berührt,
das ich dir nicht so recht
beschreiben kann.
Es heißt „Gnade".
Gnade ist ein altes Wort,
aber wer sie erfährt,
für den ist sie wie Morgenlicht.

Man kann sie nicht wollen
und nicht erzwingen,
aber wenn sie dich berührt,
dann weißt du: Es ist gut.

Jörg Zink

Aus: Jörg Zink, Mehr als drei Wünsche, Kreuz Verlag, Stuttgart 1983, S. 6f.

Bruder Franziskus

1. Theologische und didaktische Aspekte

„Die Heiligen sind mit flammenden, lichtspendenden Symbolen zu vergleichen, welche den im Schlamm des Alltags versunkenen Menschen aufschrecken und ihn auf das Höchste hinweisen." (Walter Nigg)

Franziskus als Heiligen zu betrachten, scheint unmodern. Er gilt als besitzkritischer Aussteiger, als Vorreiter des Umweltschutzgedankens (der Papst ernannte ihn 1980 zum „Umweltschutzpatron"), als Friedensstifter, als Poet. Schon der reformierte Theologe Walter Nigg (S. 34f.) hat aber hervorgehoben, dass die erstaunliche Wirkung des Franziskus auf seine Zeitgenossen wie auch auf die folgenden Generationen nur durch seine „Christus-Ähnlichkeit" zu verstehen ist: „Aber seine mystische Verbundenheit mit Christus ... ließ sein Leben zu einem Christus-Symbol werden, aus dem allein sein Geheimnis erklärt werden kann. ... Wenn man Franziskus betrachtet, muss man an Christus denken, ob man will oder nicht." Ein Heiliger, so Nigg (S. 16ff.), ist „religiös begabt", ein Ausnahmemensch nicht aufgrund sittlicher Reinheit, sondern aufgrund seiner Unnachgiebigkeit in seinem Streben, Gott nahe zu sein. Nicht Selbstgerechtigkeit, sondern das Gespür für die eigene Unzulänglichkeit treibt zum Streben nach Vollkommenheit. Gerade dieses Streben ließ Franziskus aber nicht zu einem weltentrückten Märtyrer werden, sondern führte ihn, den „Bruder Franziskus", zu den Ärmsten und Verachteten hin, offenbarte ihm die „kosmische Brüderlichkeit" aller Geschöpfe (Nigg, S. 82).

Es ist wohl kaum möglich, in einer Unterrichtseinheit die Person des Heiligen Franziskus als ganze zu vermitteln (zur Biografie s. SB, S. 156, 166). Eine Auswahl der Aspekte ist notwendig, ohne die Mitte aus den Augen zu verlieren. Franziskus ist von seiner Gotteserfahrung, der Liebe zu Gott und der Schöpfung, her zu verstehen. Sie hat ihn befähigt, vorgegebene Bahnen radikal zu verlassen. Das bedeutet aber nicht, dass Franziskus losgelöst aus seinem historischen Kontext betrachtet werden soll. Im Gegenteil: Um seine Suche und seine Entscheidung zu begreifen, ist es notwendig, die gesellschaftlichen, sozialen und politischen Verhältnisse zu kennen.

Als Mensch des Mittelalters ist Franziskus heutigem Verstehen auf den ersten Blick fremd (z.B. Leibfeindlichkeit, Demut). Ebenso stellt seine Radikalität als Heiliger für den Unterricht einerseits eine Schwierigkeit dar. Diese Fremdheit darf nicht ignoriert oder vorschnell geglättet werden. Vielmehr brauchen die Sch. immer wieder Gelegenheit, ihr Befremden, vielleicht auch ihre Ablehnung, zu äußern, um sich schließlich ein differenziertes eigenes Urteil bilden zu können. Andererseits kann die Fremdheit Neugier wecken. Vor allem aber stellt gerade die Übereinstimmung zwischen Glaube und Leben für Sch. der Sekundarstufe I ein wichtiges Glaubwürdigkeitskriterium dar. Franziskus war kein

Theoretiker. Der Gelehrsamkeit stand er skeptisch gegenüber. Die wenigen von ihm erhaltenen Texte sind zwar wichtige Zeugnisse seines Geistes, bilden jedoch nicht den Kern seiner Wirkung. Seine Besonderheit liegt in seiner Lebensweise und seinem Verhalten gegenüber den Mitgeschöpfen. Entsprechend muss der Unterricht hier Schwerpunkte setzen. Weitere Zugänge bieten sich altersbedingt an in der Suche nach einem Lebensziel bzw. der Ablehnung vorgegebener Strukturen (Elternhaus, Beruf, soziale Verhältnisse) und in der Sensibilität gegenüber den Tieren als Mitgeschöpfen. Aber gerade hier darf Franziskus nicht vorschnell modernisiert werden.

Franziskus' Naturverständnis entspringt nicht der Einsicht in die Bedrohung der Natur durch den Menschen. Im Gegenteil: Für den mittelalterlichen Menschen war die Natur ja noch etwas sehr viel Bedrohlicheres als heute (die Angst des Menschen vor Wölfen bildet den Ausgangspunkt der Legende vom „Wolf von Gubbio“). Die freundliche Zuwendung des Franziskus zu „Bruder Fisch“ und „Schwester Schwalbe“ entspricht seiner Demut gegenüber Gott, die es ihm verbietet, sich einem Geschöpf überzuordnen (vgl. Nigg, S. 81). An seiner überschäumenden Freude an der Schöpfung (vgl. den Sonnengesang) zeigt sich, dass Franziskus bei aller Radikalität hinsichtlich der Armut ein sehr lebens- und auch sinnenfroher Mensch war.

Die Umkehr des Francesco Bernardone, eines jungen Mannes, dem, reich und beliebt wie er war, alle Türen offen standen, wirkt nicht nur aus heutiger Sicht unverständlich, ja geradezu dumm. Die Legende erzählt von seiner plötzlichen Ergriffenheit, einem Innehalten mitten im Trubel einer durchzechten Nacht (SB, S. 157: *„Die Kumpanei einer Brigata ...“)*. Celano und die Dreigefährtenlegende deuten die „Braut“ im Sinne der wahren „Gottesdienstlichkeit“, d.h. des Gott geweihten Lebens. Für Adolf Holl (S. 60) zeichnet sich hier die Wahl der „Unüblichkeit“ ab, formuliert Franziskus halbbewusst die „Leugnung der vertrauten Erfahrungswelt“. Zum Ausdruck „Süße“ (lat.: „dulcedo“, ital.: „dolcezza“, franz.: „douceur“): Der häufig in den Franziskus-Legenden auftauchende Topos sollte nicht vorschnell als Kitsch abgetan werden. Holl (S. 60) geht davon aus, „dass Franz reale Empfindungen sehr intensiver Art gehabt hat und dass er seine Gefühle, als er von ihnen erzählte, tatsächlich „süß“ genannt hat“. Franziskus zeige sich hier als Poet, geprägt durch die Troubadour-Mode: „Man versteht, warum dieser Ausdruck in den Troubadour-Liedern häufig verwendet wird, denn er synchronisiert drei Sinneswahrnehmungen – Gesicht (lieblich), Geschmack (süß), Berührung (sanft). Franz war von Zärtlichkeit für die Welt ergriffen, damals im nächtlichen Assisi, jetzt haben wir die richtige Übersetzung.“ (Holl, S. 62).

Zur Überschrift *„Nimm Bitteres für Süßes!“* (SB, S. 157): Celano berichtet im Anschluss an diesen „Zärtlichkeitsausbruch“ von der Versuchung des Franziskus durch den Teufel, der ihm androht, ihn einem scheußlichen buckeligen Weib ähnlich zu machen. Gott selbst stärkt ihn: „Franz, tausche für das, was du fleischlich und eitel geliebt hast, Geistiges ein. Nimm Bitteres für Süßes. Verachte dich selbst, willst du mich erkennen. Dafür wirst du Geschmack haben an dem, was ich dir sage, wenn auch die Ordnung gegen früher umgekehrt ist“ (Celano II,9; zitiert nach Holl, S. 63).

Die Überwindung der „Ekelschwelle“ ist auch im Rückblick des Franziskus selbst der entscheidende Schritt, wie der Beginn seines Testaments belegt (SB, S. 157). Vgl. dazu Dieterich (S. 42f.): „In der Umkehr des Franziskus vom Ekel vor dem bloßen Anblick der Aussätzigen zur tatkräftigen Pflege der Todkranken verdichten sich sowohl die Ängste als auch die karitativen Bemühungen der Zeit. Dabei macht Franz eine tiefe Entdeckung: In dem Moment, in welchem er, der vom Schicksal Begünstigte, das Leid in der Welt nicht mehr totschweigt, verliert die Schattenseite des Lebens ihre Schrecken, sie gewinnt für ihn sogar Süßigkeit(!).“

Die Lebensweise der Minderbrüder und die Ablehnung von Geld und Besitz (SB, S. 158f.; ZM 3–6): Franziskus lebte mit seinen ersten Gefährten ohne hierarchische Strukturen zusammen; Gleichheit und Liebe sollten das Miteinander bestimmen. Mit dem rasanten Wachstum der Gemeinschaft konnte dies nicht durchgehalten werden. Im Unterschied zu der hier praktizierten Brüderlichkeit, ja Zärtlichkeit bestanden in den mittelalterlichen Mönchsorden soziale Unterschiede fort, auch waren körperliche Züchtigungen vorgesehen. Franziskus' vehemente Ablehnung des Geldes ist auf dem Hintergrund der sozialen und wirtschaftlichen Entwicklungen der Zeit zu sehen. Die Geldwirtschaft setzte sich, von Italien ausgehend, in Europa durch. Als Tuchhändler war Franziskus in dem Bereich tätig, der eine Schlüsselstellung in der blühenden Industrie des 12. und 13. Jahrhunderts einnahm. „Die Gruppe [der Minderbrüder] war arm. Franziskus verbot den Brüdern, Münzen auch nur zu berühren. ... Die Armutsforderung galt, anders als bei den alten Mönchsorden, nicht nur für die einzelnen Mitglieder, sondern für die gesamte Gemeinschaft. Auch sie verfügte über keinerlei Güter, kein Geld, kein Haus, keine Vorräte an Nahrungsmitteln und Kleidern. Die einzelnen Brüder besaßen nichts außer einer einfachen Kutte, nach Möglichkeit innen und außen geflickt, einem Gürtel und Hosen. Trotz ihrer Armut lebten die Brüder normalerweise nicht vom Bettel, sondern verdienten sich den Lebensunterhalt durch ein Handwerk und bettelten nur, wenn ihnen der Lohn in Form von Nahrungsmitteln vorenthalten wurde. Mit ihrer Lebensweise protestierte die Gruppe gegen die neue Geldwirtschaft und praktizierte ein geldloses Tauschsystem. ... Die Brüderschar lebte gemeinsam vor den Toren Assisis, in der Nähe des kleinen Kirchleins Portiuncola, welches der Gemeinschaft von den Benediktinermönchen des Monte Subasio zur Verfügung gestellt wurde. ... Größten Wert legte er [Franziskus] darauf, dass die Heimstatt ... klein und schlicht blieb und dass keiner der Brüder sich dauerhaft an irgendeinem Ort niederließ" (Dieterich, S. 66–68). Almosen sind für Franziskus kein Grund zur Scham: „Und das Almosen ist das Erbe und der gerechte Anteil, der den Armen zusteht, den unser Herr Jesus Christus uns erworben hat" (NbReg IX,8; Schriften, S. 187).

Der Sonnengesang (SB, S. 161) ist das bekannteste Werk des Heiligen und zugleich ein seltenes Beispiel früher italienischer Poesie. Sein Jugendtraum, ein Spielmann zu werden, verwirklichte sich hiermit. Es entstand nach dem Bericht von Celano im Garten von San Damiano im Herbst 1225, ein Jahr vor dem Tod des Heiligen. Franziskus war schwer krank, fast blind und litt unter Depressionen. Er ließ sich das Lied von seinen Gefährten vorsingen, um Trost zu finden. Die achte Strophe verfasste er, als er zwischen dem Bürgermeister und dem Bischof von Assisi Frieden stiften wollte. Die neunte Strophe fügte er hinzu, als er sich seines bevorstehenden Todes sicher war. (Die vorliegende Übersetzung orientiert sich bei den Geschwisterbezeichnungen am italienischen Sprachgebrauch („Bruder Sonne" etc.). Zu Str. I,3 „Segen": im Sinne von Lobpreis. Zu Str. IX,10 „zweiter Tod": gemeint ist das göttliche Gericht.) Im Sonnengesang finden der Gottesglaube und die Frömmigkeit des Franziskus ebenso Ausdruck wie seine mitfühlende Verbundenheit (Geschwisterbezeichnungen) mit der belebten und unbelebten Natur. Die antike Lehre von den vier Elementen (Luft, Wasser, Feuer, Erde) spiegelt sich im Text (Totalität); der Sonne kommt eine herausragende Rolle zu („Sinnbild" Gottes). Die unbelebte Natur erhält, nützt und erfreut die belebte Natur (Mensch, Tier, Pflanze).

Die ergiebigsten Quellen über das Leben des Franziskus sind Legendensammlungen. Im Mittelalter war es üblich, diese Lebensbeschreibungen von Heiligen zum Beispiel am Festtag des Heiligen beim Gottesdienst oder einer Klostermahlzeit laut vorzulesen. Die wichtigsten Franziskus-Legenden entstanden im Auftrag des Papstes bzw. der Ordensleitung: Der Minderbruder Thomas von Celano verfasste zwei Biografien (1. 1229, 2. um 1245). In den 60er-Jahren des 13. Jahrhunderts schrieb der Ordensgeneral Bonaventura das „Große" und das „Kleine Franziskusleben". Die Sammlung des Bonaventura wurde schließlich für verbindlich erklärt, alle anderen verboten. Das betrifft auch die „Dreigefährtenlegende", die in einfacher Sprache die Erinnerungen dreier enger Gefährten des Franziskus enthält. Alle Franziskus-Legenden folgen nicht einem im modernen Sinn dokumentarischen Interesse. Sie wollen den vorbildlichen Wandel des Heiligen darstellen und den Leser erbauen. Sie sind insofern tendenziös, als die Haltung des Franziskus zur Entwicklung innerhalb des Ordens unterschiedlich dargestellt wird. Adolf Holl hat in seiner Biografie „Der letzte Christ – Franz von Assisi" jeweils die zentralen Abschnitte aus den beiden Biografien Celanos sowie der Dreigefährtenlegende zu einer leicht lesbaren Fassung zusammengefügt und dabei Kommentare und Deutungen weggelassen. Natürlich können diese „Legenden" keinen vollkommenen Anspruch auf historische Genauigkeit und Zuverlässigkeit der Abläufe im Einzelnen erheben. Sie bieten aber für den Unterricht die Möglichkeit, das Leben des Franziskus erzählbar und über biografische Fakten hinaus verstehbar zu machen. (Zur Verwendung von Legenden im RU siehe: Hubertus Halbfas, RU in der Grundschule. Lehrerhandbuch 4, Patmos, Düsseldorf 1989², S. 550ff.). Darüber hinaus wurde bei der Auswahl der Materialien Wert auf Anschaulichkeit, Authentizität und Elementarisierung von Schülererfahrungen gelegt, was bei einem kirchengeschichtlichen Thema besonders wichtig erscheint.

Wie bereits angedeutet, muss im Unterricht auch auf die mittelalterlichen Lebensverhältnisse eingegangen werden, da nicht vorausgesetzt werden kann, dass Kenntnisse vorhanden sind. Die Haltung der Papstkirche gegenüber Franziskus und dem Orden soll jedoch nicht ausführlich behandelt werden, wenngleich der Bezug zur Armutsbewegung hergestellt werden muss.

2. Intentionen

Die Sch. sollen
- sich möglichst vorurteilsfrei auf die Begegnung mit einem „Heiligen" einlassen und Toleranz gegenüber einer ihnen fremden Lebensweise und Auffassung einüben
- die geschichtlichen Rahmenbedingungen (wirtschaftliches Wachstum der Städte, Verarmung breiter Bevölkerungsschichten, religiöse Armutsbewegung) kennen lernen und die Lebensweise der Minderbrüder auf diesem Hintergrund deuten
- sich am Beispiel der Bekleidung unterschiedliche Lebensweisen und -ziele verdeutlichen
- die Konfliktsituation des Franziskus vor seiner Umkehr nachempfinden und zu seiner Entscheidung Stellung nehmen
- die Einstellung des Franziskus zu Geld und Besitz kennen lernen und ihren eigenen Umgang damit reflektieren
- die universale Brüderlichkeit des Franziskus am Beispiel des Miteinanders der Minderbrüder sowie des Umgangs mit Tieren kennen lernen
- am „Sonnengesang" Franziskus' Gottesbild und seinen Schöpfungsglauben erschließen
- die radikale Nachfolge Christi als zentrales Leitmotiv im Leben des Heiligen erkennen
- die Wirkungsgeschichte des Franziskus ansatzweise kennen lernen: die Mission des Franziskanerordens.

3. Literatur zur Vorbereitung

- Franz von Assisi, Die Werke. Sonnengesang, Ordensregel, Testament, Briefe, Fioretti übers. von W. von den Steinen / M. Kirschstein, Diogenes, Zürich 1979.
- Die Schriften den Heiligen Franziskus von Assisi. Einführung, Übersetzung, Erläuterungen Lothar Hardick OFM und Engelbert Grau OFM (Franziskanische Quellenschriften Bd.1), Dietrich Coelde, Werl 1994⁹.
- Veit-Jakobus Dieterich, Franz von Assisi, Rowohlt, Hamburg 1995.
- David Flood, Artikel „Armut VI. Mittelalter", in: TRE 4 (1979), S. 85–87.
- Adolf Holl, Der letzte Christ – Franz von Assisi, DVA, Stuttgart 1979.
- Walter Nigg, Große Heilige, Artemis, Zürich u.a. 1949³.
- Anton Rotzetter, Von Demut, Frieden und anderen Torheiten. Franziskanische Texte gedeutet für die Menschen unserer Zeit, Paulusverlag, Freiburg/Schweiz 1990.
- Martin Stupperich u.a., Zweitausend Jahre Christentum. Bd. 1: Von der verfolgten Kirche bis zur Reformation, Vandenhoeck & Ruprecht, Göttingen 1989.

4. Unterrichtsideen

A. Annäherungen

⇨ *Wahrnehmungsübungen* können helfen, das Lebensgefühl des Barfüßers Franziskus nachzuempfinden: Barfuß über verschiedene Bodenbelege gehen (Teppich, Fliesen, Beton, Gras, Sand, Steine, Wasser usw.); Pantomime: „leichten Schrittes" gehen (vgl. *kurzbiografie* SB, S. 152); „Barfuß-Geschichten" erzählen bzw. erzählen lassen.

⇨ Gedicht: *Ulrich Schaffer, kurzbiografie* (SB, S. 152)
Vorlesen des Gedichtes durch L.; anschließende Spontanphase: Was für einen Menschen stellt ihr euch vor? Mögliches Ergebnis der Erarbeitungsphase: 1. Strophe: Informationen über die äußere Erscheinung und das Auftreten; 2. und 3. Strophe: Innere Einstellung und Haltung; 4. und 5. Strophe: Wirkung auf andere / Reaktionen. Vertiefende Fragen: Was erfahren wir tatsächlich über die Person (vgl. Überschrift!)? Welche Informationen fehlen? (vgl. RU praktisch 7. Schuljahr, S. 64).

⇨ Abb.: *Fresko von Cimabue*, SB, S. 151
Visuelle Begegnung: Das Kapiteleinstiegsbild zeigt Franziskus als Heiligen (Nimbus, Wundmale). Die Bildbetrachtung kann vertieft werden durch eine Stillarbeit (stichwortartige Personenbeschreibung). Wichtige Einzelheiten: Mönchskutte und Barfüßigkeit (Armut); Tonsur (Zeichen für Gehorsam und Dienst); Stigmata (Erinnerung an die Wundmale Christi); Heiligenschein (Zeichen für Ewigkeit); Buch (Bibel?); blauer Hintergrund (Zeichen für göttlichen Urgrund). Es bietet sich auch an, die einzige zu Lebzeiten entstandene Abbildung vergleichend heranzuziehen, um zu zeigen, dass wir uns nur ein ungefähres Bild machen können (Benediktinerkloster San Benedetto bei Subiaco, 1224, enthalten in: Folien zu RU praktisch 7.–10. Schj., mit Erläuterungen zum Fresko).
Abschließend auf Bezeichnung „Barfüßer" aufmerksam machen, die heute noch z.B. in Straßenbezeichnungen vorkommt. Damit werden Mönchs- bzw. Nonnengemeinschaften bezeichnet, deren Ordensregeln das Anlegen von Fußbekleidung verbieten oder nur das Tragen von Sandalen gestatten. Die Sitte wurde zuerst von Franziskus und seiner Gemeinschaft geübt, später z.B. auch von den Karmeliterinnen praktiziert. Die endgültige Regel des Franziskaner-Ordens (1223) gestattet Sandalen, falls die Witterungsverhältnisse es notwendig machen. Evtl. auch den Begriff „Heilige" thematisieren. Was stellt ihr euch unter einem Heiligen vor? Wie wird man heilig?

B. Arm und Reich

⇨ Abb.: *Miniatur, Anfang 14. Jh.* (SB, S. 153)
Sie zeigt einen Wächter vor den Toren der Stadt, der einen Aussätzigen und einen Bettler zurückweist. Merkmale des Elends: blutige Schwären und Pusteln, Umhang, Handschuhe und Klapper als Schutz vor Übertragung der Krankheit, primitive Krücken, Bettelschale. Holl, S. 67: „Der Aussatz war im Mittelalter eine verbreitete Krankheit. Tausende von Leprosenheimen gab es damals in Europa, man kannte die Gefahr der Ansteckung und isolierte daher die Befallenen. Sie durften keine öffentlichen Gebäude betreten, nicht mit Kindern sprechen, mussten Handschuhe tragen und mit einem Glöckchen läuten, wenn sie sich außerhalb ihres Heimes bewegten. Der Aussatz beginnt am kleinen Finger, breitet sich dann über Hände und Füße aus. Finger und Zehen fallen ab. Später erscheinen nussgroße Knoten im Gesicht, führen zur Verdickung von Nase und Lippen. Bei fortschreitender Krankheit verbreitet der Aussätzige einen Gestank wie ein Ziegenbock. Zuletzt leidet er unter unstillbarem Durst und Bewegungsunfähigkeit. Nach durchschnittlich acht Jahren ist es dann mit ihm zu Ende."

⇨ Veranschaulichung der Bedeutung der Städte, z.B. durch eine *Ansicht von San Gimignano* (z.B. in: Geschichtsbuch 2. Neue Ausgabe, hg.v. Hans-Georg Hofacker u.a., Cornelsen, Berlin 1994, Titelseite; Merian 4 XLIII, 1992 „Toskana"; S. 54f.). Die verbliebenen 13 der ehemals 72 Türme von San Gimignano spiegeln das Geltungsbedürfnis der mittelalterlichen Bewohner. Durch Wurfmaschinen leicht zum Einsturz zu bringen, dienten sie weniger der Abwehr oder dem Schutz vor Feinden als vielmehr dem Prestige der jeweiligen Familie. Die Bürger waren durch den Handel reich geworden und wollten dies zeigen. Impulse: Welchen Zweck könnten die Türme für die Bewohner der Stadt gehabt haben? Was sagen die Türme über die Lebensweise der Menschen aus? Bezug zum „Barfüßer": Wie hätte er sich hier (Siena, Arezzo, Lucca sahen ebenso aus) gefühlt, wie könnte er hier gelebt haben? Vertiefende Impulse: Was bedeutete es, im Mittelalter außerhalb der Stadtmauern zu leben (Räuber, wilde Tiere, keine Brunnen ...)? Von wem konnten Arme und Kranke Hilfe erwarten? L. kann hier die Unterscheidung zwischen unfreiwilliger und freiwilliger Armut einführen und zur Texterschließung überleiten. Für die Sch. muss erkennbar sein, dass das historische Wissen wichtig ist, um den „Barfüßer", den „poverello" (Ärmling), zu verstehen.

Literatur zur wirtschaftlichen und sozialen Situation, Armutsbewegung: Dieterich, S. 21–33 und TRE-Artikel „Armut", S. 88–97.

C. Lebensziele

⇨ Text: *Scott O' Dell, Der Tuchhändler* (SB, S. 154f.)

Die Sch. gestalten ein Bild als Illustration des Ausschnittes aus dem Jugendbuch. Exemplarische Besprechung und Vergleich mit der Abbildung der *Kutte des Heiligen* (SB, S. 155) bzw. dem *Porträt* (SB, S. 151) sowie einer Ritterdarstellung (leicht zugänglich in Jugendsachbüchern und Geschichtsbüchern). Hinweis des L. auf Franziskus' Lebensziel „Ritter". Unterschiede im Äußeren und hinsichtlich der Lebensziele erarbeiten und im Tafelbild festhalten:

Tuchhändler	Ritter	Minderbruder
Äußeres:	Rüstung, Waffen	Einfache Kutte
Kostbare Stoffe	Prächtige Wappen	Grober, geflickter Stoff
Auffällige Farben	Federschmuck	Barfuß
Schmuck	Pferd	Bibel
Mögliche Lebensziele:		Armen helfen
Viel Geld verdienen	Siegen	Durch Armut Gott nahe sein
Ansehen in der Stadt	Ruhm, Ehre	Wie Jesus leben
Wohlstand vermehren	Hilfe für Schwache leisten	Gottes Wort predigen
Besser sein als andere		

⇨ *Vertiefende Impulse:* Kann man diese Ziele heute auch noch erreichen? Welche Formen/Ziele sind leicht/schwer zu verwirklichen? Wofür entscheiden sich heutige Jugendliche? Warum entscheidet sich Franziskus für den „Minderbruder"? Wie gestaltet sich jeweils das Verhältnis zu anderen Menschen?

⇨ Bei Interesse der Sch. bietet sich hier eine Vertiefung des *Ritter-Themas* an (evtl. als Referat).

Literatur: Pierre Miguel, So lebten sie zur Zeit der Ritter, Tessloff, Nürnberg 1993; Ders., Europa im Mittelalter, Union, Stuttgart 1990. Weitere Angaben in RU praktisch 7. Schuljahr S. 77f.; häufig gute Materialien in Stadt- und Kreisbüchereien.

⇨ Warum ist Franziskus nicht in einen der *mittelalterlichen Mönchsorden* eingetreten? *Dias und Filme* (s. Materialien und Medien in: RU praktisch 7. Schuljahr, S. 70) können einen

raschen Überblick über das Mönchtum verschaffen, sodass die Gründe des Franziskus klar werden: Reichtum der Klöster, strenge Hierarchie, Fortbestehen sozialer Unterschiede.
Literatur: Heinrich Pleticha, Ritter, Bürger, Bauersmann. Das Leben im Mittelalter, Arena, Würzburg 1985 (zwei anschauliche Kapitel über das Leben in den Klöstern).

D. Umkehr: „Nimm Bitteres für Süßes!"

⇨ Text: *„Franz begegnete während eines Spazierrittes ...“* (SB, S. 157)
1. Umsetzung in ein Standbild: In Gruppen überlegen die Sch., worin der zentrale Augenblick des Geschehens besteht, und versuchen, diesen mimisch und gestisch darzustellen. Aussätzige: Gebrechlichkeit, Scheu, Angst, Verwunderung, Ehrerbietung; Franziskus: Überwindung des Ekels, Freundlichkeit, Zuwendung, Demut. Wichtig hierbei ist das Gespräch der Sch. über die verschiedenen Deutungsmöglichkeiten.
2. Umsetzung in einen Dialog (evtl. Partnerarbeit): Zwei Aussätzige unterhalten sich, nachdem sie dem veränderten Franziskus begegnet sind. Schreibt ihren Dialog auf und zeigt, welche Bedeutung die Begegnung für sie hat. Verwendet dazu außerdem SB, S. 156 und S. 166 sowie eure bisher erworbenen Kenntnisse!

⇨ Texte: *Vom Jungunternehmer zum Habenichts* (SB, S. 156) / *Zum Festhalten* (SB, S. 166) / *„Eines Tages, als Franz ...“* (ZM 1) / *„Als der Vater erkannte ...“* (ZM 2):
- Die Sch. erarbeiten in Gruppen eine szenische Darstellung: Untersucht die Materialien im Hinblick auf das Verhältnis zwischen Vater und Sohn Bernardone. Zeigt in einem Rollenspiel, worin der Konflikt zwischen beiden besteht und wie er entschieden wird! Überlegt, wie die Leute in Assisi reagiert haben könnten!
- Lebenslauf: Haltet in Stichworten die wichtigsten Informationen über das Leben des Franziskus fest. Notiert dazu die jeweilige Jahreszahl und das Lebensalter des Franziskus. Ordnet die Legenden in den Lebenslauf ein!
- Fertigt mithilfe einer Landkarte eine Übersichtsskizze von Italien und von Umbrien an. Die Skizzen sollen die wichtigsten Orte und Landschaften im Leben des Franziskus wiedergeben (evtl. durch L.-Vortrag ersetzen; Materialien in RU praktisch 7. Schuljahr, S. 89).

Die Arbeitsergebnisse können im Rahmen einer „Präsentationsstunde“ der Klasse, den Eltern oder einer anderen Klasse vorgestellt werden. Die Sch. müssen Gelegenheit bekommen, die Entscheidung des Franziskus zu beurteilen, Alternativen zu diskutieren und nach tieferen Gründen der Umkehr zu fragen. Mögliche Gegenargumente: Verdienstgedanke (Selbsterlösung); Selbsterhöhung gegenüber Unvollkommenen; Inkonsequenz: eigenen Besitz weggeben, um von fremdem zu leben; Faulheit; um den wirklich Armen zu helfen (Liebesgebot), ist Eigentum notwendig (z.B. Hospitäler, Lebensmittel).

E. Von der Gefährlichkeit des Geldes

⇨ *Karikatur* (SB, S. 158)
Vgl. Arbeitsvorschläge im SB; Geld, teure Kleidung, Markenartikel als Voraussetzung für Ansehen. Weitere *Einstiegsmöglichkeiten:* 1. Aktuelle „Geld-Situation“ der Sch.: Klassendurchschnitt des Taschengelds errechnen; monatliches Einkommen pro Sch. ermitteln (inkl. Geldgeschenke, Jobs etc.; wichtig: weitestgehend Anonymität wahren!). 2. Redewendungen zum Thema Geld: „Beim Geld hört die Freundschaft auf“, „Geld regiert die Welt“, „Ohne Moos nichts los“, „Wer den Pfennig nicht ehrt, ist den Taler nicht wert“, „Notgroschen“, „Geld stinkt nicht“, „Geld allein macht nicht glücklich“, „Das Totenhemd hat keine Taschen“.

⇨ Text: *Von der Gefährlichkeit des Geldes* (SB, S. 158)
Anhand der Aufgabenvorschläge im SB Erarbeitung in Stillarbeit oder Partnerarbeit: „Haltung der Minderbrüder zu Eigentum und Geld“. Evtl. Ergänzungen durch L.

⇨ Text: *Franziskaner in der Nachbarschaft ...* (SB, S. 159)
Herausfinden, ob bzw. wo und wie in der Nähe der Sch. Franziskaner wohnen. Dazu an die Provinzialate wenden (Bayern: 089/211260, Köln: 0211/906900, Sachsen: 0511/5388990, Thüringen: 0661/10950) oder im Internet suchen (www.franziskaner.de). Evtl. einen Besuch vereinbaren; Fragen vorher überlegen. Texterschließung durch die Aufgaben im SB. Impulse für die Vertiefung: 1. Beurteilt die Lebensweise der Franziskanerbrüder in Frankfurt. 2. Bruder Markus verzichtet auf Dinge, die anderen sehr wichtig sind. Könnt ihr euch seiner Meinung anschließen? 3. Entwerfe einen Verteilungskuchen, der Auskunft darüber gibt, wie viel Prozent des dir zur Verfügung stehenden Geldes du wofür ausgibst. Anschließende Besprechung in Gruppen: 1. Worauf könnte ich leicht/auf gar keinen Fall verzichten? 2. Was will ich in Zukunft ändern? (Weitere Ideen in „Gegen den Trend", s.u.).

F. Brüderlichkeit

⇨ *Legenden* (ZM 3–9)
Der brüderliche Umgang des Franziskus mit Mensch und Tier kann anhand dieser Materialien im Zusammenhang erschlossen werden. Die Begriffe „Bruder" oder „Schwester" sind für Sch. dieser Altersstufe nicht immer positiv besetzt bzw. gar nicht durch eigene Erfahrung gefüllt. Hilfestellung: „sich verbrüdern", „Blutsbrüderschaft", „Bruderschaft trinken", also zusammengehören, füreinander einstehen.
Texterschließung in zwei Schritten: 1. Das Miteinander der Minderbrüder; 2. Franziskus und die Tiere. Impulse für ZM 3–6: 1. Welche Vergleiche zieht Franziskus heran, um das Miteinander der Brüder zu beschreiben? Was will er damit aussagen? 2. Welches Verhalten und welche Einstellung verlangt Franziskus von den Mitbrüdern? Vertiefung: Welche Gültigkeit haben diese Regeln heute? Welche Rolle spielen sie z.B. in einer Klassengemeinschaft? Impulse für ZM 7–9: Was fällt dir an Franziskus' Verhalten gegenüber den Tieren auf? Welchen Wert haben die Tiere für ihn? Ergebnisse als Tafelbild festhalten:

> Das Miteinander der Minderbrüder besteht in der Hilfe für Schwache und Kranke, Fürsorge „wie eine Mutter", keine Rangordnung, Liebe, Vergebung.
> Franziskus und die Tiere: bietet Schutz, gewährt Freiheit, spricht mit den Tieren wie mit Menschen, predigt den Vögeln das Wort Gottes, nennt Tiere „Bruder" und „Schwester".
>
> Zusammenfassung: Franz begegnet Mensch und Tier wie ein Bruder.

G. Sonnengesang

⇨ Bild: *Sieger Köder, „Franziskus singt in Assisi den Sonnengesang"* / Text: *Der Sonnengesang* (SB, S. 160f.)
Das Bild – im Südfenster der Franziskuskapelle des Kinder- und Jugenddorfes Marienpflege in Ellwangen/Jagst – verdeutlicht die innere Struktur des Sonnengesanges. Die Sonne thront im oberen Drittel über den Schöpfungswerken. Wind, Wasser, Erde folgen in der Abfolge nach unten bzw. der Strophen, wie auch in der Realität aus der Erde alles hervorgeht. Im unteren Drittel, dem Bereich der Menschen, aktualisiert Sieger Köder die Entstehungssituation des Textes: Ein Schwerkranker erträgt sein Leid und erfährt tröstende Zuwendung; eine Indiofrau weiß nicht, wie sie ihren Kindern Nahrung geben soll; Eltern und Kind schenken einander Versöhnung und Frieden (eine Erfahrung bzw. Sehnsucht, die den Kindern des Jugenddorfes besonders wichtig sein dürfte). Bruder Tod umfängt Franziskus. Auf beiden Häuptern leuchten bereits die roten Strahlen der Ostersonne. Die Linienführung (oben halbrund, Mitte aufstrebend diagonal, waagerecht) weist auf die Zusammengehörigkeit der vier Elemente Luft, Wasser, Feuer, Erde hin und deutet Totalität an (Kreis, vgl. Farbgebung: Grundfarben Gelb, Blau, Rot). Die Personifizierung der Ele-

mente durch menschliche Gesichter erinnert an mythologische Gestalten (z.B. Erdgeist), verdeutlicht aber, dass die „unbelebte" Natur von Franziskus personal, also wohl auch empfindend gedacht wird.
Das Bild sollte zunächst möglichst unabhängig vom Text betrachtet werden (evtl. Textseite abdecken lassen). Bei OHP-Präsentation kann schrittweise von unten nach oben vorgegangen werden (restliche Drittel jeweils abdecken).
Mögliche Impulse für die Bilddeutung: Welche menschlichen Erfahrungen sind dargestellt? Bedeutung der Farbgebung, der Linienführung, der Gesichter, des Bildaufbaus insgesamt. L. führt kurz die antike Lehre von den vier Elementen ein. Anschließend Texterschließung: Sch. ordnen Strophen den einzelnen Dritteln des Kirchenfensters zu. Text sollte unbedingt, möglichst mehrmals, laut vorgetragen werden. Zusätzlich zum Bild müssen am Text die Aussagen über Gott als den Schöpfer, der sich in seinen Werken zeigt, und der Lobpreis Gottes erschlossen werden.

⇨ *Vertiefung*: Kann man (heute noch) Gott so loben angesichts von Naturzerstörung und Naturkatastrophen? Wofür würdest du Gott loben? Schreibe einen eigenen „Lobgesang" auf Gottes Schöpfung oder aber einen „Klagegesang" (evtl. mit einem Brainstorming vorbereiten, dann Hausaufgabe)! Gestalte eine Illustration (Zeichnung, Collage) zu deinem Text! Du kannst dich auf den Text insgesamt oder auf einzelne Aussagen beziehen. Der Text muss in oder neben dem Bild zu lesen sein.

H. Das Kreuz Christi als Wegweiser

⇨ Abb.: *Kreuz von San Damiano* (SB, S. 162)
Es ist ein umbrisch-byzantinisches Tafelkreuz aus dem Ende des 12. Jh. Durch die Verbreiterung der Kreuzform entsteht eine größere Fläche, die es ermöglicht, der Kreuzigungsdarstellung szenisch-erzählende und erinnernde Beigaben sowie auch Hinweise auf die gewünschten Reaktionen des Betrachters hinzuzufügen. Fünf Personen stehen Christus in seiner Todesstunde bei (SCA (= Sancta) Maria, S. Johannes, Maria Magdalena, Maria Jacobi, Centur(io)), zeigen das vorbildhafte Verhalten der Getreuen: Klage, Hinweis auf den Gekreuzigten, staunende Verwunderung, Bekenntnis zum Gottessohn. Das Kultbild (Verehrung des Kruzifix in der Karfreitagsliturgie) wird zum Andachtsbild (vgl. auch den Schmuckrahmen und den warmen Rot-Ton des Kreuzes). Tafelkreuze sind im 12./13. Jh. für Italien typisch, insofern ist dieses Bild für Franziskus „modern". Das Bild verzichtet auf eine krasse Leidensdarstellung. Dennoch ist die in der Franziskus-Legende verdichtet ausgesprochene Wirkung nachvollziehbar. Günter Lange (S. 215): Der Grund für die seelische Erschütterung des Betrachters wird durch die „Höhe sichtbar gemacht, auf die sich die Erniedrigung am Kreuz bezieht. So bleibt es nicht bei einem rein menschlichen Mitgefühl." Viele Hoheitszeichen verweisen auf den österlichen Sieg des Gekreuzigten über den Tod: Körperhaltung und Gesichtsausdruck scheinen von Schmerzen und Todesqualen unberührt; Jesus hängt nicht, sondern steht am Kreuz (Fußstütze); Arme sind zur idealen Gebetshaltung geöffnet; Nimbus mit Kreuzzeichen; Länge und kunstvolle Faltung des Lendentuchs (frühe Darstellungen zeigen Jesus oft voll bekleidet, um seine Entwürdigung nicht im Bild zu wiederholen); symmetrisch angeordnete Haarsträhnen (ohne Dornenkrone!); Himmelfahrtsszene am oberen Querbalken.
Impulse für die Bildbetrachtung: Wie wirkt das Bild auf euch? Welche Einzelheiten fallen euch auf? Beschreibt Körperhaltung und Gesichtsausdruck des Gekreuzigten! Wie kann es sein, dass Franziskus sich von diesem an sich stummen Bild „angesprochen" gefühlt hat? Welche Folgen hatte diese Begegnung für sein Leben? (Einbeziehung des Textes im SB, S. 156, Wiederholung).
Literatur: Günter Lange, Kunst zur Bibel. 32 Bildinterpretationen, Kösel, München 1988, S. 212–219.

⇨ Abb.: *Manuel Reanda, Kreuz des Friedens* (SB, S. 163)
„Das Bild des indianischen Künstlers Manuel Reanda aus dem Ort Atitlán, Guatemala, ... ist

inspiriert von dem Gedanken, die franziskanische Botschaft unseres Bruders und Retters Jesus Christus zu verbinden mit all dem, was dieses Volk der Maya im Alltag prägt. Jesus Christus als der Retter-König der Mayas, aufrecht am Kreuz, hat das Christus-Bild von San Damiano zum Vor- und Urbild, vor dem Franz von Assisi seine Bekehrung und Sendung erfuhr: ‚Stelle mein Haus wieder her!' Diese Worte des Bruders Christus am Damiano-Kreuz ... sind das Leitmotiv auch dieses im franziskanischen Umfeld vom Maya-Künstler entworfenen Bildes, das die ganze Kosmologie des Maya-Volkes ebenso hineinnimmt wie ihr tägliches Leben, aber auch das tiefe Leid, das seit der Conquista, dem Einmarsch der Spanier, bis in die jüngsten Tage sich tief in das Leben und die Seele dieses Volkes eingeprägt hat. In dieser gelungenen Verschmelzung (Inkulturation) des christlichen Retter- und Erlöserglaubens – das Blut der Hände heiligt und segnet gleichsam das in Kreuzesform eingefangene tägliche Leben – mit dem Leben und den traditionellen Glaubensformen und Werten der Maya finden wir die wichtigsten Motive im Leben des Volkes wieder: die Hütte am heiligen Atitlán-See, zu der die Last tragende Frau als tägliche Aufgabe ebenso gehört wie die Verehrung der Ahnen, deren Gegenwart mit dem Kerzenopfer und der kniefälligen Bitte gnädig gestimmt werden soll (oberer Querbalken), die Botschaft der Trommel vor der Hütte (darunter), das Handweben der knienden Frau im Dorf, umgeben von Fächerpalmen und hohen Maisstauden (heilige Pflanze!, Grundnahrungsmittel) und vor sich das Maisbrot im Korb (rechter Kreuzbalken). Im Kontrast dazu dann im linken Kreuzbalken die andere Seite des Lebens: der berauschende Alkohol ... und unter den beiden ausgestreckten Armen des gekreuzigten Stammesfürsten und Königs in der heimischen, bis heute noch erhaltenen Tracht, die Freude und Kultur ihres Lebens (Xylophon-Spieler, rechts). Ebenso die Last des Tagelöhners und der Wäscherin, die sie tief hinunter drückt, – oder auch das Ehepaar, das erneut fliehen muss und auf dem Kopf die verbleibenden Habseligkeiten mitschleppt (links). In diese Last des Lebens hinein verwoben ist das Motiv des inneren Überlebens, der Treue zu den Vorfahren, der Hinwendung zur Pacha Mama, der Erde (als alte Frau mit Hut und umhüllenden Mantel dargestellt), der es zu opfern und die es gnädig zu stimmen gilt. Gerade dieses doppelt aufgenommene Motiv der Verehrung der eigenen Götter und Vorfahren unter dem Kreuz und damit die Bewahrung der tiefen vorchristlichen Tradition gleichsam unter dem Schutz des Maya-Christus verweist auf den großen spannungsvollen Bogen der hier angestrebten Inkulturation des christlichen Glaubens und der Rettung-Befreiung im eigenen, täglichen Leben und seinen religiösen Wurzeln, den dieses Bild im Zeichen des Heiles zum Ausdruck bringen will. Dieses tägliche Leben setzt sich fort im Bild der Arbeit des Mannes im Maisfeld und bei der Kaffeeernte, die Sinnbild ist für die Wanderarbeit, mit der sich die Männer im Sommer für Monate an der Küste auf den großen Haciendas der Reichen verdingen, um ihre Familien ernähren zu können. – Unter den Füßen des Christus schließlich findet sich das Bild der Spielleidenschaft ...

Der Hintergrund des Kreuzes bettet es in imposanter Weise ein in die alte Kosmologie, die von diesem Kreuz her in einer dezenten, von der Kreuzesspitze zeltförmig ausgehenden Aufhellung sozusagen ihre Erleuchtung und die Erfüllung ihrer Verheißung bekommt. Über dem heiligen Atitlán-See mit seinen Vulkanbergen erheben sich die Mondsichel und die Sonnenscheibe zu beiden Seiten des Kreuzes: Symbole der Erschaffung dieser Welt, wobei gerade dem scharf geschnittenen Mond die bestimmende Rolle in dieser Mythologie zukommt ... Demgegenüber ist die Sonnenscheibe schwach und verschwommen; ihre Macht steht hinter der des nächtlichen Mondes zurück. Der gestirnte Himmel wird gleichsam überstrahlt durch das sanfte Licht vom Kreuz her und ist nur noch andeutungsweise entlang der beiden Kreuzesstrahlen zu erkennen. Aus dem Kreuz erstrahlt ein Licht, das wie eine neue Morgenröte den mythologisch gefassten Glauben der Vorfahren (Mond und Sonne) erhellt und in sich aufnimmt ...

In diesem Bild ... wird der leidende Christus

zum Retter und Licht dieser Welt: kein strahlender Christus, kein leidverzerrter, sondern ein Christus der inneren Hingabe, der die ganze innere Tiefe dieses Volkes in sich trägt und gleichsam in diese Tiefe nach innen gekehrt ist. Es ist der Christus, der im Kreuz der Bekehrung des Franz von Assisi sich, sein Volk und sein Leiden und seine Geschichte mit all der Tiefe des eigenen mythologischen Glaubens zum ‚Vater der Lichter' führt."
(Missionszentrale der Franziskaner, Bonn)

Hinweis: Das Bild kann auch zur Weiterarbeit innerhalb des Themas „Naturreligionen" (vgl. SB, S. 167ff.) verwendet werden.

⇨ Durch den Vergleich der Kreuzabbildungen kann den Sch. die Bedeutung des Gekreuzigten für die Umkehr des Franziskus und ein wichtiger Aspekt seiner Wirkungsgeschichte vermittelt, Ergebnisse zur Lebensgeschichte wiederholt und gefestigt werden. Das Unterrichtsgespräch zum *Kreuz von San Damiano* sollte auf die lebensbestimmende Umkehr hin zur Armut abheben. Die Wiederherstellung der Kirche San Damiano war dazu ja nur ein erster Schritt. Entsprechend kann die Nacktheit des Gekreuzigten als programmatisch für die Lebensweise der Minoriten angesehen werden (so konnte Franziskus auch von einem Bruder verlangen, dass dieser nur mit Unterhosen bekleidet in einer Kirche predigen sollte): Blöße, Schutzlosigkeit, Demut. Die Kleidung des *Maya-Christus* verdeutlicht dessen Identifikation mit dem unterdrückten Volk („Christus ist unser Bruder") und somit die Anerkennung und Rückbesinnung auf die eigene religiöse und kulturelle Identität. In beiden Fällen wird das Kreuz zu einer Art „Wegweiser" für ein anderes Leben. Mit der Missionsproblematik eröffnet sich hier ein neues Feld, dessen Vertiefung natürlich vom Interesse und vom Auffassungsvermögen der Sch. abhängt.

⇨ Das Armutsideal des Franziskus wurde für viele zum Wegweiser; vgl. beispielhaft *Elisabeth von Thüringen* im Kap. „Frauen der Kirche" (SB, S. 76f.).

I. Die Franziskaner und die Landlosen

⇨ Kurzreferate: 1. Was war/ist Missionsarbeit der Franziskaner früher und heute? 2. Die Situation der Landlosen in Brasilien (Infos bei der Missionszentrale der Franziskaner, Albertus-Magnus-Str. 39, 53177 Bonn, Tel.: 0228/953540 oder im Internet: www.mzf.org; evtl. Zusammenarbeit mit dem Erdkundeunterricht). Texterschließung durch Aufgabenvorschläge im SB. Falls Kurzreferate nicht möglich sind, muss der L. einige Hintergrundinformationen (s. nachfolgenden Text) vermitteln. Anbindung an bisherige Inhalte/Vertiefung: Inwieweit spiegeln sich die Lebensweise und die Einstellung des Franziskus im Leben des Sérgio Antonio Görgen wider?
„Die ungleiche Verteilung des Landes in Brasilien ist seit 500 Jahren das Problem. Es gibt in Brasilien 5,2 Millionen Landarbeiter. Sie sind auf Fazendas zu kümmerlichen Löhnen fest angestellt. Sie sind Saisonarbeiter in den Monokulturen von Soja, Zuckerrohr, Kaffee und Orangen oder sie sind Wanderarbeiter auf der ständigen Suche nach Arbeit. Auf der einen Seite umzäunen die 50.000 größten Großgrundbesitzer insgesamt 165 Millionen Hektar Land; auf der anderen Seite teilen sich 3,1 Millionen Kleinbauern insgesamt 10 Millionen Hektar, also 2,67 Prozent der Nutzfläche. Ein Prozent der Landbesitzer kontrolliert also 44 Prozent der Nutzfläche ... Die Landlosenbewegung ist in Brasilien zurzeit die stärkste Opposition. Es ist nicht sicher, ob sie 300.000 oder 500.000 Mitglieder zählt oder sogar noch mehr. Im April 1998 lebten 57.000 landlose Familien in 325 Lagern an den Straßenrändern, um nahe gelegene Flächen der Großgrundbesitzer zu besetzen und das Brachland unter sich aufzuteilen. Diese Familien haben nichts zu verlieren. Sie kennen die Armut, die Heimatlosigkeit, den Hunger. Nur wer das Elend der Landlosen in den Dürrezonen des Nordostens gesehen hat, kann verstehen, dass diese Familien um das nackte Überleben kämpfen." (Franziskaner Mission 3/1998, Brasilien: Licht und Schatten, S. 6f.).

5. Materialien und Medien

- Religionsunterricht praktisch. 7. Schj. Unterrichtsentwürfe und Arbeitshilfen für die Sekundarstufe I, hg. v. Rudolf Tammeus, Vandenhoeck & Ruprecht, Göttingen 1997, S. 61–94 (Kapitel: „Barfuß auf den Spuren Christi: Franziskus von Assisi").
- Barfuß. Franziskus von Assisi Lesebuch. Zusammengestellt und hg.v. der INFAG-pädagogisch, Dietrich Coelde, Werl 1994[3].
- Franziskus von Assisi. Dem Ganzen hingegeben, hg.v. Editions du Signe, 1994 (zu beziehen über das Provinzialat der thüringischen Franziskanerprovinz, Am Frauenberg 1, 36039 Fulda (Tel. 0661/10950).
- Franziskaner Mission (= Themenhefte zu einzelnen Ländern), hg.v. Franziskaner-Mission, Werl (zu beziehen über: Franziskaner-Mission, Postfach 1342, 59443 Werl, Tel.: 02922/2635, Fax: 02922/85655).
- Gegen den Trend. Fasten und Teilen, hg.v. der Arbeitsgemeinschaft der evangelischen Jugend in Niedersachsen (aejn), Hannover 1995 (zu beziehen über: aejn, Postfach 265, 30002 Hannover, Tel.: 0511/1241-572/-571, Fax: 0511/1241-492).
- Scott O'Dell, Das Feuer von Assisi, Dtv junior, München 1989.
- Merian 4 XLIII, 1992 „Toskana" und Merian 4 XLV 1992 „Umbrien".
- Walter Nigg, Toni Schneiders, Der Mann aus Assisi. Franziskus und seine Welt, Herder, Freiburg i.B. 1975.

ZM 1

Eines Tages, als Franz an der Kirche San Damiano vorüberkam, fühlte er das Bedürfnis einzutreten und zu beten. Als er nun vor dem Bild des Gekreuzigten stand, kam vom Kreuz her eine milde, gütige Stimme: „Franz, siehst du denn nicht, wie mein Haus verfällt? Geh und stelle es wiederum her!" Vor Erregung zitternd, antwortete Franz: „Gern will ich es tun, lieber Herr!" Er verließ die Kirche, trat auf den Priester zu, der sich in der Nähe aufhielt, und gab ihm Geld, damit vor dem Kreuzbild die Lampe angezündet werde. Dann nahm Franz, voll Freude über den Auftrag Christi, einen Ballen bunten Tuches aus dem Geschäft des Vaters, ließ ein Pferd satteln und ritt zum Markt in Foligno, verkaufte den Stoff und auch das Pferd und kehrte unverzüglich nach San Damiano zurück. Er küsste dem Priester die Hand und wollte ihm das Geld geben, zum Zweck der Renovierung der Kirche. Der Priester wollte aber das Geld nicht nehmen, weil er einen üblen Scherz witterte, und auch aus Furcht vor den Eltern des Franz. Franz warf den Beutel mit den Münzen auf das Fenstersims und bat den Priester inständig, bei ihm bleiben zu dürfen. Dies wurde ihm auch gewährt.

ZM 2

Als der Vater erkannte, dass er bei den städtischen Behörden nichts ausrichten konnte, wandte er sich an den Bischof von Assisi, um die Klage gegen seinen Sohn bei ihm einzubringen. Der Bischof ließ daraufhin dem Franz bestellen, er habe vor seinem Tribunal zu erscheinen. Franz kam zum festgesetzten Termin und der Bischof sprach also zu ihm: „Dein Vater ist aufs Äußerste gegen dich aufgebracht. Willst du also gottesdienstlich handeln, so gib ihm das Geld, das du hast, unverzüglich heraus! Hat er einmal das Geld, dann wird sich sein Zorn schon besänftigen." Da sprach Franz: „Herr, nicht nur das Geld, das ihm gehört, will ich ihm wiedergeben, sondern auch die Kleider." Rasch ging er in eine Kammer des bischöflichen Hauses, entledigte sich all seiner Kleider, kehrte nackt zurück und warf Kleider und Geld dem Vater vor die Füße. Er sprach dazu: „Hört ihr alle und versteht es wohl. Bis jetzt habe ich den Pietro Bernardone meinen Vater genannt. Jetzt gebe ich ihm das Geld zurück, um das er sich aufgeregt hat, nebst aller Kleidung, die ich von ihm habe. Und von nun an will ich sagen: Vater unser im Himmel, und nicht mehr: Vater Pietro Bernardone." Der Vater nahm wütend Geld und Kleider an sich, während der Bischof dem Franz seinen Mantel umhing. So war denn Franz von allem ledig und frei für den Dienst der Gerechtigkeit.

ZM 3

Und wo immer die Brüder sind und sich treffen, sollen sie sich einander als Hausgenossen erzeigen. Und vertrauensvoll soll einer dem Anderen seine Not offenbaren; denn wenn schon eine Mutter ihren leiblichen Sohn nährt und liebt, um wie viel sorgfältiger muss einer seinen geistlichen Bruder lieben und nähren? Und wenn einer von ihnen schwer krank werden sollte, dann müssen die anderen Brüder ihm so dienen, wie sie selbst bedient sein wollten.

ZM 4

Und sie sollen sich gegenseitig lieben, wie der Herr sagt: „Das ist mein Gebot, dass ihr einander liebt, wie ich euch geliebt habe" (Joh 15,12).

ZM 5

Ebenso soll kein Bruder eine Machtstellung oder ein Herrscheramt innehaben, vor allem nicht unter den Brüdern selbst. Denn wie der Herr im Evangelium sagt: „Die Fürsten der Völker herrschen über diese, und die die Größeren sind, üben Macht unter ihnen aus" (Mt 20,25), so soll es unter den Brüdern nicht sein (vgl. Mt 20,26). Und keiner soll „Prior" [„Erster"] genannt werden, sondern alle sollen schlechthin „Mindere Brüder" heißen.

ZM 6

Bruder Franz an den General-Minister: Gott segne dich. Ob du Gott lieb hast und auch mich, seinen und deinen Knecht, werde ich daraus entnehmen können, wie du die Brüder behandelst. Es darf überhaupt keinen Bruder geben und hätte er sich auch noch so schwer verfehlt, dass er vor deine Augen tritt und ohne dein Erbarmen von dir scheiden muss. Du musst ihm Liebe zeigen, mehr als du mir erweisen würdest, und so wirst du ihn wieder auf den richtigen Weg bringen.

ZM 7

Eines Tages saß Franz in dem Boot eines Fischers auf dem See von Rieti, in der Nähe des Ufers. Der Fischer hatte soeben einen großen Schlei gefangen und machte ihn Franz zum Geschenk. Franz nahm den Fisch, sprach ihn mit dem Brudernamen an und setzte ihn dann neben dem Boot ins Wasser. Eine ganze Weile spielte der Fisch an der Stelle, wo Franz ihn ausgesetzt hatte, während Franz in Betrachtung versank. Erst als Franz sich von ihm verabschiedet hatte, schwamm er davon.

ZM 8

In dem Städtchen Alviano hielt Franz eben eine Predigt, als eine große Menge Schwalben, die dort nisteten, mit ihrem Zwitschern die Andacht störten. Da redete Franz die Schwalben an und sprach zu ihnen: Meine Schwestern Schwalben! Ihr habt jetzt genug geredet. Ich möchte auch einmal zu Wort kommen. Seid jetzt still und hört das Wort Gottes! Sofort waren die Schwalben still, sodass die Menschen sich sehr verwunderten.

ZM 9

In Greccio kam einmal ein Bruder zu Franz und brachte ihm einen Hasen, der sich in einer Schlinge gefangen hatte. Franz redete das Tier an und sprach: Komm zu mir, Bruder Hase! Warum hast du dich so überlisten lassen? Der Bruder ließ das Tier, das er bis dahin gehalten hatte, frei. Alsbald lief es zu Franz hin und sprang in seinen Schoß, als ob dies der sicherste Platz wäre. Nach einer Weile, nachdem Franz den Hasen gestreichelt hatte, wollte er ihn laufen lassen und setzte ihn auf den Boden. Aber der wollte nicht weg und sprang wieder in Franzens Schoß. Dies geschah mehrere Male, bis Franz die Brüder bat, das Tier in den nächsten Wald zu tragen und dort freizulassen.

ZM 1, 2, 6–9 aus: Adolf Holl, Der letzte Christ. Franz von Assisi, DVA, Stuttgart 1979, S. 51f., 70, 291f., 314; ZM 3–5 (Breg VI,8 / NbReg XI,5 / NbReg V,9–10) aus: Lothar Hardick / Engelbert Grau OFM, Die Schriften den Heiligen Franziskus von Assisi. Einführung, Übersetzung, Erläuterungen, Dietrich-Coelde-Verlag,Werl 1994[9], S. 169f., 182f., 184, 189.

Naturreligionen

1. Theologische und didaktische Aspekte

Betrachtet man den boomenden Esoterikmarkt mit seinen schamanischen Wochenendkursen, Trommelkursen, Heilungsversprechen, Büchern mit Weisheitssprüchen aus möglichst archaischen oder exotischen Kulturen und den ebenfalls beachtlichen Markt an Kinder(sach)büchern über Indianer, Eskimos und steinzeitliche Jäger, stellt sich die Frage, warum das Thema Naturreligionen in den gängigen Werken zum Religionsunterricht vergleichsweise wenig Raum einnimmt. Kinder vertiefen sich, angeregt durch Romane und Filme, aber auch durch die Behandlung fremder Lebensräume in Erdkunde und Geschichte, nicht selten von sich aus in die Welt fremder Völker. Für zahlreiche junge Erwachsene scheinen archaische Glaubensvorstellungen und Rituale, wie banalisiert und vermarktet auch immer, glaubwürdige Angebote an Sinnstiftung, Lebensbewältigung und Umgang mit der Natur machen zu können. Das sich so artikulierende religiöse Interesse sollte im Unterricht zur Sprache kommen. Die Auseinandersetzung mit Naturreligionen kann fremde Erfahrungen erschließen und Verständnis für die Bedeutung religiöser Vorstellungen und Rituale im Rahmen einer anderen Kultur wecken. In Auseinandersetzung mit dem Fremden wird zudem das Eigene deutlicher. Dies gilt gerade für Naturreligionen in besonderem Maße, da hier elementare Formen von Religiosität auftauchen, die auch in den Weltreligionen zu finden sind, hier aber, bedingt durch weitergehende Reflexion und kulturelle Überformung, nicht so klar hervortreten.

Naturreligionen weisen, bei allen Unterschieden im Detail, einige gemeinsame Merkmale auf. Ihre Anhänger sind kleine, sozial wenig ausdifferenzierte Gruppen, die als Jäger, Sammler oder Gartenbauern in direkter Weise von ihrer natürlichen Umwelt abhängig sind. Dementsprechend ist für sie die Natur das Medium, aus dem durch gedeutete Erfahrung religiöse Vorstellungen erwachsen. Meist kreisen sie um die zentrale Lebensgrundlage, sei es das Rentier oder die den Mais hervorbringende Erde. So wie der Mensch sich und seine Mitmenschen in unmittelbarer Erfahrung als beseelt erlebt, so stellt er sich die Natur vor: Ihre äußerlich sichtbaren Mächte verweisen auf in ihnen verborgene göttliche Wesen. Die Naturgottheiten leben in Kampf oder Harmonie miteinander und den Menschen; ihr Wohlwollen muss man sich sichern, wenn man überleben will. Die Religion wird mündlich in Form von Mythen und Legenden tradiert. Rituale sichern die Beziehung zu den Gottheiten und den Zusammenhalt der Gruppe.

Aus der Vielzahl möglicher Beispiele sind hier *Religionen aus der Arktis und aus Afrika* ausgewählt worden. Dafür gibt es mehrere Gründe: Die Lebensweise der Eskimos fasziniert Sch., in vielen Bundesländern wird das Thema bereits im 6. Jg. in Welt- und Umweltkunde behandelt, sodass hier Anknüpfungspunkte vorliegen. Afrika dagegen ist für viele Sch. ein blinder Fleck, der meist nur aus den Katastrophenberichten oder durch klischeehafte Filme und Romane bekannt ist. Die unterschiedlichen Lebensbedingungen in beiden Gebieten lassen den Unterschied zwischen allen Menschen gemeinsamen Fragen nach dem Schicksal der Toten, nach Gott, nach Gut und Böse und unterschiedlichen kulturellen Formen, in denen diese Fragen gestellt und Antworten versucht werden, deutlich hervortreten. Schließlich sind beide Gebiete durch die Missionsgeschichte mit ihren hellen und dunklen Seiten mit dem Christentum verbunden. Hier gilt es, Geschichte aufzuarbeiten und nach zukünftigen Möglichkeiten der Begegnung mit den Menschen im Umkreis Europas zu fragen.

Der zur *Arktis* gehörende Lebensraum der Eskimos (Algonkin: „Rohfleischesser") reicht von Alaska bis Grönland. Die Eskimos selbst bezeichnen sich als „Inuit" (= „Menschen"). Diese Bezeichnung sollte in Gesprächen mit den Sch. verwendet werden. In Anpassung an die harten klimatischen Bedingungen mit Temperaturen bis – 50° C und nur kurzen Polarsommern lebten die traditionellen Inuit von der Jagd auf Meeressäuger, Fische und Karibus (nordamerikanisches Rentier), von deren Wanderungen sie abhängig waren. In den langen Polarwintern siedelten sie in größeren Gruppen in Steinhäusern mit geschickt konstruierter Kältefalle, im Sommer, wenn der Permafrostboden ein Absikkern des Schmelzwassers verhinderte, verließen sie die nun unbewohnbar gewordenen Häuser und folgten in kleineren Gruppen mit schnell aufzubauenden Zelten aus Fell dem Wild. Iglus wurden bei den meisten Völkern nur als Winterjagdhütte genutzt. Auch wenn es große Unterschiede in der Kultur und Religion der verschiedenen Inuitvölker gibt, findet man zentrale Vorstellungen – teilweise unter verschiedenem Namen – bei allen. *Sila*, die höchste, unpersönlich gedachte Gottheit, repräsentiert das Universum und die atmosphärischen Wetterphänomene. Als Deus Remotus spielt sie keine große Rolle im täglichen Leben. *Sedna*, die Herrin der Meerestiere, sorgt dafür, dass immer wieder neue Seehunde entstehen und sichert so die Lebensgrundlage der Inuit. Sie steht bei den meisten Völkern im Zentrum des religiösen Denkens. Andere, oft mit Tieren verbundene Gottheiten agieren eigenständig oder als Boten Silas und Sednas im Umkreis der Jagdhütten; sie sind den Menschen besonders nahe und können zu Schutzgeistern einzelner Inuitgruppen werden. Ein kompliziertes Tabusystem soll sicherstellen, dass das Verhalten der Menschen die Gottheiten nicht beleidigt oder verletzt und diese sich nicht durch Sturm, Krankheit oder das Ausbleiben der Tiere rächen. Der *Angakoq* (Schamane), ein Mitglied der Jagdgruppe mit ekstatischer Begabung, kann in einem entfernt an die Beichte erinnernden Ritual den Tun-Ergehen-Zusammenhang durchbrechen und die Gottheiten versöhnen.

Heute leben Teile der mittlerweile christianisierten Inuit in autonomen Gebieten (Grönland seit 1979, Nunavut – „Unser Land" – im kanadischen Nordwestterritorium seit 1999, beide Gebiete sind jedoch wirtschaftlich abhängig). Nur noch wenige Gruppen folgen der traditionellen Lebensweise, doch gibt es Tendenzen zur Rückbesinnung auf die alte Kultur auch in der westlichem Lebensstil folgenden Bevölkerungsmehrheit.

Afrika mit seinen unterschiedlichen Lebensräumen ist Heimat einer Vielzahl von Völkern, die traditionell als Jäger und Sammler, Nomaden, Garten- und Ackerbauern leben. Die Vielfalt der Kulturen und ihrer Wanderungen spiegelt sich in der Vielfalt der Religionen. Hier kann nicht das Ziel sein, die Geschichte dieser Religionen im Einzelnen nachzuzeichnen. Kennzeichnend für alle schwarzafrikanischen Religionen ist der Glaube an eine *Himmelsgottheit*, die die Welt erschaffen hat, sich jetzt aber nicht direkt um das Wohlergehen der Menschen kümmert. Bei den meisten Völkern ist sie nicht mehr als ein Name, der in rituellen Formeln gebraucht wird, doch kann sie auch Zentrum eines ganzen Pantheons untergeordneter Gottheiten sein wie bei den Yoruba. In Westafrika verbreitet ist der Erdkult. Dabei verkörpert die Erde einerseits die Fruchtbarkeit, andererseits die unbezähmte Natur, die der Kultur gefährlich werden kann. Aufgrund ihrer Ambivalenz wird auch sie meist nicht direkt, sondern über die Ahnen angerufen, die nach dem Glauben der meisten Völker in der Erde wohnen. Zahlreiche orts- oder phänomengebundene Gottheiten und Geister können den Zwischenraum von Himmel und Erde bevölkern. Sie kümmern sich nicht um die Menschen, sondern folgen ihren eigenen Gesetzen. Priestern, Hexen und Zauberern ist es jedoch möglich, diese Mächte zum Wohl und zum Schaden der Gemeinschaft auszunutzen.

Im Zentrum der meisten schwarzafrikanischen Religionen stehen nicht direkt die Gottheiten, sondern die Seelen der Verstorbenen, die *Ahnen*. Sie sorgen, schon aus Eigeninteresse, für die Familie und die Dorfgemeinschaft, denn in gewissem Sinne leben sie in ihren Nachkommen weiter. Ihnen werden Opfer dargebracht, sie werden um Rat gebeten, sie können als Mittler auch die übrigen Mächte des Jenseits beeinflussen. In Form von Geschichten, Masken und Fetischen, Gegenständen, auf die die Macht der Ahnen übergegangen ist, sind sie in jedem Haus gegenwärtig. Sie können sich durch Träume und Orakel offenbaren, insbesondere an Straßenkreuzungen, einsamen Orten und in der Nacht. Die an die Dorfkultur gebundene Ahnenverehrung stellt den zentralen Unterschied, die Einteilung der Welt in drei Bereiche mit Himmelsgottheit, erdnahen Wesen und Herrin der Tiefe die zentrale Gemeinsamkeit mit der Religion der nomadischen Inuit dar.

1482 entdeckt der portugiesische Seefahrer Diego Cão die Mündung des Kongo. In der Folgezeit kommt es zu zahlreichen Kontakten zwischen Portugal und dem Königreich Kongo, in dem tributpflichtige Stämme einem zentralen Herrscher, dem Manikongo, unterstehen. Die Portugiesen erleben den Hof des Manikongo als gleichwertig zu dem in Lissabon; sie staunen über die weit entwickelte Handwerkskunst und Eisenverarbeitung. Zwischen beiden Ländern entstehen friedliche, von gegenseitiger Achtung geprägte Beziehungen. Nach dem ersten Austausch von Botschaftern und Geschenken entwickelt sich ein Tauschhandel von portugiesischen Feuerwaffen gegen schwarze Sklaven, die – in geringer Zahl – traditionell als Kriegsgefangene auf den Ländereien des Manikongo arbeiten.

Der Machtzuwachs für die Königsfamilie durch die neuen Waffen führte dazu, dass sich der Manikongo taufen lässt. Sein Nachfolger Nzinga Mbemba, der nach seiner Taufe den Namen Don Alfonso I. annimmt, versucht, sein Land nach portugiesischem Vorbild umzugestalten: Er erlaubt die Errichtung von Kirchen, Missionsstationen und Handelshäusern und führt die portugiesische Hofetikette ein. Er bekämpft die traditionelle Religion, lässt Fetische einsammeln und verbrennen und verbietet deren weiteren Gebrauch bei Todesstrafe. Dauerhaften Erfolg hat diese Politik jedoch nur bei der Oberschicht. Noch während seiner Regierungszeit (1506–1543) erlebt Don Alfonso I., dass der Gouverneur der portugiesischen Insel São Tomé den Sklavenhandel erfolgreich monopolisiert und seine Vasallen gegen ihn aufwiegelt. Der weit entfernte portugiesische König kann sich gegen die starken wirtschaftlichen Interessen am Sklavenhandel nicht durchsetzen. São Tomé wird zum Mittelpunkt der Diözese erklärt, sodass die weitere Mission den Interessen der Sklavenhändler folgt.

Es würde den Rahmen dieses Kapitels und die Fähigkeit der Sch. dieses Alters weit übersteigen, das komplexe Verhältnis von Christentum und Naturreligionen im Kontext von Mission und Kolonialismus auch nur annähernd zu skizzieren. Zu unterschiedlich sind kultureller Hintergrund der verschiedenen Missionsgesellschaften, Missionsmethoden, Kooperation und Konkurrenz mit den von wirtschaftlichen und politischen Interessen geleiteten Kolonialherren zwischen den noch von den Kreuzzügen geprägten ersten Unternehmen der Portugiesen bis zu den ökumenischen Bestrebungen der Gegenwart. Zu unterschiedlich auch sind die jeweiligen Reaktionen der verschiedenen Völker auf das Wirken der Missionare. Hier kann es nur darum gehen, an einigen Beispielen die Ambivalenz der Mission aufzuzeigen und den Sch. Kriterien für die Beurteilung aus verschiedener Perspektive an die Hand zu geben. Hinweise zur weiteren Arbeit finden sich im Literaturverzeichnis.

Aufgrund der verwandtschaftlichen Beziehungen in die Dörfer sind auch bei den afrikanischen Städtern der Gegenwart viele Elemente der Naturreligionen in christlichem und islamischem Gewand lebendig geblieben. Mit wachsendem Selbstbewusstsein versuchen schwarze Künstler und Theologen, ein eigenständiges afrikanisches Christentum zu propagieren. Sie stoßen dabei auf Unterstützung und Widerstand vonseiten der Missionskirchen. Hauptstreitpunkt dabei sind die Frage nach Gottes Transzendenz oder Einwohnung in der Schöpfung, der Ahnenkult und die Einehe. Als evangelischer Christ sollte man hier mit Blick auf die biblische Tradition, insbesondere das Alte Testament, von vorschnellen Verurteilungen Abstand nehmen. Der Glaube an Jahwe, durchgesetzt gegen die Fruchtbarkeitskulte der kanaanitischen Stadtstaaten, nimmt durchaus Elemente der kanaanitischen Religionen in seine Psalmen und Schöpfungsgeschichte auf, wenn auch in gebrochener Form. Die jüdischen Feste historisieren alte Ernte- und Weidewechselfeste, die semitischen Vorstellungen vom Schicksal der Toten zeigen durchaus einige Parallelen zum afrikanischen Ahnenkult. Anknüpfungspunkte für das christliche Verständnis von Erlösung liegen in Form von Sühne- und Opferpraktiken vieler afrikanischer Völker vor.

Die Auswahl der Materialien ist dadurch bestimmt, dass die (wenigen) authentischen Ritualgegenstände und Texte für Sch. oft wenig motivierend sind und sich ohne Hintergrundinformation kaum angemessen erschließen lassen. Dies gilt nicht für die zahlreichen Werke zeitgenössischer Künstler, die aufgrund ihrer (Bilder-)Sprache ein hohes Motivationspotenzial besitzen und traditionelle Vorstellungen, teilweise in didaktischer Absicht, in die Gegenwart transportieren. Selbstzeugnissen afrikanischer und Inuit-Künstler wurde breiter Raum gegeben, um die fremde Perspektive deutlich werden zu lassen. Viele Materialien erlauben einen produktiven, subjektiven, ergebnisoffenen Umgang, doch stellt das Buch auch Elemente zur kritischen Beurteilung dieser Produktionen zur Verfügung.

2. Intentionen

Die Sch. sollen
- das Staunen angesichts der Macht und Rätselhaftigkeit der Natur als einen Ausgangspunkt der Frage nach Gott nachempfinden
- erkennen, dass die in vielen Naturreligionen symbolisch vermittelte Vorstellung von der Einheit aller Lebewesen (der Einzelne im Rahmen seiner Mitgeschöpfe und in der Kette der Ahnen) Geborgenheit und Kriterien für einen nachhaltigen Umgang mit der Natur, aber auch Angst und gemeinschaftsschädigenden Aberglauben erzeugen kann
- durch Vergleich von Glaubensvorstellungen der Inuit und afrikanischer Religionen den Unterschied von (durch Umweltbedingungen und Kultur geprägten) Gottesbildern und (den jeweiligen Erfahrungshorizont transzendierendem) Gott entdecken
- durch Auseinandersetzung mit fremden, auf den ersten Blick unverständlichen Mythen, Riten, Geboten usw. Vorurteile infrage stellen und Fremdes in seinem jeweiligen Kontext verstehen
- die christliche Religion aus der Perspektive einiger Naturreligionen neu entdecken
- durch produktive Auseinandersetzung mit Elementen naturreligiöser und christlicher Religion Impulse für die Gestaltung und Vertiefung des eigenen Glaubens bekommen.

3. Literatur zur Vorbereitung

- Hugh Brodys, Jäger des Nordens, Peter Hammer, Wuppertal 1988.
- Edith Broszinsky-Schwabe, Kultur in Schwarzafrika, Pahl-Rugenstein, Köln 1988.
- Kofi Edusei, Für uns ist Religion die Erde, auf der wir leben. Ein Afrikaner erzählt von der Kultur der Akan, Urachhaus, Stuttgart 1995[2].
- Jean-Marc Ela, Mein Glaube als Afrikaner. Das Evangelium in schwarzafrikanischer Lebenswirklichkeit, Herder, Freiburg u.a. 1987.
- Derek Fordham / Ute Reim (dt. Bearb.), Eskimos, Der blaue Punkt, Esslingen 1979.
- Hubertus Halbfas, Naturreligionen. Glaube – Geschichte – Gegenwart, Patmos, Düsseldorf 1996.
- Ake Hultkrantz, Die Religion der amerikani-

schen Arktis, in: Ivar Paulson u.a., Die Religionen Nordeurasiens und der amerikanischen Arktis, Kohlhammer, Stuttgart 1962.
- John S. Mbiti, Afrikanische Religion und Weltanschauung, Walter de Gruyter, Berlin/New York 1974.
- Gert von Paczensky, Teurer Segen. Christliche Mission und Kolonialismus, Albrecht Knaus, München 1991.
- Regina Riepe / Gerd Riepe, Gott war bei allen Menschen. Afrikanische Religionen, missio aktuell, Aachen 1993.
- Theo Sundermeier, Nur gemeinsam können wir leben. Das Menschenbild schwarzafrikanischer Religionen, Gütersloher, Gütersloh 1988; Ders., Den Fremden verstehen. Eine praktische Hermeneutik, Vandenhoeck & Ruprecht, Göttingen 1996.

4. Unterrichtsideen

A. Einstieg

⇨ Bild: *Normee Ekoomiak, Okpik, unser Schutzgeist, 1988* (SB, S. 167)
Das Bild des kanadischen Inuit-Künstlers stellt in seinem Zentrum den Eulengeist Okpik dar. Die unnatürliche Form, die Konzentration auf wenige zentrale Merkmale, die mandalaförmig von ihm ausgehenden Strahlen und das (Himmels-)Blau kennzeichnen ihn im Gegensatz zu den detailliert gezeichneten übrigen Bildelementen als übernatürliche Macht. Vorm oder im Körper Okpiks sieht man eine reale Schneeeule und eine Sonne. Sie verweisen auf die Art, wie Okpik sich den Menschen offenbart: durch Wetter (hier betont Ekoomiak die Leben spendende Seite der Gottheit) und den Flug der Schneeeule, den die Ungava-Inuit, zu denen Ekoomiak gehört, als Vorzeichen drohender Gefahren oder Hinweis auf zu treffende Entscheidungen ansehen. Okpik breitet seine Flügel schützend aus, seine wachsamen Eulenaugen zeigen jedoch, dass er auch strafen kann, wenn die Menschen sich nicht richtig verhalten.
Weibliche Sonne und männlicher Mond, die Sterne als Repräsentanten der kosmischen Mächte und die Gänse, die mit Polartag und -nacht wandern, sind im oberen Bildbereich um das mandalaartige Zentrum herumgruppiert. Im unteren Bildteil sind links ein Mann auf der Jagd, rechts eine Mutter, die ihr Kind in der Kapuze trägt, und ein Eisbär dargestellt. Alle stehen gleichermaßen unter Okpiks Schutz. Durch die Bildgestaltung gelingt es dem Künstler, die Polarität der Lebensbereiche (männliche und weibliche Sphäre, Jäger und Gejagte) und ihre Einheit gleichermaßen darzustellen. Als Schutzgeist auch der Polarbären hält Okpik den Inuit davon ab, das Tier zu töten und ermahnt ihn, sich nur den für sein Volk erlaubten Tieren zuzuwenden.

⇨ *Weiterarbeit:*
- Herausarbeiten von Unterschieden und Gemeinsamkeiten mit dem *„Fetisch“* (SB, S. 178).
- Tafelanschrieb: Zauberei / Heidentum / Magie Stammesreligionen / primitive Religionen / Aberglaube / Naturreligionen / Geisterglaube / traditionelle Religionen; Impuls: Welche Begriffe passen eurer Meinung nach zu den Bildern? Als Ergebnissicherung: Definition von „Naturreligionen“ formulieren.
- Arbeit im Atlas (Karte mit der Verteilung der Welt- und Naturreligionen): Welche Gemeinsamkeiten haben die Regionen, in denen heute noch Naturreligionen vorkommen? Wie erlebt ein Europäer, Saharabewohner, Regenwaldbewohner, Tibeter die Natur? Welche Auswirkungen könnten sich für die jeweiligen Gottesvorstellungen ergeben? Was könnten die Anhänger der Naturreligionen von uns, was könnten wir von den Naturreligionen lernen? (Klärung von Vorwissen, U-Planung)
- Eine Kopie der 4 Ecken des Bildes an Sch. weitergeben, Sch. tragen dazu Informationen zusammen (arktischer Wetterbericht, Männerleben, Frauenleben; Informationsquellen:

Materialien des Lehrbuchs, Erdkundebücher Jg. 5/6, Lexika).

- Nach Bearbeitung der Materialien zu Sila und Sedna nach deren Beziehung zum Eulengeist fragen (dreigliedriges Schema erstellen: Höchster Gott, Naturgeister, Herrin der Tiefe, Naturgeister vermitteln Aspekte der entfernteren Gottheiten).
- Vertiefung: Sch. entwerfen einen Text: „Ein Inuit-Missionar predigt in Deutschland"
- Gestalten eines eigenen Bildes: „Mein/Unser Schutzgeist" oder „Was mich/uns beschützt" (Vorlage mit Mittelkreis und den 4 Eckfeldern vorgeben und gestalten lassen)
- Lesen des *Sonnengesangs* des Franz von Assisi (SB, S. 161), von dort her die Mitte gestalteten.

B. Überleben im hohen Norden: Die Inuit

⇨ Bild: *Papialak, Es ist sehr windig und er friert, 1982* (SB, S. 168)
Einstieg mit dem Bild des kanadischen Inuit-Künstlers: Gesichtsausdruck, Körperhaltung, die den Oberkörper nur halb bedeckende Kleidung und die als Zittern zu deutenden, in kalten und warmen Farben gezeichneten Schlangenlinien verweisen in naiver, gleichwohl eindrucksvoller Weise auf die Grunderfahrung des Überlebens bei arktischen Temperaturen. Im Gegensatz dazu erleben wir die Natur nur in Ausnahmefällen feindlich, sie wird im Alltag durch die vom Menschen gestaltete Umwelt verdeckt und wird bei Spaziergängen und Reisen positiv als Ausgleich zum Gewohnten erfahren. Das Unterrichtsgespräch sollte den Sch. Raum für die Schilderung eigener Naturerfahrungen geben.
Die Figur eignet sich, das Zentrum einer Wandzeitung zu bilden, die Sch. können selbst gestaltete bzw. kopierte Bilder oder Texte über den Lebensraum der Inuit um die Figur herumkleben (Bücherkiste von der Stadtbücherei zusammenstellen lassen).
Vertiefung, je nach Kontext: Bearbeiten einer Kopie des Bildes mit eigenen Farben (Begründung der Farbwahl) und Formen, Ergänzen einer Gedankenblase; anspruchsvoller: Gestalten eines eigenen Bildes, das eine weitere Naturerfahrung der Inuit subjektiv umsetzt.

⇨ Text: *Im Iglu* (SB, S. 169)
Unterrichtsgespräch nach den Arbeitsvorschlägen im SB. Der Text ist im Original die Legende zu einem Bild des Künstlers. Die Sch. können ein eigenes Bild zum Text zeichnen. Weitere Informationen zum Iglubau und anderen Inuit-Behausungen z.B. in RU praktisch 8.

⇨ Text: *Auf der Jagd* (SB, S. 169)
Unterrichtsgespräch: Der dänische Missionar Hans Egede übersetzte die vierte Bitte des Vaterunser mit „Gib uns unser tägliches Fleisch!" und verdeutlicht so, welche Bedeutung die Robbe für das Überleben der Inuit besitzt. Das Gespräch sollte neben Geschicklichkeit, Konzentration und Ausdauer insbesondere die Bedeutung der guten Zusammenarbeit in der Jagdgruppe hervorheben.
Verfassen einer kurzen Geschichte („Misserfolg bei der Jagd", „Normee ist faul"), dabei die Auswirkungen auf Schlittenhunde, Dinge des täglichen Bedarfs und Menschen beschreiben.

C. Die Religion der Inuit

⇨ Text: *Sila* (SB, S. 170)
Vor der Textpräsentation kann gefragt werden, wie sich die Inuit Gott (oder die Götter) vermutlich vorstellen. Danach Bearbeiten der Arbeitsaufträge im SB zu *Sila*. Evtl. Text kopieren, Manifestationen und Eigenschaften durch farbiges Unterstreichen verdeutlichen. Vergleich der Bezeichnungen und Eigenschaften Silas mit dem christlichen Gottesbild (Ex 19,14–19, Ri 5,4f., 1.Kön 19,11–13, Ps 19, Ps 104). Mithilfe einer Konkordanz (Computerbibeln besitzen oft sehr komfortable Suchfunktionen) Begriffe aus dem Sila-Text (Wetter, Sturm, Regen ...) oder andere Naturerscheinungen suchen. An vielen Stellen lässt sich zeigen, dass Jahwe Züge der kanaanitischen Fruchtbarkeitskulte in der Umwelt Israels zugleich aufnimmt und transzendiert.

⇨ Text: *Der Mythos von Sedna* (SB, S. 170)
Bearbeiten der Arbeitsaufträge im SB. Der Text ist eine gestraffte Fassung des zentralen Mythos der Inuit; sein Sitz im Leben ist die Gewissenserforschung der Jäger bei Misserfolgen und die Erziehung der Kinder. Das Unterrichtsgespräch sollte die enge Beziehung zwischen Sedna und den Meerestieren („ihr eigen Fleisch und Blut") akzentuieren und die realen Folgen des Mythos (Bestandssicherung, aber auch – aus unserer Sicht – unnötige Tabus und Ängste) herausarbeiten.

⇨ Bild: *Marion Tuu'luuq, „Sednas Freigebigkeit", 1988* (SB, S. 171)

- Zur Vertiefung und Überleitung: Wie stellten sich die Inuit Sedna vermutlich vor? Welche Gefühle brachten sie ihr entgegen? Abbildungen von traditionellen Elfenbeinschnitzereien, Felszeichnungen und Zeichnungen (stilisierte, hässliche Frauengestalt oder ein Fabelwesen, halb Seehund, halb Mensch) finden sich in fast jedem Bildband über die Kunst der Inuit.
- Als Überleitung zu Tookoomees Tiervision: Was kann man tun, wenn ein Jäger einen Seehund beleidigt hat? Vergleich mit christlichen Parallelen: Ist Gott auch ein „Herr der Tiere"? Wie hat er sie geschaffen? (Nach Gen 2,19 formt Gott die Tiere aus Ackerboden, also aus dem gleichen Material, das die Ernährungsgrundlage der Menschen darstellt. Die Erschaffung Evas aus Adams Rippe ist vom Motiv her der Erschaffung der Meerestiere aus den Handknochen Sednas ähnlich.) Wie wünscht er sich unseren Umgang mit Tieren? Wie behandeln wir Tiere? Evtl. Exkurs: *Sonnengesang* des Franz von Assisi (SB, S. 161).
- Bildbetrachtung: Ist Sedna in ursprünglichen Figuren der Inuit eher eine Furcht erregende Gestalt, erscheint sie in diesem modernen Wandteppich von ihrer freundlichen, Leben spendenden Seite. Eine weibliche Sonne als Gesicht Sednas findet sich bei traditionellen Darstellungen nie. Ihre Kinder gehen wie Strahlen von ihr aus, die Meerestiefe ist durch den schwarzen Hintergrund angedeutet. Der Mann und die Frau, die die Längsachse des Bildes bilden und Sednas Geschöpfe jagen wollen, sind durch Farbe und mit den Robben geteilte Kopfform in die Tierwelt und die Nahrungskette (s. die Köpfe von Wasservögeln und Fischen) eingebunden. Die Dichte der Darstellung bezeugt den im Bildtitel beschriebenen Überfluss.

Nach der ersten Betrachtung dieses leicht deutbaren Bildes sollte L. vor dem Vergleich mit dem traditionellen Sedna-Mythos über die Bildunterschrift darauf hinweisen, dass sich hier eine moderne, christlich geprägte Inuit-Frau mit ihrer religiösen Tradition auseinander setzt. Die Sch. können Motive für die Aufnahme einerseits und die Veränderung der traditionellen Vorstellung andererseits erwägen (mögliche Antworten: wachsendes Selbstbewusstsein der Inuit, Suche nach den eigenen Wurzeln ..., Freude über die Tiere der Arktis als Geschöpfe Gottes und Mitgeschöpfe des Menschen, Einsicht in die Bedeutung der Sonne als Quelle allen Lebens, als weniger feindlich empfundene Umwelt, Befreiung von Tabus durch christlichen Einfluss...).

⇨ Text/Bild: *Der Angakoq/Simon Tookoome, Tiervision, 1972* (SB, S. 172)
Der Steindruck Tookoomes zeigt in symbolisch verdichteter Form die Verwandlung eines Schamanen in seinen Tiergeist. Vor einem flächigen, aus vier Farben bestehenden Hintergrund erscheint vierfach, radförmig angeordnet, die Gestalt eines Schamanen in Weiß. In drei Feldern des Hintergrundes sieht man hundeähnliche Wesen. Der Kopf des Schamanen nimmt in verschiedenen Variationen die Farben und Tierfiguren des Hintergrundes auf und bezeugt so seine Transformationskraft. Bei den beiden mittleren Figuren hat die Verwandlung schon zum Ersatz der Hände durch Hufe bzw. einen Tierkopf geführt. Die weiße Gestalt mit Menschenkopf und Tierkörper ist vermutlich als das Endstadium des Verwandlungsprozesses zu deuten: Der Schamane ist jetzt in der Lage, sich in der jenseitigen Welt zurecht zu finden.
L. kann die Aufmerksamkeit auf für die Deutung wichtige Details des für Sch. schwer deutbaren Bildes lenken. Der Hinweis auf die

Jagdmethoden der Inuit, bei denen der Jäger sich in das zu jagende Tier „verwandeln" muss, um erfolgreich zu sein (bei der Jagd auf Karibus kleideten sich die Jäger oft in Karibufelle) oder eigene „Verwandlungen" durch Kleidung, Stimmungen, Alkohol („da wurde er zum Tier"), im Traum ..., kann helfen, das ungewohnte Ritual verständlicher zu machen. Der Angakoq gewinnt aus seinen das Diesseits transzendierenden (subjektiven) Erlebnissen Selbstbewusstsein für sein Auftreten gegenüber den Menschen, die Menschen gewinnen durch das Ritual Befreiung von Schuldgefühlen und neue Zuversicht.
Ansätze zur weiteren Diskussion: Schamanismus – Betrug? Vergleich mit christlichen Parallelen (Schutzengel-Vorstellung, Maria als Fürbitterin im Katholizismus, Beichte).

D. Leben in den Savannen und Wäldern Afrikas

⇨ Abb.: *Ein Dorf der Samburu* (SB, S. 173)
Die Samburu leben im Norden Kenias als Halbnomaden in der Dornsavanne. Erkennbar sind mehrere Gruppen von aus Zweigen und Erde gebauten Hütten, die verschiedenen Familien gehören, ein Schatten spendender Baum, weidende Ziegen, ein Kral im Zentrum und eine Dornenhecke als Schutz vor Raubtieren. Nur drei Menschen sind erkennbar, eine Frau und zwei Kinder; die Männer befinden sich mit der Mehrzahl der Ziegen auf Wanderschaft. Eine diagonal verlaufende Staubpiste ist der einzige Hinweis auf das 20. Jh. Das Foto zeigt eindrucksvoll die Einbettung des Dorfes in die umgebende Natur (Farben, Baumaterial), gleichzeitig aber auch die Notwendigkeit der Abgrenzung von Natur und Kultur (ringförmige Dornenhecke). Im Hintergrund ist rechts oben ein weiteres Dorf zu erkennen. Die Tabelle der verschiedenen Lebensräume Afrikas könnte folgendermaßen aussehen:

Lebensraum	Lebensweise	Lebensgrundlage
Urwald	Jäger, Sammler	wilde Tiere, Früchte, Pilze, Wurzeln, Honig
Flüsse	Fischer, Jäger	Fische, Wildtiere beim Trinken
Savanne	Bauern, Viehzüchter	Rinder, Mais, Hirse, Yams ...
Dornsavanne	Wanderhirten	Ziegen, Schafe
Wüste	Nomaden	evtl. Ziegen, Kamele, Händler
Gebirge	Jäger, Sammler, Bauer, Hirte je nach Regenmenge, Höhe, Zerklüftung der Berge	

Vertiefung mit Ausschnitten aus dem Roman des nigerianischen Schriftstellers Chinua Achebe (Okonkwo. Oder: Das Alte stürzt, Suhrkamp, Frankfurt a.M. 1983, S. 21f. u.a.) möglich; leicht zugänglich in jeder Stadtbücherei. Unterrichtsgespräch: Welche Vor- und Nachteile bietet die Polygamie? (dabei Vorteile und Probleme im alltäglichen Leben in den Mittelpunkt stellen und gegebenenfalls Zusatzinformationen einbringen: Jede/r ist eigene/r Herr/in in der Hütte; gemeinsames Arbeiten, Verteilung der Hausarbeit auf mehrere Personen, gegenseitige Hilfe bei Kinderpflege, Krankheiten und im Alter, feste Besuchsregeln für den Mann: keine Frau darf benachteiligt werden; Neid, besonders bei

Unterschieden in Alter und Kinderzahl, Angst vor dem Verheiratet-Werden gegen den eigenen Willen, Verteilungsprobleme in Notzeiten).
Ausgezeichnete weitere Materialien und Projektideen zum Thema „Wohnen in Afrika" finden sich bei Riepe, Afrika erfahren (s. 5.).

⇨ Gedicht: *Efua Theodora Sutherland, Mais* (SB, S. 173)
Bearbeitung der Arbeitsaufträge im SB (Herausarbeiten der Metaphorik von Sonne und Regen als Elternpaar, Diskussion der Frage, ob Sonne und Regen oder ihr Schöpfer Adressat von Gebeten um eine gute Ernte sind). Vergleich mit den Samburu (Vieh als Lebensgrundlage) oder Inuit (Meerestiere).

E. Erzählen von Göttern und Geistern

⇨ Texte: *Bekenntnisse / Gebete afrikanischer Völker* / Abb.: *Felsmalereien* (SB, S. 174f.)
Gruppenarbeit nach den Arbeitsvorschlägen im SB. Die vorliegenden Texte können ansatzweise die Bandbreite afrikanischer Gottes- und Göttervorstellungen skizzieren.
Die Pygmäen leben in kleinen Gruppen als Jäger und Sammler in den Regenwäldern Zentralafrikas. Kmvum ist der himmlische Schöpfergott. Er ist – vergleichbar mit Sila und Sedna bei den Inuit – weit entfernt, als Herr der Tiere und Pflanzen aber die Macht, von der die Menschen letztlich abhängig sind. Er hat, vergleichbar mit dem jahwistischen Schöpfungsbericht, den Menschen erlaubt, die Natur zu nutzen. Die Ursprungssituation der Vorstellung von „Stammvater Schlange" geht aus dem Gebetstext eindringlich hervor. Die meist unsichtbare, dann aber blitzartig auftauchende, sich häutende Schlange steht als Symbol für Wiedergeburt und Fruchtbarkeit in enger Beziehung zu den Ahnen. Die Menschen müssen sie daher gut behandeln und ihren Lebensraum respektieren.
Die Religion der afrikanischen Hochkultur der Aschanti hat sich, teilweise vermischt mit christlichen und islamischen Elementen, bis heute gehalten. Onyame ist mit dem Kmvum der Pygmäen vergleichbar, seine einzelnen Namen spiegeln die Vielfalt seiner Aspekte wider. Über die Kette der Ahnen ist er mit den Menschen verbunden. Onyame wird als ewig und allmächtig gedacht, er ist nicht an bestimmte Orte, Statuen oder Bilder gebunden.
Das Alter der *Felsmalerei aus Südafrika* ist unbekannt, ebenso ihr Schöpfer. Sie zeigt einen Mann, der flehend die Hände zu einer weiblichen Gottheit erhebt; diese sendet von oben Regen und Strahlen. Rechts des Mannes liegt eine Frau, oberhalb von ihr erkennt man einen Baum. Vielleicht gibt es Beziehungen zur Gewitter-Gottheit Mwari, die sich in Wasser, Feuer und Sternschnuppen manifestiert und noch heute – in degenerierter Form – in Zimbabwe verehrt wird. Von ihr sind in verschiedenen Variationen Geschichten von einem geopferten Mädchen, aus dem ein Baum wird, überliefert.
Das Gedicht *An die Erde* und das Bild *Trankopfer* verweisen auf die Vorstellung von „Mutter Erde" in Madagaskar und Westafrika. Sie ist die Mutter aller Lebewesen, alle müssen in ihren Schoß zurückkehren. Sie spendet Fruchtbarkeit, kann sich aber auch dem menschlichen Bemühen widersetzen, der Natur durch Feldarbeit etwas abzuringen. Bei vielen afrikanischen Völkern fehlt daher ein Erdkult. Stattdessen werden die den Menschen wohl gesonnenen Ahnen als Mittler eingeschaltet, die – im Bauch der Erde ruhend – für Fruchtbarkeit sorgen könne. Durch Trankopfer bezeugt man Erde und Ahnen Dank und darf hoffen, dass die Bitten um Wohlergehen erhört werden.
Die Ergebnisse der einzelnen Gruppen können auf Folie festgehalten und im Plenum diskutiert und ergänzt werden.

⇨ Herausarbeiten des Symbolcharakters der afrikanischen Gottesvorstellungen anhand folgender Geschichte:

> Ein Reisender in Westafrika erlebte bei einem Freund, wie der Gastgeber die Whiskyflasche öffnete, den ersten Schluck auf den Boden schüttete „für die Ahnen" und dann erst die Gläser der Besucher füllte. Der Reisende fragte ihn spöttisch: „Können eure Ahnen trinken?" Der Gastgeber erwiderte lächelnd darauf: „Können eure Toten riechen? Ich habe nämlich bei einem Besuch in Deutschland gesehen, dass ihr Blumen auf die Gräber stellt."

(Regina und Gerd Riepe, Gott war bei allen Menschen, S. 44)

F. Die Toten sind nicht tot

⇨ Abb.: *Ein besonderer Platz* / Gedicht: *Der Hauch der Ahnen* (SB, S. 176)
Die Vorstellung, dass die Verstorbenen weiterhin ihren Familien nahe sind und auf vielfältige Weise in deren Leben eingreifen können, besitzt bei allen Naturreligionen in Afrika eine überragende Bedeutung. (Zusatzinformationen bei John Mbiti, Afrikanische Religion und Weltanschauung; zusammengefasst auch bei Gerd Riepe, Gott war bei allen Menschen, S. 3.)
Das Foto zeigt einen besonderen Platz in Rum, einem Dorf in der Nähe Bafias in Kamerun. Der imposante, den Felsen sprengende Baum ist Sitz besonderer Ahnen, der kleine Junge mag diesen Platz zufällig oder mit einer besonderen Bitte aufgesucht haben. Die Symbolkraft dieses Baumes ist auch uns unmittelbar eingängig: Das Leben besiegt den Tod. Stein und Pflanzen bestimmen auch die meisten christlichen Gräber.
In seinem Gedicht *Der Hauch der Ahnen*, hier nur ausschnittweise wiedergegeben, beschwört der senegalesische Dichter *Birago Diop* die Leser, die Allgegenwart der Ahnen wieder wahrzunehmen. Ihre Stimme ist für ihn in den Lauten der Natur (Feuer, Wasser, Wind, Ächzen des Holzes ...) wahrnehmbar, man kann die Ahnen im Grenzbereich von Licht und Schatten, Wildnis und Kulturland auch sehen. Auch in den Ahnenfiguren des Dorfes, in den Verzierungen der Boote, in den machtgeladenen Trommeln (der „Baum, der dröhnt" kann als Anspielung verstanden werden), letztlich in jedem hölzernen Gegenstand sind die Ahnen präsent.
Vertiefung: Die nächste Strophe des Gedichts, die mit „Sie mahnen uns ..." beginnt, neu schreiben, Geräusche (Natur, Fernsehen ...) mit Kassettenrekorder aufnehmen und deuten lassen (Was „sagen" Feuer, Wasser, Wind, Rhythmen ...?), eine Liste mit Gegenständen / Phänomenen erstellen, die uns an (bestimmte) Tote erinnern, über eine christliche Grabstätte (Unterrichtsgang, Foto) meditieren.

⇨ Text: *Ze Meka, Der Blitz traf den Baum meiner Vorfahren* (SB, S. 177)
Lektüre mit verteilten Rollen. Bei der Diskussion herausarbeiten, dass die Warum-Frage des Großvaters durch die in der Schule gelernten Antworten Ze Mekas nur oberflächlich beantwortet wird. Zur Identifikation mit der Position des Großvaters können die Sch. ein Bild des außerordentlichen Zimmers zeichnen. Mögliche Hausaufgabe: Verfassen eines Textes: Ze Meka spricht mit seinem Religionslehrer über das Gespräch mit dem Großvater.

⇨ *Weiterarbeit:* Im Vergleich mit dem Christentum und der zunehmenden Verdrängung des Todes bei uns ergeben sich aus den Materialien neue Perspektiven, die hier nur gestreift werden können. Stichworte zur Weiterarbeit in dieser Richtung: das Kreuz als Lebensbaum (hervorragendes Material: Astrid Feuser, Lebensbaum, Pädagogische Materialstelle, 46485 Wesel), Totensonntag, Allerseelen, 1.Kor 15, 35–44, die Vorstellungen von Ganztod / Auferweckung und Unsterblichkeit der Seele im Christentum, christliche Bestattungsbräuche, anonyme Beerdigungen ...
(Gute Vorschläge dazu in Riepe, Gott war bei allen Menschen, S. 93ff.).

G. Fetische

⇨ Bild: *Nkisi nkondi* (SB, S. 178)
Die abgebildete Figur ist ein so genanntes „Nkisi nkondi", ein „zauberkräftiger Jäger". Die bedrohlich wirkende Figur hält in der rechten Hand einen Speer, der auf den Betrachter gerichtet ist. Sie trägt mehrere Leinensäckchen oder andere Behälter, in denen sich Friedhofserde, Teile von Toten oder „Bilongo", magische Substanzen mit einer bestimmten Wirkung, befinden; all dies ist auch im Inneren der Figur verborgen. Die Figur konzentriert so gesehen die Macht herausragender Ahnen. In Europa hat sich der Begriff *Fetisch* für solche machtgeladenen Objekte durchgesetzt. Er stammt vom portugiesischen

„feitiçio“ („Zurechtgemachtes, Zaubermittel“) ab. Aufgabe des Nkisi nkondi bei den Kongo war (und ist bis in die Gegenwart hinein) das Aufspüren von Übeltätern. Es konnte, meist in Gegenwart des Nganga, des Zauberpriesters, angerufen werden:

„Herr Mutinu! Sperre deine Ohren auf, sei wachsam. Das Dorf, die Häuser, die Menschen, siehst du uns nicht? Mein Schwein ist verschwunden, ich habe weder ein Huhn, eine Ziege, ein Schwein noch irgendwelches Geld im Haus, an das ich mich klammern kann. Die Dorfbewohner haben ihre Tiere, sie haben viele Kinder, sie sind zufrieden. Ich habe mit keinem, weder Mann noch Frau, Streit gehabt. Mwene Mutinu, sollte jemand böse auf mich sein und es sich nur um eine offensichtliche Sache handeln, so sieh' darüber hinweg, doch wenn es sich um Zauberei handelt, dann schreite ein! Ergreife jeden, der mir Schaden zufügt, ob Mann oder Frau, Jung oder Alt, plündere und schlage zu! Mögen sein Haus und seine Familie zerstört werden, mögen sie alles verlieren, hörst du?“

(aus: Tom Phillipps, Afrika. Die Kultur eines Kontinents, Berlin 1996, S. 246; der Text kann zur Überprüfung der von den Sch. erarbeiteten Situationen dienen)

Um dem Fetisch die Aufgabe zu erleichtern, konnten z.B. Haare des gestohlenen Tiers an ihm befestigt werden. Dann drängte man ihn zur Erfüllung seiner Aufgabe und trieb Nägel, Klingen oder ähnliche Metallgegenstände in die Figur hinein. Wenn daraufhin jemand im Dorf erkrankte, galt dies als Strafe des „Jägers“. Seine Wirksamkeit stieg mit der Zahl der Nägel und angebrachten Zeichen.

⇨ Text: *Tampwo begleitet seinen Vater zum Nganga* (SB, S. 179)
Der Text betont mehr den Sitz im Leben als die magische Wirkung des Fetisch. Leitfragen: Warum meint Mutima, dass ein Muloki (Zauberer) hinter den Verwüstungen seiner Plantage steckt? Wie erklärt der Nganga das Unglück? Wie wirken das Anlegen von Kopfschmuck und Tierkleidung und der Trommeltanz auf den Nganga, wie auf die Zuschauer? Welche Lösung schlägt der Nganga vor?

⇨ *Weiterarbeit:*
Wortfeld Heil – Unheil aufstellen lassen und überlegen, inwieweit bestimmte Gegenstände Heil bewirken können.
Diskussion der Frage „Fetische – auch bei uns?“ (hiebei hat sich das Mitbringen von Maskottchen für Klassenarbeiten oder das Zücken des Roten Lehrerkalenders als Einstieg bewährt). Im volkstümlichen Christentum können Heiligenbilder, Reliquienschreine, geweihte Kerzen, Amulette oder Schluckbilder von Schutzheiligen (bei bestimmten Krankheiten einzunehmen) den Charakter von Fetischen annehmen. Alltägliche „Fetische“: Fotos verstorbener Verwandter an der Wand, Kuscheltiere und Traubenzuckertabletten bei Klassenarbeiten; Autos, Urlaubsbräune, Kleidung und Computer können dazu benutzt werden, das eigene Lebensgefühl zu steigern, insbesondere, wenn Stars oder Markennamen die betreffenden Gegenstände mit Kraft aufgeladen haben. Es gibt jedoch eine erhebliche Bedeutungsverschiebung. Echte religiöse Gefühle gegenüber Fetischen fehlen bei uns; der Bezug zu Gott ist oft durch den Bezug zu innerweltlichen Mächten wie Wirtschaft und Werbung (Götzen im Sinne Luthers) ersetzt.

H. Christentum und Naturreligionen

⇨ Bild: *Pigafetta, Verbrennung der Fetische in Anwesenheit des Kongo-Königs* (SB, S. 180)
Das Bild kann für sich stehen oder im Kontext von Zusatzinformationen (L.-Vortrag zu Vor- und Nachgeschichte, Literaturrecherche durch Sch.; s. 1., 3., 5.) gedeutet werden. Zur Bilderschließung evtl. in einer Kopie die einzelnen Szenen, Personen farbig kennzeichnen. Hausaufgabe zur Ergebnissicherung: Eigene Zusammenfassung unter der Überschrift: „Der Führer der Portugiesen schreibt an seinen König“ / „Ein Untertan des Manikongo schreibt an einen Verwandten im Nachbardorf“.
Ergänzung: Eigene Beurteilung verfassen und begründen, die Szene mit Dtn 7,1–11; Apg 17,16–34 vergleichen. Fachübergreifend kann das Thema Sklavenhandel angeschnitten werden.

⇨ Text: *Chinua Achebe: Okonkwo – oder: Das Alte stürzt* (SB, S. 180)
Vorlesen der Geschichte oder, sehr lohnend, des gesamten Kapitels im Roman (S. 160–165); die Missionare und unterschiedlich reagierenden Dorfbewohner werden hier einfühlsam und mit viel Witz charakterisiert. Die Ambivalenz der Darstellung vermeidet Klischees und ist eine gute Grundlage für die weitere Diskussion. Es erscheint sinnvoll, hier die wichtige Unterscheidung von Inhalt und kultureller Form des Evangeliums einzuführen.
Mögliche Formen der Ergebnissicherung: Tabelle: Missionsmethoden / Wirkung; inneren Dialog aufschreiben: „Okonkwo, Nwoye denken über die Missionare und ihr zukünftiges Verhalten nach“. Mögliche Weiterarbeit: Lektüre ausgewählter Passagen aus dem Roman, evtl. Kurzreferate.

⇨ Besprechung des im Kapitel Franz von Assisi abgebildeten *guatemaltekischen Holzkreuzes* (SB, S. 163) als Beispiel für eine geglückte Inkulturation. (Afrikanisches Bildmaterial in: Gerd und Regina Riepe, Afrika – Kultur. Zu Kunst, Architektur und Literatur eines Kontinents, Misereor, Aachen 2000; Zielgruppe ist allerdings die Sek II)

⇨ Die aktuellen Arbeitsmappen von Brot für die Welt, Misereor oder Missio bieten eine Fülle weiterführender Informationen, Materialien und Projektideen. Ebenso: Ulrich Becker u.a., Projekt Ökumene. Auf dem Weg zur Einen Welt, Patmos / Calwer, Düsseldorf / Stuttgart 1997.

5. Materialien und Medien

U-Ideen:
- Regina und Gerd Riepe, Gott war bei allen Menschen. Afrikanische Religionen, missio aktuell, Aachen 1993.
- Regina und Gerd Riepe, Afrika erfahren, Misereor, Aachen 1994[3].
- Michael Stille, Naturreligionen: Eskimos und Indianer, in: Rudolf Tammeus (Hg.), RU praktisch. 8. Schuljahr, Vandenhoeck & Ruprecht, Göttingen 1998, S. 73ff.

Audiovisuelle Medien:
- Afrikanisches Christentum. Drei Video-Filme zur Inkulturation in Malawi. missio aktuell, Aachen (Best.-Nr.:510108/09/10).
- David-Pierre Fila, Der letzte Babinga, Kongo 1990.
- Inkulturation – Prüfstein der Weltkirche. Zehn Dias mit Texten, missio aktuell, Aachen (Best.-Nr.: 570119).
- Kumasi Spiritual Chor Ghana. CD, missio aktuell, Aachen (Best.-Nr.: 530140).
- Missa Luba. Gesungen vom Muungano National Choir, Kenya. CD, missio aktuell, Aachen (Best.-Nr.: 530136).
- Traditionelle Religionen. 81 Dias in Video-Überblendtechnik, zwei Begleithefte, missio aktuell, Aachen (Best.-Nr.: 510113).

Weiterführende Lektüre für Schüler:
- Jean-Paul Albert / Yann de Renty, Westafrika heute, Tessloff, Nürnberg 1990.
- Hubertus Halbfas, Das Welthaus. Ein religionsgeschichtliches Lesebuch, Calwer/Patmos, Stuttgart / Düsseldorf 1985[3].
- Adel Theodor Khoury / Georg Girsch: So machte Gott die Welt. Schöpfungsmythen der Völker, Herder, Freiburg i.B. 1985.
- Jean Meyer, Sklavenhandel, Ravensburger, Ravensburg 1990.

Begegnungen

1. Theologische und didaktische Aspekte

Thema dieses Kapitels ist die Begegnung zwischen Gott und Mensch, das am Beispiel der *Emmausgeschichte* (Lk 24,13–35), der bekanntesten und vielleicht schönsten Ostererzählung, entfaltet wird: Im Mittelpunkt steht eine biblische Geschichte über Menschen, denen auf ihrem Weg durchs Leben unverhofft Gott begegnet und die mit dieser Begegnung eine einschneidende Änderung ihrer Sicht der Wirklichkeit erfahren. Wer Jesus eigentlich war, wird den Jüngern erst durch diese Begegnung mit ihm nach seinem Tod deutlich. Sie spüren daraufhin nicht mehr Trauer, Verzweiflung und Mutlosigkeit, sondern Lebensfreude, Sinnfindung und Zuversicht. Der innere Umschwung mündet in eine sofortige äußere Kehrtwendung nach Jerusalem, wo sie die anderen Jünger aufsuchen.

Ziel der UE ist es, Sch. an das heranzuführen, was eine biblische Gottesbegegnung ist und was sie bei Menschen auslöst. Zu diesem Zweck werden außer der Emmausgeschichte Erzählungen, Gedichte, Bilder und Sachtexte herangezogen, die ebenfalls eine Begegnung, meist jedoch zwischen Menschen, zum Thema haben. Die Gemeinsamkeiten und Unterschiede können die Eigenheiten der jeweiligen Begegnungssituation hervortreten lassen.

Die Emmaus-Perikope kann in drei Phasen gegliedert werden, die durch das Wegmotiv miteinander verfugt sind:

a) der Weg zweier verzweifelter, hoffnungsloser und enttäuschter Anhänger Jesu zurück in ihre alte Welt und das Gespräch mit Jesus (V. 13–29)

Äußerlich beginnt die Geschichte mit dem Wandermotiv. Welches der historische Ort Emmaus war, zu dem die beiden unterwegs waren, ist umstritten, jedenfalls lag das Dorf nah genug an Jerusalem, dass eine Rückkehr am selben Abend möglich war. Da der Sonntag nach dem Passa traditionell ein Tag des Heimkehrens war, kann man vermuten, dass die beiden Jünger in Emmaus zu Hause waren. Was ihre Gefühle angeht, kann man von „zerbrochenem Kinderglauben" sprechen. Ihre Illusionen um Jesus haben sich als unwahr erwiesen: „Wir aber hofften, er sei es, der Israel erlösen würde." (V. 21). Recht haben aber die Gegner Jesu behalten, die Priester und die Römer. Und in dieser Situation taucht plötzlich ein Mitwanderer auf, der ihnen Fragen stellt. So können sie ihre Trauer und ihre Enttäuschung zum Ausdruck bringen. „Was ihren Glauben hindert, ist ihr Glaube an ein Christusbild, dem Jesus nicht entspricht. Er müsste doch auf der Seite der Hilfe, nicht der Not stehen" (Schweizer). Die Ostererfahrung der Frauen und der anderen Jünger, die inzwischen am Grabe gewesen waren, reißt sie keineswegs mit, sondern bestätigt nur ihre Ratlosigkeit. Ihre entscheidende Wende vom Unglauben zum Glauben wird nicht durch ein spektakuläres Wunder hervorgerufen, sondern kommt nur allmählich durch die

Schrift, deren Bedeutung der Mitwanderer klarmacht. Inzwischen setzen die anbrechende Nacht und das erreichte Dorf der Wanderung eine Grenze.

b) Die Tischgemeinschaft in Emmaus (V. 30–32)

Das gemeinsame Mahl bringt die entscheidende Veränderung. Obwohl es ein gewöhnliches Mahl ohne Wein ist, erinnert es an das Abendmahl, denn Jesus ist hier der Gastgeber. Sein Wort wird hier sichtbar im gegebenen Brot. Diese Tischgemeinschaft mit ihm führt dazu, dass den Jüngern die Augen geöffnet werden und sie ihn erkennen. Jetzt können sie auch ihre starken Gefühle schon während der Schriftauslegung auf der Wanderung erklären: „Brannte nicht unser Herz in uns, als er mit uns redete auf dem Wege und uns die Schrift öffnete?“ (V. 32). Jesus erscheint im Wort und in der Tischgemeinschaft, festhalten wie einen Freund, den man stets verfügbar bei sich haben möchte, lässt er sich nicht. Allerdings erzählt die Geschichte auch davon, dass Jesus schon längst bei denen ist, die nicht mehr loskommen von ihm, auch wenn sie das erst rückblickend erkennen.

c) Die freudige Rückkehr (V. 33–35)

Die neue Glaubensgewissheit bleibt nicht ohne Folgen: Auch wenn Jesus ihnen keinen Auftrag erteilt, ist es ihnen ein Bedürfnis, den anderen Jüngern sofort von ihrer Stärkung zu berichten. Noch zur selben Stunde brechen sie wieder in die Gegenrichtung auf, nicht mehr vom Kreuz, sondern von der Auferstehung bestimmt. Sie erzählen den anderen von ihrem Weg, auf dem Jesus ihnen Nähe und Geborgenheit in der Verlassenheit schenkte.

Es gibt unzählige, höchst unterschiedliche Beispiele für Gottesbegegnungen in der Bibel. In vielen von diesen Erzählungen ist ebenfalls davon die Rede, dass Gott sich zu den Menschen auf den Weg macht (etwa die Geschichte von den drei Gästen, die zu Abraham nach Mamre kommen, Gen 18) oder umgekehrt, dass die Menschen zu ihm kommen wollen (etwa die Geschichte der orientalischen Weisen, die nach Bethlehem kommen, Mt 2). Und oft genug begegnet Gott dem Menschen ganz unerwartet „irgendwo auf dem Wege“ (etwa in der Geschichte vom Jakobstraum bei Bet-El, Gen 28, der Bekehrung von Propheten, z.B. 1.Sam 3, oder der Bekehrung des Paulus, Apg 9). Gemeinsam und wesentlich für alle diese Gottesbegegnungen ist, dass Gott für die Menschen sowohl im AT als auch im NT keine unerreichbare Größe bleibt, er wird als beweglich dargestellt, er ist unterwegs anzutreffen. Er ist „Weg-Gott“, der zu dem Menschen kommen und ihm immer wieder nahe sein will. Und diese Begegnung mit Gott verändert die Menschen und ihren Lebensweg. Dieser theologische Sachverhalt kann den Sch. anhand der Emmaus-Geschichte exemplarisch deutlich werden.

Folgende Aspekte von Begegnungen werden hier didaktisch besonders berücksichtigt:

- Mit der Geschichte *Der Weg* (SB, S. 186f.) wird das Zusammensein mit einem Begleiter thematisiert, der jemandem auf einem Abschnitt seines Lebensweges eng zugewandt ist. Das Zusammensein mit diesem Gefährten nimmt Angst, schafft einen neuen Blick auf die Wirklichkeit und lässt Selbstvertrauen wachsen.
- Christen glauben, dass Begegnungen mit dem auferstandenen Jesus nicht der biblischen Vergangenheit angehören, sondern dass sie gerade in unserem heutigen Alltag ihren Platz haben können. Dieser Sachverhalt kann anhand einer modernen Verfremdung der *Emmaus-Geschichte* in Gedicht-Form mit Sch. bearbeitet und diskutiert werden (SB, S. 191).
- Dass hilfreiche, stärkende, verändernde Begegnungen ganz unverhofft erfolgen können, wenn man überhaupt nicht damit rechnet und Einsamkeit einen zu übermannen droht, davon erzählt die Geschichte *Telefon* (SB, S. 192f.).
- Zentral am christlichen Verständnis der Begegnung mit Gott ist, dass sie unsere Sicht von unserem Mitmenschen ändert, sie bringt eine ethische Verpflichtung mit sich. Dieses Erlebnis machte der Dominikanerpater Bruno Hussar. Aus seiner Gottesbegegnung leitet er die ethische Implikation ab, die Begegnung und Versöhnung zwischen menschlichen Gruppen, die verfeindet sind, zu ermöglichen

und zu fördern. So entstand vor fast dreißig Jahren das Dorf *Neve Shalom / Wahat al-Salam* in Israel (SB, S. 194f.), in dem jüdische Israelis und christliche sowie muslimische Palästinenser zusammenleben. Diese „Begegnung" stellt für die Bewohner und ihre Gäste – wie andere Dauerbegegnungen zwischen lang verfeindeten Gruppen – eine täglich neu zu bewältigende Herausforderung dar.

2. Intentionen

Die Sch. sollen
- sich bewusst werden, dass – auch und gerade konfliktäre – Begegnungen Grundsituationen sind, die aktiv und positiv gestaltet werden können
- darüber nachdenken, welche Rolle „Wegbegleiter" für die Wahrnehmung von Wirklichkeit und für den Lebensweg spielen können
- die Geschichte der Emmausjünger kennen lernen, sie als Weggeschichte mit „göttlichem Begleiter" deuten und die Gefühle und Änderungen, die für die Jünger mit ihr verbunden sind, nachvollziehen können
- mithilfe der künstlerischen Verfremdung die Bedeutung von Jesu Wiederkehr heute und seiner Begegnung „mit uns" erwägen
- über die möglichen verändernden Auswirkungen von unerwarteten Begegnungen in Krisensituationen am Beispiel einer Kurzgeschichte reflektieren
- die Hinwendung zum Nächsten in Form der Stiftung von Gemeinschaft als Implikation des Glaubens an den Auferstandenen wahrnehmen.

3. Literatur zur Vorbereitung

- Peter Biehl / Ute Hinze / Rudolf Tammeus, Symbole geben zu lernen. Einführung in die Symboldidaktik anhand der Symbole Hand, Haus und Weg (Wege des Lernens 6). Neukirchner, Neukirchen-Vluyn 1989.
- Peter Biehl, Weg – Symbol des Lebens, in: RL 4/1989, S. 5–9.
- Elsbeth Bihler, Symbole des Lebens – Symbole des Glaubens: Werkbuch für Religionsunterricht und Katechese. Bd. 2. Lahn-Verlag, Limburg 1996[2] (Symbol Weg, S. 201–238).
- Josef Quadflieg, Die Bibel für den Unterricht in der Grundschule und in der Orientierungsstufe. Kommentar Neues Testament, Patmos, Düsseldorf 1998 (zu Emmaus, S. 263–269).
- Ingrid Riedel, Die Emmaus-Geschichte als Trauer-Weg. Erschließung eines Textes mit bibliodramatischen Elementen, in: Jahrbuch der Religionspädagogik 8/1991, S. 89–99.
- Eduard Schweizer, Das Evangelium nach Lukas (NTD 3), Vandenhoeck & Ruprecht, Göttingen 1982.
- Symbol Weg. Religionspädagogische Hefte 1 (1998).
- Michael Wermke, Auf dem Weg der Jünger nach Emmaus. Zwei Versuche für die Klassen 9 und 7, in: braunschweiger beiträge 63 (1993), S. 8–14.

4. Unterrichtsideen

A. Hinführungen

⇨ Bild: *Piroska Jávor, Die Tür, 1990* (SB, S. 183)
Die Sch. beschreiben das Bild: dominiert von den klaren Linien eines relativ schmalen, aber tiefen Durchgangs, der zu einem dunkelgrünen Hintergrund führt; die Tür bildet aufgrund ihrer dunklen Farbe einen starken Kontrast zu der hellen Färbung des restlichen Bildes; der Hintergrund der Tür ist nicht leer, sondern schemenhaft tritt eine dunkelblaue, nicht deutlicher zu erkennende Gestalt hervor; das Bild vermittelt den Eindruck einer kurz bevorstehenden Begegnung mit einem Unerwarteten, falls man den Mut hat, den Gang durch die Tür zu beschreiten.
Die Sch. beschreiben das Bild und schreiben dazu eine passende Geschichte (folgenden Erzählanfang vorgeben: „Ich ging durch einen schmalen, langen Gang, der hell beleuchtet war ...").
Das Bild kann nach der Behandlung der Emmaus-Geschichte noch einmal mit den Sch. betrachtet werden. Welche Bezüge zur Geschichte lassen sich herstellen?

⇨ Text: *Begegnungen* (SB, S. 184)
Es handelt sich um die ersten drei „Strophen" eines Gebetes für Jugendliche, die szenenartig verschiedene Begegnungssituationen aus der Welt der Sch. wiedergeben, wobei die Länge und Intensität des Zusammentreffens von Strophe zu Strophe zunehmen.
Die Sch. lesen und beschreiben die Begegnungen der verschiedenen Strophen; sie erklären die einzelnen Verhaltensweisen; danach ergänzen sie einzelne Verse oder ganze Strophen zu dem Gedicht. Im Anschluss kann darüber gesprochen werden, welche Bedeutungen Begegnungen für den Menschen haben, was zu gelingenden Begegnungen beiträgt bzw. was sie auch verhindern kann; die Erfahrungen, die im Zusammenhang mit der Bildinterpretation der Titelseite angesprochen wurden, können hier einfließen.
Erfahrungen von Sch. mit „Chatten im Internet als moderner Form der Begegnung" können thematisiert werden (hier wäre der Einsatz der Kurzgeschichte „Tian oder :-)))))" von Mirjam Müntefering, in: Alles Liebe – oder was?, hg.v. Anne Bender / Dagmar Kalinke, dtv, München 1999, S. 39ff., möglich).
Der Schluss des Gebets lautet so:

Viele gute Begegnungen,
Menschen, die ich gern habe
und die mich gern haben.
Schenke, Gott,
mir solche Weggefährten.

⇨ Foto: *Begegnungen* (SB, S. 185)
Das Foto zeigt den Ausschnitt einer Skulptur, auf deren glatter Oberfläche fünf Menschen zu erkennen sind, die als Figuren mit übertrieben dünnen Torsi und Gliedern dargestellt sind. Die dürren Figuren stehen in einiger Entfernung zueinander, jeweils einem anderen Menschen zugewandt, vermögen jedoch nicht eine Gruppe zu bilden, sondern bleiben ein Nebeneinander mehrerer vereinzelter, einsamer Menschen. Zwar sind die meisten Figuren in dynamischer Körperhaltung zu sehen, „auf dem Sprung" sozusagen, die Fußsohlen schon gelöst, die Arme schwungvoll nach vorne gerichtet. Zunächst jedoch kann man nur die bestehende Entfernung und das Fehlen von Gemeinschaft feststellen. Die Figuren verlangen in ihrer Isolation geradezu nach Begegnung.
Dieses Bild ist in seiner Offenheit gut für einen Einstieg in das Thema „Begegnungen" geeignet.
Mögliche Verfahren:
- Die Sch. beschreiben das Foto genau. Danach stellen sie das Foto als Standbild in einer Gruppe nach und entwerfen eine oder zwei Folgeszenen, ebenfalls als „Momentaufnahme", unter der Fragestellung, ob und wie Begegnungen eingelöst werden oder nicht. In jeder Gruppe ist neben den fünf Figuren ein „Bildhauer" tätig, der die einzelnen Figuren nach einem gemeinsamen Gruppenplan formen darf. Danach erfolgt eine Auswertung in der Gesamtgruppe, wobei die verschiedenen „Lösungen" verglichen werden im Hinblick auf die Frage, inwiefern Begegnungen etwas an der Grundstimmung des Bildes verändert haben.

- Die Sch. suchen nach der Beschreibung des Fotos aus den ausgelegten Bildern der Fotomappe „sich begegnen ...“ (s.u. 5. Medien) solche Darstellungen aus, die eine gegenteilige Stimmung ausdrücken, und stellen diese Bilder vor.

B. Wegbegleiter

⇨ Kurzgeschichte: *Renate Welsh, Der Weg* (SB, S. 186f.)
Mit dem Großvater zusammen zu sein, ist schön, denn er kann durch seine Geschichten und Tätigkeiten den Alltag verzaubern und damit die Angst, die die Enkelin sonst so oft befällt, zum Verschwinden bringen. Wenn der Großvater mit der Enkelin zusammen auf dem Lieblingsweg durch den Wald geht, dann erscheint auch die Natur in einem geheimnisvollen Licht. Es gibt unzählige Dinge zu entdecken, die allein langweilig oder sogar unheimlich wären, mit ihm zusammen aber wunderbar werden.
Nach dem Tod des Großvaters kann die Enkelin den Weg nicht mehr entdecken. Allerdings wird seine Realität deshalb nur von anderen, nicht von der Enkelin selbst in Zweifel gezogen. „Verzaubert“ entdeckt sie ihn dann wieder in Form eines kleinen Kunstgemäldes in einem Museum.
Fragen zur Interpretation: Die Sch. können der Beziehung zwischen Großvater und Enkelin nachgehen: Was bedeutet es, wenn die Enkelin davon spricht, ihr Großvater sei ein Zauberer gewesen? Der Schluss der Geschichte kann genauer interpretiert werden: Warum findet sie den Weg nicht wieder? Wie ist die Sache mit dem Bild im Museum zu verstehen? Welche Bedeutung hat der Großvater für die inzwischen groß gewordene Enkelin?

⇨ *Weiterarbeit*: Die Sch. malen das Bild im Museum, das den Weg durch den Wald zeigt. Sie nennen Begegnungen in Büchern oder Filmen, in denen jemand durch die Anwesenheit eines anderen „verzaubert“ wurde. Sie überlegen, wer für sie schon einmal ein „Zauberer“ im Sinne der Geschichte gewesen sein könnte. Sie schreiben (oder malen) über eigene Lebensabschnitte, in denen „ein Begleiter“ für sie hilfreich bzw. nicht hilfreich war.

⇨ Zeichnung: *Katie Grant, Mädchen mit übergroßem Schatten,* 1999 (SB, S. 187)
Diese einfache Zeichnung einer 22-Jährigen zeigt eine junge Frau, die auf einem Weg vor einer Großstadtlandschaft unterwegs ist und dabei von einer fast doppelt so großen, dunklen, nur grob umrissenen Gestalt begleitet wird. Dieser mächtige, aufrechte Schatten wirkt merkwürdigerweise nicht bedrohlich, sondern verleiht - vielleicht aufgrund der gelben Schattierung - mitten in der Anonymität der Hochhäuser ein Gefühl von Wärme und Geborgenheit.
Die Sch. beschreiben die Zeichnung; sie überlegen, was das Mädchen über ihren Schatten sagen könnte und welche Bedeutung er wohl für sie hat („mein Schatten ist ...“); abschließend kann das Bild (s.o.) mit der Kurzgeschichte in Beziehung gesetzt werden.

C. Die Emmausjünger (Lk 24,13–35)

⇨ Einführung: *„Die Passion Jesu“*
Je nach Lerngruppe verlangt die Emmaus-Geschichte eine Hinführung über die Passion Jesu (dazu auch Kap. „Kreuzeserfahrungen“ hier und im SB).
Altersgemäße Freiarbeitsmaterialien dazu bietet der Band „Lernzirkel. Zeit und Umwelt Jesu - Taten und Worte Jesu, hg.v. Gebhard Neumüller, Evangelischer Presseverlag Pfalz, Speyer 1998“. Auch die Arbeit mit Kreuzwegen kann hier hilfreich sein, z.B. Bensberger Misereor-Kreuzweg von Sieger Köder mit Dias und Materialien zu bestellen bei: Misereor, Mozartstr. 9, 52064 Aachen, Tel.: 0180/ 5200210.
Anschließen kann sich ein Zuordnungsspiel (nach Wolfgang Longardt, Spielbuch Religion. Kaufmann, Lahr/Christophorus, Freiburg i.Br. 1988[2], S. 72f.). Dabei geht es darum, mögliche Äußerungen und Gefühle sowohl der Anhänger als als auch der Feinde Jesu nach seinem Tod zu überlegen. Einige Beispiele schreibt der L. ungeordnet auf, die Sch. ordnen sie den beiden „Parteien“ zu und erweitern die Liste (Beispiele ebd.)

⇨ Text: *Lk 24,13–35, Die Emmausjünger* (SB, S. 188)

„Emmaus als Weg-Geschichte": Die Sch. schreiben Wörter und sprachliche Wendungen heraus, mit denen der Text sich als Weg-Geschichte ausweist: die Jünger „gingen in ein Dorf" (V. 13); der Zielort Emmaus war von Jerusalem „zwei Wegstunden" entfernt (V. 13); Jesus „nahte sich" und „ging mit ihnen" (V. 15). Sie führten miteinander Reden „unterwegs" (V. 17) und schließlich „kamen (sie) nahe" an das Dorf, zu dem sie „hingingen" (V. 28). Jesus tat zunächst, als wolle er „weitergehen", doch dann „ging er hinein" (V. 29) mit ihnen. Nachdem sie ihn erkannt hatten, konnten sie sich erklären, warum ihr Herz brannte „auf dem Wege" (V. 32). Von Emmaus „standen sie auf" und „kehrten" zurück nach Jerusalem (V. 33). Dort erzählten sie, was ihnen „auf dem Wege" geschehen war (V. 35).

⇨ *„Die Emmaus-Geschichte als Trauerweg"*

Mehr Zeit und Aufwand erfordert folgender Unterrichtsvorschlag mit bibliodramatischen Elementen, der einen ganzen Projekttag ausfüllen kann und für alle Beteiligten zum Erlebnis werden kann. Alternativ können nur Bausteine dieses Projektes im Unterricht erprobt werden:

a) L. liest den Text zwei Mal laut vor. Die Sch. haben dabei den Text vor sich liegen. Wer möchte, kann zum Vortrag malen. Klärung von Fragen.
b) Stationen des Emmaus-Weges werden von den Sch. benannt:
- Jerusalem (oder auch: die Jünger, die zurückbleiben)
- Wegstrecke von Jerusalem nach Emmaus, so weit die Jünger ihn unbegleitet gehen, letzte Wegstrecke nach Emmaus, bei der die Jünger den zunächst unbekannten Begleiter bei sich haben
- Innehalten auf der Schwelle des Hauses in Emmaus, wo die Jünger ihren Begleiter bitten: „Herr, bleibe bei uns, denn es will Abend werden ..."
- am Tisch des Hauses in Emmaus: das gemeinsame Mahl, bei dem Jesus erkannt wird, Rückweg von Emmaus nach Jerusalem

c) Raumwechsel bzw. Ausweitung der Raumanzahl und Markierung der Wegstationen durch Aufstellen von durch Sch. gefertigte Schilder: Jerusalem, Nach Emmaus 10 km, Nach Emmaus 5 km, Eingang des Hauses in Emmaus, Tisch des Hauses in Emmaus, Nach Jerusalem 20 km.
d) Durchwandern der Stationen, also des gesamten Emmaus-Weges, als Gruppe (Prozession)
e) Jeder Sch. ordnet sich der Station zu, die ihm zu dem jeweiligen Zeitpunkt am besten entspricht. Dabei sich nicht von anderen leiten lassen. Schreibaufgabe: Schreibe auf, wie die Jünger sich an dieser Station ihres Weges gefühlt haben! „Die Jünger fühlen sich an dieser Wegstation ..." Lies dazu vorher noch einmal den gesamten Text!
f) Auswertung: Vorlesen einzelner oder aller Texte in der Reihenfolge der Wegstationen.
g) Die Sch. ordnen folgende Trauerphasen dem biblischen Text zu, indem sie jeweils eine passende Textstelle dazu suchen und notieren:
- Die Jünger sind geschockt. Sie wollen Jesu Tod nicht wahrhaben. Sie hoffen, Jesus werde wieder auftauchen und alles könnte so werden wie zuvor.
- Die Jünger können nur an eines denken, an Jesu Tod. Sie befinden sich in tiefer Traurigkeit und sind enttäuscht von Jesus, mit dem sie große Hoffnungen verbanden. Sie suchen Schuldige am Tode Jesu.
- Die Jünger beginnen, sich vom konkret fassbaren Menschen Jesus, der gestorben ist, zu lösen, und wenden sich ihrem unbekannten Begleiter zu, der sie das Geschehene verstehen lehrt. Ihn wollen sie schließlich festhalten, als sie ihn erkennen. Sie müssen jedoch lernen, dass er als fassbarer Mensch nicht bei ihnen bleiben kann. Sie beginnen, ihre Beziehung zu ihm zu verändern.
- Die Jünger akzeptieren, dass sie den konkret fassbaren Menschen Jesus verloren haben, aber sie spüren auch, dass sie ihn als inneren Begleiter weiterhin bei sich haben. Das gibt ihnen Kraft, um sich ande-

ren wieder zu öffnen und ihren neuen Glauben mitzuteilen.

(Vorschlag nach Ingrid Riedel, s.u. 5. Materialien)

⇨ *Struktur des Weges der Emmaus-Jünger*
Der Weg der Emmausjünger kann dann zusammenfassend mit den Sch. unter dem Blickwinkel der sich auf dem Weg verändernden Stimmungslage betrachtet werden. Ein Tafelbild (nach Michael Wermke) kann das so zusammenfassen:

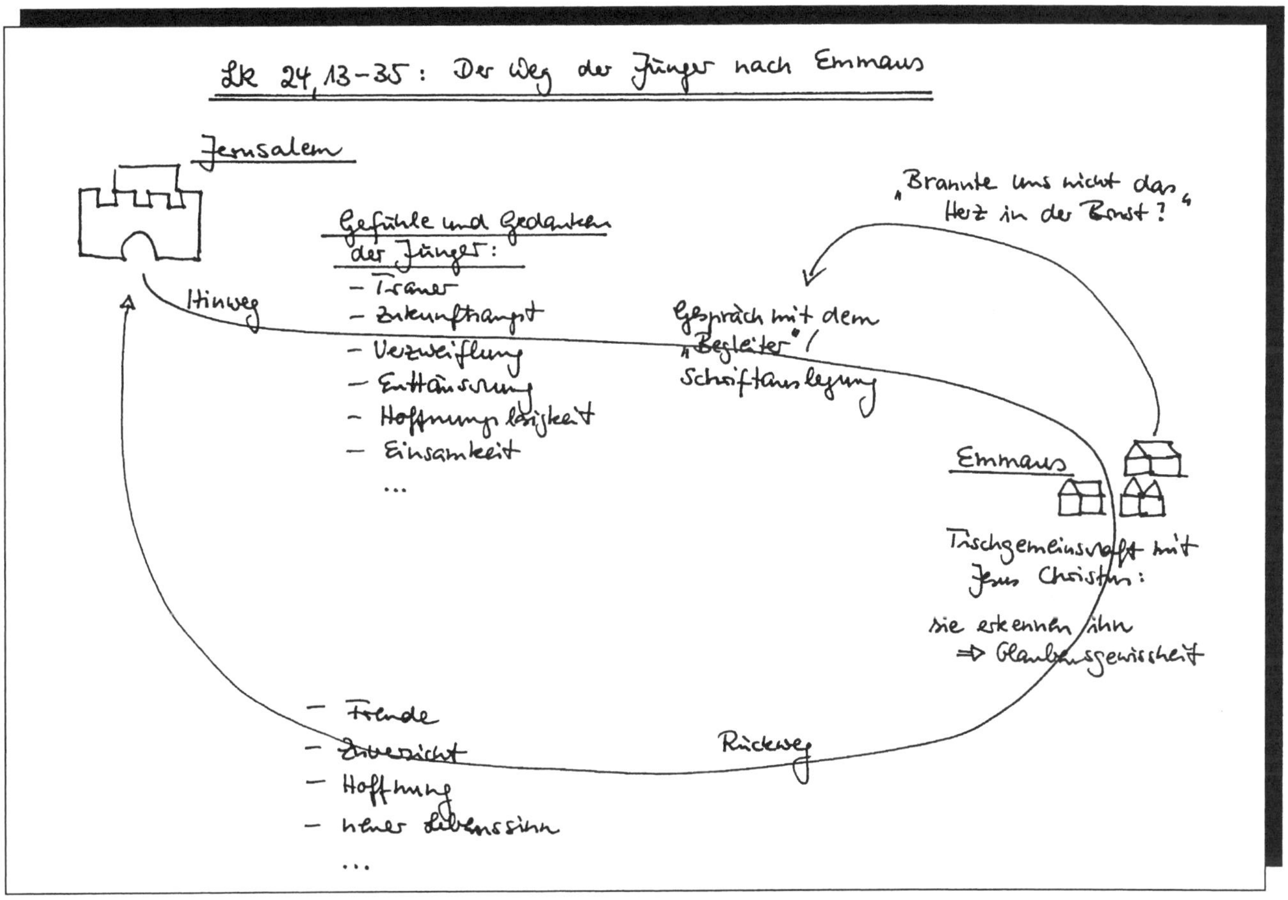

⇨ *Umkehrspirale – Tanzspiel* (ZM)
Der Schreittanz ist leicht zu erlernen und durchzuführen. Als Musik ist die beigegebene geeignet, die auch als Kassette bestellt werden kann (s. ebd.), möglich ist aber auch, dass nach selbst zusammengestellter Musik getanzt wird. Vielleicht finden Sch. Musik, die zum „Weg nach innen“ (Tod) und zum „Weg nach außen“ (Auferstehung) passen könnte.

⇨ *Vergleich:* Die Sch. vergleichen die Kurzgeschichte *Der Weg* (s.o.) mit der *Emmausjünger-Geschichte* (s.o.) im Blick auf Ähnlichkeiten bzw. Unterschiede, Ähnlichkeiten: In beiden Geschichten geht es um ein wunderbares Erlebnis, das unterwegs erfahren wird. Dieses Erlebnis hat Elemente des Zauberhaften, Unerklärlichen, und dies hängt unmittelbar mit der Person des Begleiters zusammen. Der Wegbegleiter offenbart neue Einsichten und öffnet die Augen für eine andere Wirklichkeit, in seiner Gegenwart verschwinden Angst und Ratlosigkeit.
Darüber hinaus fallen folgende Unterschiede auf: Während der Weg mit dem Großvater öfter gegangen wird, ist der von den Emmausjüngern begangene Weg einmalig. Der Großvater offenbart auf seinen Spaziergängen eine zauberhafte Welt, während der Begleiter der Emmausjünger letztlich sich selbst offenbart.

⇨ *Gemeinsames Mahl*
Die Sch. bereiten ein gemeinsames Essen in der Gruppe vor, vielleicht ein Frühstück. Dies sollte möglichst feierlich gestaltet werden (s. Ideenecke im SB). Evtl. kann dabei das Gebet *Begegnungen* (SB, S. 184) verlesen werden. Davor oder danach kann die Bedeutung des Mahles in Emmaus genauer besprochen werden.

⇨ *Mögliche Vertiefung:* Am Schluss dieses Blocks bietet es sich an, weitere Begegnungsgeschichten der Bibel in den Unterricht einzubringen, etwa Gen 18,1–15; 28,10–22; Mt 2,1–12. Auch ist hier ein Rückbezug auf die im Bd. 5/6 bereits angesprochenen Kapitel über „Exodus" (S. 51ff.) oder „Abraham" (S. 35ff.) möglich.

⇨ Bild: *Karl Caspar, Der Weg nach Emmaus, 1938* (SB, S. 188f.)
Das Besondere an dem Bild sind die Lichtverhältnisse. Die Färbung des Himmels suggeriert eine untergehende Sonne. Und doch zeigt das beleuchtete Gesicht des dritten Mannes, dass es neben der untergehenden Sonne eine zweite Lichtquelle geben muss, nämlich das Gesicht des Mannes in der Mitte: Von ihm geht wohl das „Feuer" aus, das den Jüngern das Herz in Brand setzte (V. 32) und an das sie sich später erinnerten. Er ist deshalb als Jesus zu deuten. Seine erhobene Hand zeigt auf den bevorstehenden Weg und gibt den Jüngern Führung. Sie bezieht sich vielleicht auch als unterstützende Geste auf seine Schriftauslegung während des gemeinsamen Weges (V. 27). Die Sch. beschreiben und deuten das Bild im Vergleich mit der Emmausgeschichte.

⇨ *„Emmaus im Internet"*
Zu Emmaus gibt es eine Fülle künstlerischer Darstellungen. Die Sch. können versuchen, einige über das Internet ausfindig zu machen (natürlich sind Bücher in Bibliotheken auch immer noch ein Weg). Welche Szene ist jeweils dargestellt? Was wird betont? Welches Bild gefällt den Sch. am besten?

D. Emmaus heute

⇨ Bild: *Werner Juza, Emmaus, 1973/74* (SB, S. 190)
Das Bild des Grafikers und Malers Werner Juza gehört zu einem Passions- und Osterzyklus, mit dem die Altarseite der Dorfkirche von Lampertswalde in der Nähe von Dresden ausgestaltet ist. Der Zyklus besteht aus acht Bildern.
Das Bild vermittelt nur schwer einen Zugang. So fallen zunächst die Gesichter der Menschen auf, die sich alle sehr ähnlich sehen; es sind dunkle, unbewegliche, verschlossene Gesichter. An die Emmausgeschichte wird man durch den Mittelteil des Bildes erinnert. Der weiß gekleidete Christus mit Nimbus sitzt dort mit zwei Menschen an einem gedeckten Abendmahlstisch, das Brot hält er bereits in der Hand. Die beiden Menschen sind mit ihm durch die Körperhaltung verbunden, die jeweils eine runde Kreisform im Hintergrund dieser Mittelszene nachzeichnet. Auch die einfache Kleidung und die bloßen Füße haben sie mit Christus gemeinsam, während die fünf Menschen außerhalb des Mittelteils alle bis auf einen Kleidung unserer Tage tragen. Zwei der Außenstehenden blicken eng umfasst und damit als Paar zu erkennen zugewandt zum Innenkreis, als wollten sie dazugehören. Die drei anderen wenden sich mit ihren Körpern ab, auch wenn zwei der Gesichter noch zum Tisch zu schielen scheinen. Liegt die Ernsthaftigkeit und der abweisende Eindruck vieler Bildelemente darin begründet, dass Christus das Brot noch nicht gebrochen hat? Oder führt Emmaus heute zu Abneigung, zu Abwendung vieler Menschen?

Möglichkeiten der Erarbeitung:
- Guckt euch das Bild in Ruhe an und benennt dann die Stimmung, die von ihm ausgeht!
- Beschreibt das Bild möglichst genau, auch die Details!
- Welche Menschen auf dem Bild gehören zusammen?
- Was erinnert an Emmaus?
- Was geht den Menschen außerhalb der Tischgemeinschaft durch den Kopf?

Schreibt zu zwei oder drei Personen Gedanken und Gefühle auf!

⇨ Gedicht: *Wolfang Poeplau, Emmaus* (SB, S. 191)
Bei diesem Text haben wir es mit einer bewussten Verfremdung und in gewisser Hinsicht sogar mit einer provokativen Banalisierung der Geschichte von Emmaus zu tun. Der Verfasser versetzt die Begegnung mit dem Auferstandenen in ein vollkommen unerwartetes Milieu (verschiedene Möglichkeiten werden angeboten, alle bewusst unspektakulär und nicht sehr anziehend). Anders als die Emmausgeschichte erfolgt die Offenbarung Jesu nicht im Nachhinein, sondern geschieht ausdrücklich als Selbstoffenbarung zu Beginn der Begegnung, wird vom Autor jedoch sofort ins Lächerliche gezogen („Angenehm, ich bin der Kaiser von China") und somit außer Kraft gesetzt. Das eigentliche Wiedererkennen Jesu geschieht erst, nachdem das Ich den unvermittelten Begleiter mit seinen alltäglichen Aufenthaltsorten (Kneipe Theos am Ring; unansehnlicher Betonklotz, in dem das Ich arbeitet; Stehcafé, das von Arbeitslosen frequentiert wird) bekannt gemacht und sich mit ihm ausgiebig unterhalten hat. Aus der biblischen Geschichte einer abendlichen Offenbarung auf einem ländlichen Weg in Palästina wird die nüchterne Erzählung einer Offenbarung am frühen Morgen in einem von sozial Schwachen besuchten Café. Die Botschaft von Emmaus, dass Jesus Christus – der Herr der Geschichte – wiederkehrt, indem er sich bescheiden auf den fast banalen Alltag seiner Jünger einlässt und sich mit ihnen solidarisiert, kommt hier in erfrischender Verfremdung zum Ausdruck.
Fragen/Aufgaben zur Interpretation:
- Was gefällt dir an diesem Gedicht, was ist fremd für dich?
- Welche Gemeinsamkeiten hat diese Emmausgeschichte mit der biblischen (z.B. Jesus kommt zum Ich des Textes und sucht es in seinem Alltag auf; das gemeinsame Gehen eines Weges; Jesus als der unerkannte Begleiter; Jesus als angenehmer Weggefährte; Brotbrechen als Offenbarung)?
- Welches sind die auffälligsten Unterschiede (z.B. keine Geschichte, die bei Sonnenuntergang ihren Höhepunkt erreicht; das lyrische Ich des Textes kennt die Ostergeschichte und setzt sie voraus; das Ich erwartet die Erfüllung der Zeit und das Kommen Christi)?
- Wie steht ihr zu der Gesamtaussage des Gedichts?
- Vergleicht das Emmausbild auf der gegenüberliegenden Seite mit diesem Gedicht! Was fällt auf?

E. Unerwartete Gemeinschaft

⇨ Kurzgeschichte: *Gina Ruck-Pauquèt, Telefon* (SB, S. 192f.)
Die Erzählung zeichnet im ersten Teil eine Situation großer Einsamkeit. Das Mädchen Janni ist nicht nur allein in der Wohnung, der Blick aus dem Fenster in die trostlose, verregnete Hochhauslandschaft gibt ihm sogar den Eindruck, auf der ganzen Welt allein zu sein. Verschiedene Handlungen ihrerseits, die die Langeweile und Einsamkeit bekämpfen sollen, heben diese letztlich nur hervor. Nur ein von außen kommendes Ereignis befreit aus der zunehmenden Gefangenschaft dieser Gefühle: Ein durch Verwählen zustandegekommener Anruf und die freundliche Stimme auf der anderen Seite der Leitung bringen die Seifenblase der Einsamkeit zum Platzen. Plötzlich lacht dem Mädchen die Welt entgegen, sogar der Regen wird zum spielerischen Tausendfüßler. Die Welt ist nicht mehr leer für sie. Sie beginnt den Lichtschalter zu drehen, in der Hoffnung, dass sich jemand draußen über die Helligkeit in ihrer Wohnung freuen könnte.
Möglichkeiten der Erarbeitung:
- Lest die Geschichte zunächst nur bis „Die Erde ist so rund wie ein Ball, fällt ihr plötzlich ein. Vielleicht sind alle Leute hinuntergefallen, und bloß ich bin noch da, schießt es ihr durch den Kopf"! Schreibt einen Schluss für die Geschichte! Schlüsse dann vergleichen.
- Welches Gefühl beherrscht Janni im ersten Teil der Geschichte? Markiert Textstel-

len, an denen dies besonders deutlich wird!
- Das Telefongespräch verändert Janni. Was an dem Gespräch könnte zu der Veränderung beigetragen haben?
- Wie zeigt sich die Veränderung, die Janni nach dem Gespräch durchlaufen hat?
- Was an der Geschichte erinnert an Emmaus? (Trostlosigkeit zu Beginn, genau dieselbe Welt nachher aber mit ganz anderen Augen sehen; die Begegnung mit dem „angenehmen Begleiter“ kommt unverhofft; die Stimme auf der anderen Seite tröstet, nicht indem sie direkt „hilft“, sondern auch ihre Not mitteilt; am Ende der befreienden Begegnung kommt das Bestreben, anderen die Freude mitzuteilen)

⇨ Bild: *Hubert Warter, Im Labyrinth des Lebens, 1994* (SB, S. 193)

Auf den ersten Blick sieht der Betrachter nur Farben, helle und dunkle, dann entdeckt er verschiedene Formen, verschlungene Linien und Bänder, farbige Wirbel und Strudel. In dem verwirrenden Chaos sieht man schließlich auch Figuren, vier einzelne und zwei, die einander zugewandt sind. Die Menschen sind nackt. Und sie stehen oder gehen in ganz verschiedene Richtungen. Auch wenn man das Bild dreht, immer stehen manche Menschen aufrecht und andere auf dem Kopf. Das Bild zeigt das Leben als buntes Durcheinander, in dem es sowohl geordnetere Ruhezonen (oben links und oben rechts) als auch schwer zu überblickendes Auf und Ab mit endlosen Verstrickungen gibt. Große Strecken des gezeigten Lebens werden allein durchlaufen, aber es gibt auch die Begegnung mit dem anderen.

Fragen zur Erschließung:

Die Fragen zu diesem Bild können auch zunächst schriftlich in Einzelarbeit von den Sch. beantwortet werden, bevor sie im Plenum besprochen werden:
- Betrachtet das Bild genau! Was fällt euch auf?
- Welche Formen könnt ihr entdecken?
- Welche Gefühle löst das Bild in euch aus?
- Wo auf dem Bild würdet ihr selbst gerne sein, wo nicht? Begründet kurz!
- Welchen Titel würdet ihr dem Bild geben? Der Bildtitel des Künstlers kann anschließend zu einer tiefergehenden Interpretation verhelfen. Am Schluss können Bild und Kurzgeschichte zueinander in Beziehung gesetzt werden.

⇨ *Vertiefung:* Dieses Bild kann zum Anlass genommen werden, um die Deutung des Lebensweges mithilfe der Symbole Labyrinth und Irrgarten zu vertiefen. Hierzu verweise ich auf die Materialien in RU praktisch. 7. Schuljahr, Kap. „Woher ich komm – wohin ich geh'“, S. 17 mit den dazu gehörenden Erläuterungen. Die Sch. können mithilfe dieser Kategorien nicht nur ihren eigenen Lebensweg deuten, sondern diese auch auf die Emmaus-Geschichte und ihre Verfremdungen anwenden.

F. Der Weg zum anderen

⇨ Text: *Neve Shalom / Wahat al-Salam* (SB, S. 194f.)

Aus den Nachrichten ist den Sch. bekannt, dass es in Israel gewalttätige Auseinandersetzungen zwischen Juden und Palästinensern gibt. Trotzdem müsste der geschichtliche Hintergrund dieses Konfliktes mit der Erarbeitung des Textes zur Sprache kommen (L.-Vortrag).

Fragen zur Texterarbeitung:
- Was war der Anlass für die Gründung des Dorfes, was der biblische Hintergrund?
- Was ist das Ziel dieses Projektes?
- Was erfährt man über das heutige Dorfleben, besonders über das Leben der Kinder dort?
- Inwiefern wird das Leben im Dorf immer wieder auf eine harte Probe gestellt?
- Welche Fragen lässt der Text offen?
- Wie steht ihr zu einem solchen Projekt der Begegnung?
- Kennt ihr andere, ähnliche Einrichtungen dieser Art?

Das Internet bietet unter der Homepage des Dorfes „www.nswas.com“ eine Fülle von Informationen, die die Sch. selbstständig nutzen können, etwa auch zu projektartiger Arbeit/Ausstellung:

a) Leben und Anliegen Bruno Hussars, b) das Dorf, seine Geschichte und seine Organisation, c) die Erziehung der Kinder im Dorf, d) Außenkontakte des Dorfes/Möglichkeiten für uns, dort Gäste zu sein.

⇨ Foto: *Blick auf das Dorf* (SB, S. 194)
Das Foto zeigt einige Wohnhäuser im Hintergrund. Es gibt im Ort keine Synagoge, Moschee oder Kirche, jeder besucht seinen Gottesdienst in der Umgebung. Aber die Bewohner haben eine kleine „Halle des Schweigens" (kuppelförmiger Bau links im Vordergrund) gebaut, um eine letzte religiöse Gemeinsamkeit symbolisch darzustellen.

⇨ Foto: *Zwei Einbeinige* (SB, S. 195)
Diese Abbildung aus einer lateinamerikanischen Bibel zeigt, dass Menschen, die, auf sich selbst angewiesen, einen Weg nicht begehen könnten, gemeinsam ihre Schwächen überwinden und sich bewegen können. Die Begegnung von zwei Menschen oder Gruppen, die an ihrer vollen Lebensmöglichkeit bisher gehindert wurden, sei es durch Gefühle des Misstrauens oder durch eine physische Behinderung, hilft, diese Einschränkung zu beheben. Die Sch. können die Skulptur beschreiben und deuten und sie in ihrer symbolischen Aussage auf *Neve Shalom* beziehen.

5. Materialien und Medien

Bilder und Bildmappen:

- sich begegnen ... - 50 Bilder für die Arbeit mit Jugendlichen und Erwachsenen. Erstellt vom Ev. Mediendienst Bern/Zürich in Zusammenarbeit mit dem Deutschen Katecheten-Verein e.V., München 1995. Zu bestellen beim Deutschen Katecheten-Verein e.V., Preysingstr. 83c, 81667 München, Tel.: 089/48092-245 oder beim Religionspädagogischen Seminar der Diözese Regensburg, Leibnizstr. 11, 93055 Regensburg, Tel.: 0941/7030072.
- Handbild oder Folie „Der große Weg" von Friedensreich Hundertwasser (zu bestellen bei der Materialstelle für Gottesdienst, Postfach 71 01 37, 90238 Nürnberg, Tel.: 0911/4316-312).
- Farbiges Handbild (DIN-A-5) des Altarbildes „Emmaus" von Werner Juza zu bestellen beim Religionspädagogischen Zentrum der Evang.-Luth. Kirche in Bayern, Postfach 1143, 91556 Heilsbronn, Tel.: 09872/509-143 (10 Stück kosten 1,50 DM).

Film:

- Kurzfilm „Der Weg" (Droga), Zeichentrickfilm, 16 mm, 5 Min., Polen 1971 (auszuleihen bei den Medienzentralen der Kirchen; zu beziehen über: Hadeko-Filmtechnik, Postfach 100651, 41472 Neuß).

Vorlesegeschichten:

- Dietrich Steinwede (Hg.), Neues Vorlesebuch Religion 1/2. Geschichten für Kinder von 6–14, Kaufmann, Lahr 1998[2] (verschiedene Geschichten zu gelungenen und misslungenen Begegnungen).

Unterrichtswerk:

- Das Leben suchen. Religion 5/6, hg.v. Volker Fabricius / Hans Heller, Diesterweg, Frankfurt a.M. 1985 (Kap. 14: Nichts war umsonst).

Die Umkehrspirale – Tanzlieder nach alten österlichen Traditionen

Der Erste der Reihe führt die Folgenden in Schlangenlinien durch den Raum, schließlich in einen Kreis (mit Blick nach außen), dann langsam und spiralförmig auf die Mitte zu. Dort im Zentrum – wenn es enger nicht mehr geht – wendet er sich zur Umschau und siehe da: Durch das Labyrinth der Menschenschlange führt ein Weg hinaus ins Freie. Noch eindrucksvoller wird das Ganze erlebt, wenn für den Weg bis zum Umkehrpunkt als Schrittmaß das Tempo der ruhigen Viertelnote und für den Tanz ins Freie ein Laufschritt im Achteltempo gewählt wird. Anschließend kann der Kreis noch zur Mitte und zurück und in beide Richtungen über die Kreisbahn geführt werden. Als jeweiliger Wendepunkt sollte nach Möglichkeit der Wechsel in einen anderen Formteil der Melodie gewählt werden.

Geeignete Lieder sind für Ältere „Es hat den Kopf der alten Schlange der zertreten, den sie stach“ und für Jüngere „Halleluja, Jesus Christus“. Beide können auch im Wechsel oder aufgrund ihrer aufeinander abgestimmten Harmonien auch gleichzeitig, also quasi zweistimmig im Quodlibet, gesungen werden (vgl. auch die tänzerische Einspielung beider Lieder auf der MC „Gottes Geist bewegt die Erde“, Bonifatius, Paderborn).

Aus: Rudolf Tammeus (Hg.), RU praktisch. 7. Schuljahr, Vandenhoeck & Ruprecht, Göttingen 1999², S. 23.

Halleluja, Jesus Christ ist auferstanden

Im Quodlibet mit dem von Älteren gesungenen Lied "Es hat den Kopf der alten Schlange..." (Begleitung siehe dort)

Text und Musik:
Siegfried Macht

Aus: Siegfried Macht, Gottes Geist bewegt die Erde. Lieder, die uns in Bewegung setzen, Werkbuch und CD, Bonifatius Verlag, Paderborn 1994; Liedrechte beim Autor.